PRÊT, PAS PRÊT,

La vie est là

Mel Levine, M.D.

Traduit par
Yves Gosselin

D1417279

Ce livre est dédié à la mémoire de Justin Coleman —
dont l'existence est d'un grand enseignement

TABLE DES MATIÈRES

PRÉFACE

Je ne sais pas si tous les parents ou les enseignants se sont déjà posé cette question : « À quoi ressemblera cet enfant quand il aura atteint la vingtaine ? » Cependant, je sais qu'ils ne cessent jamais d'y penser et que, souvent en silence, ils se tracassent et s'inquiètent. En tant que pédiatre, j'ai traité pendant plus de trente ans des enfants et des adolescents présentant des difficultés sur le plan psychologique et j'ai pu me rendre compte que la question fondamentale dans tout développement de l'enfant est celle qui porte sur ce que ce dernier deviendra, plus particulièrement à quoi il ressemblera lorsqu'il grandira.

J'ai accompagné d'innombrables jeunes au cours de leurs années scolaires et j'ai été témoin de résultats mitigés. J'ai pu rencontrer ces jeunes et apprendre à leur contact pendant qu'ils progressaient vers leur vie d'adulte. Maintenant, je suis préoccupé par les raisons qui font que certains jeunes s'en sortent bien et d'autres pas. Je suis particulièrement concerné par ceux qui ne s'en sortent pas bien et j'aimerais savoir ce que nous aurions pu faire différemment lorsqu'ils étaient des enfants et des adolescents.

Au cours des dernières années, j'ai été sidéré par la situation difficile d'individus — beaucoup trop nombreux — qui ne semblent pas préparés à réussir la transition des études au monde du travail. Il y a de très bonnes raisons de croire qu'une foule de facteurs propres à la culture contemporaine et intégrés à nos pratiques éducatives nuisent aux enfants.

Plus précisément, ces facteurs retardent le développement des jeunes et ne les préparent pas adéquatement à entrer dans la vie active et à être des individus productifs et épanouis.

J'ai décidé d'écrire ce livre et de me joindre aux autres personnes qui explorent les diverses formes et manifestations de ce que j'appelle le manque de préparation à la vie active. Je veux aussi m'attarder aux leçons que nous devons tirer de l'expérience des jeunes adultes qui sont actuellement angoissés et confus, car ils ont des carences sur le plan identitaire ou manquent d'orientation claire dans la vie. Pour la rédaction du présent livre, je me suis appuyé en grande partie sur mes propres expériences médicales et sur la lecture d'ouvrages et d'articles scientifiques pertinents. En complément, mon assistant de recherche, Miles Harmon, et moi-même avons mené des entrevues et utilisé cet outil afin d'analyser les premières années, les expériences et les défis qu'ont vécus un groupe d'individus qui, dans la vingtaine, s'efforçaient de se trouver une identité. Des extraits de ces entrevues apparaissent au début de chacun des chapitres.

Bien que ce livre traite d'une tranche d'âge qui est celle de la vingtaine, il est surtout écrit à partir de la perspective d'un pédiatre. J'espère que les idées rassemblées dans cet ouvrage stimuleront les parents, les éducateurs et les décideurs, et qu'elles les conduiront à reconsidérer la façon dont nous éduquons et élevons les enfants. De plus, j'espère que les lecteurs œuvrant dans le domaine social réfléchiront aux moyens de résister aux influences environnementales et culturelles négatives, aux mauvaises priorités en matière d'éducation et à la tragique incompréhension des différences psychologiques, des facteurs qui peuvent contribuer à l'augmentation du nombre de jeunes qui ne sont pas préparés à entrer dans la vie active. La vie s'ouvre à ces jeunes. Si nous échouons à appliquer des stratégies adaptées afin de les aider à bien se préparer, ils seront forcés de se débrouiller avec les moyens du bord. En bout de ligne, ils devront accepter moins que ce qu'ils méritent !

Mel Levine
Sanctuary Farm
Rougemont, Caroline du Nord
Septembre 2004

REMERCIEMENTS

Le soutien et les conseils de nombreuses personnes ont grandement contribué à la rédaction de ce livre. Miles Harmon m'a servi d'assistant de recherche. Miles, un futur médecin qui sera sûrement un excellent thérapeute, a mené la recherche bibliographique qui a été d'une aide précieuse et des entrevues avec de jeunes adultes qui se sont avérées fort instructives.

Je veux souligner l'énorme travail accompli par le personnel de mon bureau, Pam McBane et Janet Furman. Je désire aussi remercier les nombreux et héroïques patients que j'ai rencontrés au cours de mes années de pratique et qui m'ont permis d'entrer dans leur existence et d'apprendre, notamment à propos de leurs premières années. Ce livre a énormément profité de l'apport de Bob Bender, mon rédacteur chez Simon & Schuster, et de sa collègue Ruth Fecych, qui a travaillé dur pour m'apprendre à dire beaucoup plus de choses en utilisant beaucoup moins de mots. Je veux également remercier mon brillant agent littéraire, Lane Zachary, qui a contribué au projet et à la naissance de *Prêt, pas prêt, la vie est là*.

Je suis très heureux du succès remporté par notre extraordinaire institut sans but lucratif All Kinds of Minds, et suis particulièrement reconnaissant au conseil d'administrateurs et au personnel qui ont été des alliés précieux dans nos efforts visant à empêcher les fausses interprétations et le mauvais encadrement de jeunes présentant des différences dans leur processus d'apprentissage (essentiellement, *tous les enfants*). Je suis particulièrement reconnaissant à Mark Grayson, notre chef de la direction, à Mike Florio, notre directeur de l'exploitation, à Mary Dean Barringer, la directrice nationale de Schools Attuned, ainsi qu'à Paul Yellin, qui est à la tête du Student Success Programs. Charles Schwab, mon coprésident au conseil, et Bob Eubanks, le président du conseil d'administration, ont été d'une aide constante et leur influence se fait sentir dans ce livre aussi bien que dans mon travail. Jeff Low, Tom Gray et leur personnel talentueux du département de technologie de l'information de All Kinds of Mind et du Center for Development and Learning ont également énormément facilité ce travail.

La faculté de médecine de l'Université de la Caroline du Nord et la législature de la Caroline du Nord ont constamment démontré leur engagement envers les individus aux apprentissages différents, et ont été d'un très grand secours dans nos efforts. Le gouverneur Mike Easley, les sénateurs Tony Rand et Marc Basnight, et Howard Lee, le président de la North Carolina State School Board of Education, continuent à prouver qu'ils sont de brillants défenseurs de la cause des jeunes. J'ai aussi apprécié les encouragements et la sagesse de Charles Moeser, le chancelier de l'Université de la Caroline du Nord.

Des remerciements spéciaux et ma profonde sympathie à mon proche ami et frère d'adoption, le docteur Bill Coleman, à qui ce rejeton de dernière heure, *Prêt, pas prêt, la vie est là*, est dédié.

La rédaction de ce livre n'aurait pas été possible sans l'assistance appréciée de David Taylor qui, pendant que j'écrivais et que je voyageais dans le monde entier, a pris un soin jaloux des oies, des ânes et des autres animaux de Sanctuary Farm, des animaux que j'aime profondément.

Finalement et surtout, je dois beaucoup à ma femme, Bambi, qui est une source perpétuelle de compréhension, d'idées et de conseils judicieux. Sans ses bons conseils et son affection, je serais toujours un jeune adulte qui démarre dans la vie.

PROLOGUE

Le soliloque de Dudley Finch

Q uelque part sur la route, je dois m'être éloigné de ma voie. Lorsque j'étais enfant, j'avais du bon temps, je faisais plein de trucs et l'avenir ne semblait pas exister. Je ne regardais jamais derrière moi, ni devant.

À l'école secondaire, j'étais un étudiant sérieux qui obtenait des B et des C — je n'étais pas un type spécial, mais je n'ai jamais fait l'imbécile. Je devais être assez intelligent parce que j'ai passé tous mes examens sans avoir à trop me creuser les méninges. Je ne m'intéressais à aucune matière à l'étude. Je n'étais ni sportif ni fort en thèmes. Je pense que je n'ai pas fait de vagues et que je n'ai pas causé de problèmes aux membres de ma famille. Je ne leur ai pas non plus donné de grandes sources de fierté. J'ai passé une bonne partie de mes temps libres à flâner avec mes amis, devant la TV, au lit à écouter de la musique ou encore à jouer à des jeux électroniques, mais surtout à décompresser.

L'université a été une fête pour moi. Mes amis étaient géniaux. Je réussissais assez bien en classe et je pensais que je m'étais vraiment trouvé. De toute façon, me voici ; je suis diplômé depuis environ une année de cette école qui n'a rien de spécial. J'ai changé de programme quelques fois et j'ai terminé mes études en communications, en comprenant que je n'avais pas besoin d'être un génie pour étudier dans ce domaine. J'ai de la difficulté à trouver un travail que j'aime vraiment. Au moins, j'ai un emploi ; certains de mes amis n'en ont même pas. Chez Ionics Enterprises, je m'occupe des bases de données. Je sais que ce travail n'a pas beaucoup de liens avec les communications, mais c'est l'histoire de ma vie : rien ne semble s'arrimer à rien.

Mon travail est assez ennuyeux, mais je ne sais pas exactement ce que je préférerais faire d'autre. Le salaire est convenable, bien qu'il ne soit pas énorme. Je suis retourné vivre au New Jersey chez mes parents. Je crois que j'ai beaucoup de chance parce qu'ils ne m'embêtent jamais ; ils ont eux-mêmes beaucoup de problèmes. Moi, je traîne dans le coin sans avoir nulle part où aller. J'ai presque vingt-trois ans et je ne saurai vraiment pas où aller si je quitte cet endroit. J'ai eu un bon nombre de petites amies, mais rien de sérieux. Rien ne semble trop prometteur ou intéressant sur le plan professionnel. Je ne sais pas ce que je ferais sans mes amis, ma bande, mais tous semblent vouloir se marier ou aller vivre ailleurs. Je me sens parfois comme si j'étais le seul qu'on laissait derrière. Au fond de moi-même, je crois que je suis malheureux, vraiment malheureux, mais je ne le montre pas. Presque tout m'effraie, m'effraie vraiment. Je me sens vide et j'ai peur de ce qui surviendra, si jamais quelque chose survient. Personne ne m'a jamais préparé à ce que serait ma vie à l'âge de vingt-trois ans. Je n'étais pas prêt à faire face à cette réalité, mais maintenant je suis disposé à faire quelque chose. Je suis prêt à prendre mes responsabilités et à donner un sens à ma vie. Je ne suis pas certain de savoir comment, mais je suis définitivement prêt à m'y préparer. Le suis-je vraiment ?

1

LA VIE EST LÀ

Comment les jeunes adultes sont mal préparés à faire face aux défis de la vie active

Je crois que j'ignorais ce qui m'attendait (au moment de passer de l'école au monde du travail). J'ai toujours eu un emploi durant mes études secondaires ; je travaillais tout le temps et je gagnais de l'argent. Mes parents s'assuraient que je travaillais bien, mais en même temps j'étais gâté pourri. Je n'avais pas vraiment la notion des choses. Ce fut un grand bouleversement dans ma vie de devoir quitter le nid familial, me frotter à la réalité et m'occuper de tout ce qui me concernait. Je ne connaissais pas la valeur des choses et de l'argent. Je ne savais pas ce que je devais faire et ce que je ne devais pas faire.

S.R., 27 ans

L a vie s'écoule et, comme la mer, elle se compose de puissants sous-courants ; ces derniers ondulent pour former des vagues séquentielles, par exemple la période préscolaire, l'adolescence et la retraite. Chaque période de la vie apporte son lot de défis et d'occasions, ainsi que ses tensions et pressions. Un individu peut être outillé ou non pour attaquer la vague suivante, pour gérer les exigences — évidentes et tacites — de cette nouvelle période de son existence.

La période d'entrée dans la vie active, celle qui suit les années d'étude pour mener au marché du travail, apporte de grands défis ; bien que rarement considérée comme étant une période distincte de la vie, elle peut être l'une des plus difficiles à traverser. Ce sont les années de démarrage, une période cruciale qui fait plus que sa part de victimes insoupçonnées. En fait, la majorité des individus sont mieux préparés à faire face à leur retraite qu'à entrer dans la vie active !

Certains individus voient les premières années de leur vie active débuter à l'âge de seize ou dix-sept ans, au moment où ils abandonnent l'école secondaire. Pour d'autres, cette période ne débutera qu'à l'âge de vingt-neuf ans, après une résidence en chirurgie esthétique.

Beaucoup d'individus dans la vingtaine ou qui ont presque atteint cet âge peuvent se sentir abandonnés et angoissés. Ils doutent de leur valeur et peuvent commettre certaines erreurs lourdes de conséquences au moment de choisir une carrière, ou dans la productivité dont ils font preuve lorsqu'ils occupent un nouvel emploi. Ils souffrent d'un problème que j'appelle le manque de préparation à la vie active, un problème qui peut apparaître à la fin des études secondaires, universitaires, lors de la recherche d'un emploi, ou durant les premières phases d'un travail ou d'une carrière.

La longueur de la période marquant l'entrée dans la vie active varie de quelques années à une décennie ou plus ; cette période est faite d'incertitudes et d'angoisses tout à fait justifiées. Certains jeunes adultes mettent plus de temps que d'autres à trouver un équilibre dans leur vie active. D'autres ne cessent jamais de démarrer ; ils ne peuvent aller de l'avant et mener une vie active fructueuse à cause de faux départs répétés ou parce qu'ils changent constamment d'orientation. Ils démarrent, puis s'arrêtent tout d'un coup ! D'autres encore sentent que la route leur est barrée, tandis que certains de leurs amis arrivent sans effort et rapidement à avoir une carrière qui leur convient et qui leur colle à la peau aussi confortablement que leurs chaussettes préférées.

De toute évidence, la vie au travail ne constitue pas toute la vie ! La vie familiale, peut-être la vie spirituelle, la vie sexuelle, la vie sociale, ainsi que d'autres tranches de vie, fonctionnent de concert et sont quelquefois en conflit avec la vie au travail. Or, la vie au travail est le sujet du présent ouvrage, *Prêt, pas prêt, la vie est là*. Dans une large mesure, les gens sont ce qu'ils font. Cependant, nous devons nous souvenir que la vie au travail est influencée par de nombreuses facettes de l'existence quotidienne en même temps qu'elle influence ces dernières.

Nous sommes aux prises avec un problème grandissant, celui du manque de préparation à la vie active, parce qu'un nombre alarmant de jeunes adultes sont incapables de faire coïncider leurs désirs et leur orientation professionnelle. Tels des oiseaux de mer englués dans du pétrole déversé accidentellement, ces hommes et femmes sont incapables de prendre leur envol et d'embrasser une carrière qui leur convient. Certains sont incapables d'agir avant même d'avoir eu la chance de battre des ailes ; d'autres ont trébuché dès leur première expérience. Ne trouvant pas leur voie, ces individus sentent qu'ils ne vont nulle part et n'ont nulle part où aller.

J'ai écouté les doléances de jeunes gens prometteurs et vu leurs yeux embués car, à dix-huit, vingt, vingt et un ou vingt-neuf ans, ils n'avaient pas la moindre idée de ce qu'ils voulaient faire de leur vie active. Certains étaient trop habitués à voir leurs activités encadrées et planifiées et, par conséquent, ils avaient de la difficulté à prendre des décisions importantes. D'autres savaient peut-être quels objectifs ils poursuivaient mais, par la suite, leur rêve avait perdu tout attrait ; l'appel de la grande entreprise, la réparation de moteurs, le droit ou la vie universitaire n'étaient pas ce à quoi ils s'attendaient. Le travail n'était pas amusant ; ou il était répétitif (« ennuyeux ») ou encore il nécessitait beaucoup de minutie pour l'accomplissement de tâches ingrates. Peut-être ce travail forçait-il ces jeunes adultes à se frotter à des gens qu'ils n'aimaient ou ne respectaient pas particulièrement. Comme le disait une personne que nous avons interviewée : « Je ne crois pas que l'on puisse être préparé à faire cette transition. Personne ne peut vous expliquer ce que signifie se lever à huit heures chaque matin et aller travailler pour se gratter une vie qui vous permet de disposer de quarante-huit heures pendant le week-end pour faire ce que vous aimez, après avoir été vingt et un ans à faire ce que vous vouliez ! » L'idéalisme du début a cédé la place à la désillusion.

Un certain nombre de jeunes, qui sont actuellement inquiets, peuvent avoir choisi leur travail pour toutes sortes de mauvaises raisons. Certains ont opté pour une carrière sans vraiment comprendre ce que leur choix entraînait. Personne ne leur a expliqué ce qu'impliquait la fréquentation d'une école dentaire ou l'exercice de la profession de dentiste ; si on l'a fait, peut-être n'étaient-ils pas prêts à entendre les explications données. D'autres jeunes adultes ont un travail qu'ils voudraient quitter, mais ils se sentent enchaînés au premier emploi qu'ils ont trouvé. Ils se disent peut-être que le salaire est convenable, que laisser ce boulot serait trop dur et risqué, ou qu'une autre occupation ne serait pas plus attrayante. Finalement, il y a ceux qui n'ont pas les qualifications nécessaires pour s'adapter aux rigueurs et aux difficultés associées à une tâche toujours croissante. Il se peut que leurs habiletés actuelles ne correspondent pas à leurs intérêts. Vous avez un problème lorsque vous faites médiocrement ce que vous aimez le plus faire. Certains individus ont des forces qu'ils ne désirent pas exploiter et des intérêts qui révèlent toutes leurs faiblesses.

Dans tous les cas, les années d'études et le parentage n'ont pas permis d'atteindre cet objectif élusif, à savoir la préparation à la vie active. Il n'est donc pas surprenant que nos diplômés manquent de compétences pratiques, de bonnes habitudes, d'une attitude positive, d'une compréhension de la réalité du monde du travail et d'une mentalité qui soit propice à amorcer une nouvelle carrière. Les parents et les enseignants leur ont inconsciemment fait faux bond. L'âge adulte leur a tendu un piège ; ses exigences les ont pris au dépourvu. Néanmoins, le temps ne s'arrêtera pas : *Prêt, pas prêt, la vie est là* !

La vie antérieure des jeunes adultes

Les individus qui se sentent handicapés au cours de la période de transition menant à la vie active sont arrivés à ces impasses génératrices de frustrations de diverses façons. Plusieurs d'entre eux étaient des étudiants à la forte personnalité et à l'ego surdimensionné, et donnaient la fausse impression d'être des individus équilibrés. Ces filles et ces garçons adulés — très *cool* dans le sens adolescent du mot, qui réussissaient dans leurs études, étaient sportifs, sociables et séduisants — étaient des candidats à descendre de leur piédestal. Leur personnalité aux multiples facettes faisait qu'il leur était difficile de s'engager sur l'étroit sentier qui conduit à la vie active. D'autres souffraient de troubles neurodéveloppementaux et avaient fait de l'école un champ de bataille perpétuel, luttant pour rattraper leur retard et remplir les exigences que leur imposaient leurs études, la pratique des sports ou la société. Plusieurs se sont bien comportés et se sont montrés dociles, répondant aux espoirs que l'on fondait en eux lorsque les exigences étaient clairement formulées. Certains étaient travailleurs, tandis que d'autres avaient de mauvais résultats à l'école et se sont habitués à l'échec. Que leur parcours ait été facile ou difficile, ces jeunes adultes se sentent maintenant perdus et ont des appréhensions que l'on peut comprendre.

Cette situation malheureuse a-t-elle toujours accablé les personnes qui appartiennent à cette tranche d'âge ? Ou rencontrons-nous une proportion croissante d'individus égarés et malheureux ? La transition vers la vie active est sans l'ombre d'un doute l'une des périodes les plus intimidantes de la vie. Or, j'ai le fort sentiment que la population adulte non préparée à la vie active ne cesse de croître à un rythme alarmant — et qu'elle se répand telle une maladie contagieuse.

La toile de fond : l'influence de la société sur la préparation à la vie active des jeunes

La culture présente dans le monde moderne offre de multiples façons de se perdre ou de s'égarer sur le chemin menant à la vie active. Plus que jamais, les jeunes adultes sont appelés à occuper des emplois qui diffèrent de façon significative de ceux des membres plus âgés de leur famille. Les modèles traditionnels au sein de la famille sont en voie de disparition. Même si un jeune adulte exerce le même travail que ses parents, les chances sont fortes que ses tâches et les exigences du travail n'aient rien à voir avec celles que connaissent ses parents. Pratiquer la médecine ou le droit, ou encore prendre soin de la ferme familiale, est de nos jours une affaire totalement différente par rapport au passé. En attendant, les nouveaux adultes doivent faire face à une réalité économique aussi insondable qu'imprévisible. Comment un jeune adulte qui cherche une sécurité d'emploi peut-il se sentir devant la précarité qui caractérise le marché du travail ? Pas très bien.

De plus, nous vivons à une époque où beaucoup de parents craignent carrément leurs enfants, particulièrement leurs adolescents. Les adolescents détiennent souvent le pouvoir dans la famille parce qu'ils ont beaucoup d'armes à leur disposition (les drogues, l'alcool, les tatouages, l'anorexie, les pensées suicidaires, l'abandon scolaire). Les parents ne peuvent s'empêcher de redouter que leurs relations avec leurs enfants s'enveniment de plus en plus au fur et à mesure que ces derniers grandissent. Cette crainte peut en partie tirer son origine d'un sentiment de culpabilité du fait que les deux parents travaillent et se tracassent de ne pouvoir consacrer suffisamment de temps à leurs enfants. Certains parents peuvent rechercher si désespérément l'approbation de leurs enfants qu'ils abandonnent leurs principes afin de s'assurer que leurs enfants s'amusent en tout temps et qu'ils n'aient pas à faire face à l'adversité ou à des difficultés de toutes sortes. Par exemple, si un enfant a des relations difficiles avec un de ses enseignants, le parent pourra être enclin à appeler le directeur ou à intervenir d'une autre façon pour résoudre le problème à la place de l'enfant. Ainsi, l'étudiant est privé de la possibilité d'acquérir les habiletés stratégiques liées à la résolution de conflits, à la gestion du stress, à la négociation et à la résolution de problèmes, des qualités essentielles pour entreprendre une carrière.

Plusieurs enfants et adolescents ne sont pas dotés d'un tempérament leur permettant d'occuper un emploi de façon durable ; ils ont baigné dans une culture qui met l'accent sur la récompense instantanée plutôt que sur l'effort intellectuel patient, tenace et soutenu, et la capacité de retarder la récompense en vue d'un accomplissement personnel. De plus, la vie au travail peut sembler excessivement pénible si les enfants ont été habitués à être divertis grâce aux jeux électroniques, aux messageries instantanées et aux émissions télévisées dont la formule est composée de rires préenregistrés et de textes prévisibles menant à des intrigues qui se résolvent en un clin d'œil. Dans certains cas, l'obsession de notre société pour le sport peut aussi limiter la capacité d'un enfant à effectuer un travail intellectuel.

Et que se passe-t-il si tout au cours de son développement un enfant n'a montré que très peu d'intérêt pour le monde des adultes ? Il n'a jamais appris ce qu'était la maturité : il s'est identifié presque exclusivement à d'autres enfants, ses pairs ; les seuls adultes qu'il a admirés n'ont été que des artistes bruyants et des vedettes sportives plus grandes que nature. Il ne s'est jamais beaucoup soucié de son avenir ou de penser à une carrière quelconque et, en conséquence, il n'a pas réussi à s'identifier à des adultes qui auraient pu lui servir de modèles et être une source d'émulation. Je crois que, chez les jeunes d'aujourd'hui, la tendance dominante est de trouver des modèles en s'inspirant surtout des pairs, ce qui peut handicaper ces jeunes adultes lorsque vient le temps de donner une orientation à leur carrière. Il peut être difficile d'en finir avec l'adolescence lorsqu'un jeune a peu de compréhension du chemin qu'il doit parcourir. Beaucoup de jeunes sont donc forcés de se montrer opportunistes ; lorsqu'ils ont besoin d'un travail, ils acceptent tout emploi disponible. C'est à reculons qu'ils entrent dans la vie active.

Dans leur livre *Quarterlife Crisis*, Alexandra Robbins et Abby Wilner observent ceci : « Le nombre considérable de responsabilités nouvelles, de privilèges et de choix peut être très écrasant pour quelqu'un qui a vécu pendant vingt ans dans un univers protégé, celui de l'école. » Au cours des premières années de leur vie active, les jeunes adultes peuvent manquer totalement de préparation pour faire face aux réalités suivantes.

DURES RÉALITÉS

- Les jeunes adultes peuvent avoir des difficultés à s'engager résolument dans un seul domaine d'activité et à effectuer un travail dans un endroit confiné alors que la vie leur a toujours offert un flot incessant de plaisirs et de distractions.

- Ils doivent commencer au bas de l'échelle, ce qui peut être difficile après une dernière année d'études où leur ego a eu l'occasion de gonfler.

- Contrairement à ce qu'ils s'attendaient, le travail implique plus de besogne et leur procure beaucoup moins de plaisir ; en outre, il y a plus de tâches insignifiantes et subalternes. Ils ne croyaient pas que le travail serait si pénible.

- Ils ne reçoivent plus de résultats d'examen et de bulletins scolaires ; il leur est ainsi difficile de mesurer la valeur de leurs performances.

- Lorsque le marché du travail est moins favorable, ils se sentent rejetés.

- La compétition sur le lieu de travail peut leur paraître inexistante mais, même si l'atmosphère est conviviale, elle existe ; la jalousie professionnelle peut vouloir se frayer un chemin.

- Leurs plus proches collègues peuvent être leurs principaux rivaux.

- Ils peuvent être victimes de discriminations insidieuses (ou même manifestes) sur le lieu de travail, celles-ci pouvant être liées à la race, au sexe, à l'ethnie, à l'apparence physique, ou ils peuvent être traités injustement uniquement parce qu'ils sont jeunes.

- Le côté romantique entourant leur choix initial de carrière peut commencer à s'estomper et ils doutent de pouvoir poursuivre leur travail sur une longue période, mais il se peut qu'ils ne sachent trop ce qu'ils pourraient ou devraient faire d'autre.

- Les tâches qu'ils ont à accomplir dans le cadre de leur travail ne constituent pas leur première préoccupation ; ils travaillent mais ils ont la tête ailleurs.

- Ils sont ambivalents quant à l'objectif qu'ils poursuivent maintenant et se questionnent sur toutes les autres choses qu'ils auraient pu accomplir, sur les occasions qu'ils pourraient bien avoir échappées.

- Ils estiment que certaines personnes travaillant à un échelon supérieur sont si intelligentes et accomplies qu'ils doutent de leur possibilité d'avancement au sein de l'entreprise.

- Leur succès dépend moins des facteurs qui assuraient leur réussite à l'école : habileté athlétique, calme, beauté, faculté de mémorisation, habileté à répondre aux questions à choix multiple, et orthographe.

- Les attentes à l'égard du travail sont exprimées en termes moins explicites qu'elles ne l'étaient à l'école.

- Les jeunes adultes se sont habitués aux gratifications immédiates ; maintenant, il se peut que les résultats ne soient plus immédiats, comme c'était le cas lors de populaires jeux télévisés ou d'événements sportifs.

- Ils doivent se plier aux politiques de l'entreprise et être astucieux — savoir comment impressionner le patron ou le chef d'équipe sans offenser les collègues.

- Ils misaient sur un système de soutien éprouvé appelé « fidélité à l'entreprise », et maintenant ils se rendent compte que l'entreprise pour laquelle ils ont commencé à travailler n'a aucune fidélité à leur égard. L'entreprise survivra lorsqu'ils la quitteront !

- Ils peuvent avoir à composer avec de nouveaux senti-ments, par exemple se sentir seul, isolé, exploité, impo-pulaire, sous-évalué (peut-être sous-payé), et s'ennuyer.

- Ils sont à peu près tout seuls dans la vie ; leurs parents sont sur la touche.

- Ils se sentent mal préparés ; ils manquent de compétences, ce dont ils ont besoin de toute urgence.

UNE ÉPIDÉMIE MONDIALE

Le manque de préparation à la vie active peut être une plaie dans une société ou faire partie d'une culture globale. Les individus au chômage, sous-employés, ou qui sont malheu-reux au travail drainent lourdement nos ressources. Ils sont susceptibles de ne pas atteindre leurs objectifs professionnels à long terme. Tout gouvernement serait bien avisé de s'attaquer à ce fléau susceptible d'affecter son économie, sa productivité et sa capacité à résoudre de difficiles problèmes nationaux.

Au début, puis plus tard

Il existe des différences importantes entre les règles non écrites concernant l'éducation des enfants et celles qui gouvernent une carrière. D'une part, l'enfant est encouragé à recevoir une éducation générale, tandis qu'on permet aux adultes de se spécialiser ou qu'on les y oblige. Aussi long-temps que les adultes seront efficaces dans leurs spécialités, le monde ignorera ou ne remarquera guère leurs carences dans d'autres domaines. Chez un enfant, les plans sont déjà préétablis ; les attentes sont libellées d'une façon explicite et sont aussi prévisibles que spécifiques. La pression et le soutien des parents sont censés garder un enfant sur la bonne voie. Le système éducatif est établi de façon à ce que les compétences soient enseignées selon un ordre rigide afin de s'assurer qu'un enfant soit suffisamment compétent dans toutes les matières. Des enfants si polyvalents sont-ils à risque ? Auront-ils des difficultés à embrasser une spécialité ? Dans certains cas, oui.

Une part assez considérable du succès chez un enfant se mesure à la capacité qu'a ce dernier à apprendre ce qu'on lui enseigne et à faire ce qu'on lui demande. Un adulte doit être capable de s'orienter seul. L'odyssée conduisant à la matu-rité peut s'avérer un voyage solitaire et difficile, particu-lièrement si l'adulte qui s'engage dans la vie active est naïf et mal informé, ou s'il n'a jamais appris à s'orienter.

Pendant leurs années d'études, les jeunes sont cons-tamment préparés à ce qui doit suivre. Au cours de la première année, les élèves développent les compétences dont ils auront besoin pour lire en deuxième année, tandis qu'ils apprennent en deuxième année à lire de plus en plus couramment afin d'avoir accès aux livres de contes en troisième année. Les étudiants du secondaire se préparent afin d'être admis dans les meilleures universités ou de pouvoir décrocher des emplois lucratifs. Certaines institutions se désignent elles-mêmes comme « des écoles préparatoires à l'université ». Le terme est le plus souvent un euphémisme pour désigner des « écoles préparant à être admis à l'univer-sité ». Pourquoi ne parlerait-on pas d'écoles « préparant à la vie » ? Ne devons-nous pas préparer nos enfants aux dures exigences de la vie adulte ? J'en suis convaincu. Ce livre traite de cette question.

Les jeunes adultes qui ne sont pas préparés à entrer dans la vie active ne sont également pas outillés pour faire face à la déception qu'ils éprouvent devant ce qu'ils sont en train de devenir et de faire. Ils peuvent même souffrir d'un sentiment d'inadaptation durable, d'une instabilité émotionnelle, des affres de la dépression, d'alcoolisme et d'une profonde sous-estime de soi. En fin de compte, leur manque de préparation et leur incapacité à améliorer leur sort peuvent nuire non seulement à leur efficacité au travail, mais aussi à leur habileté à fonctionner comme conjoints et parents. Un démarrage difficile dans la vie active et une carrière insatisfaisante sont des éléments qui peuvent facilement perturber la vie familiale et la vie personnelle des jeunes adultes.

Ces misérables résultats sont presque entièrement évitables. Pour fortifier nos enfants afin qu'ils puissent éviter la spirale de l'échec, nous devrons réexaminer la manière dont nous les préparons à l'âge adulte.

Se préparer

Élever et éduquer des enfants implique l'établissement de certaines priorités à long terme. Je crois qu'il existe à présent un fossé énorme entre ce qu'on apprend à l'école et ce qu'il est essentiel d'apprendre pour mener une vie active satisfaisante. Nous accordons trop d'importance à une foule de faits et de compétences qui n'auront pratiquement pas d'utilité au travail. De telles pratiques dans l'enseignement sont souvent bien enracinées depuis des générations et leur pertinence n'est pas suffisamment réexaminée à la lumière des exigences du monde moderne. Les examens à choix multiple ne préparent pas l'enfant à la vie active. Faire sentir durement à un enfant qu'il est nul parce que son gribouillage est à peine lisible est inhumain et inutile : plusieurs adultes qui ont passablement bien réussi (y compris l'auteur) sont loin d'être des modèles de lisibilité. Un enfant épelle-t-il bien, maîtrise-t-il la trigonométrie, mémorise-t-il et régurgite-t-il avec précision les faits historiques ou est-il un grand sportif ? Ces questions n'ont aucune pertinence pour la presque totalité des carrières. Par ailleurs, la capacité à réfléchir et à voir les choses d'un œil critique, à se remuer les méninges, à contrôler et à affiner sa propre performance, à communiquer d'une façon convaincante, à planifier et à prévoir fait partie des compétences importantes qui peuvent aider les jeunes adultes dans de nombreuses occupations, ou leur nuire si elle est absente.

Nous devons continuer à nous demander à quoi nous programmons nos enfants et si vraiment nos priorités actuelles en matière d'éducation sont encore pertinentes. Je crois que nous devrions procéder à un réexamen majeur de nos priorités, tant en matière d'éducation que de parentage.

Au cours de mes rencontres avec plusieurs jeunes adultes, j'ai beaucoup réfléchi à ce besoin de changement. J'ai appris à bien connaître ces jeunes, ainsi que leurs parents et, dans de nombreux cas, j'ai rencontré leurs frères et sœurs. Dans deux livres précédents, *À chacun sa façon d'apprendre* et *Le mythe de la paresse*, je me suis inspiré de mes expériences comme clinicien pour traiter des fonctions-clés et des dysfonctionnements qui ont un impact important sur la performance d'un enfant au cours de ses études. À partir de mon travail avec les enfants et les adolescents, et grâce aux occasions que j'ai eues de découvrir ce qu'ils sont devenus dans la vingtaine, j'ai développé un cadre d'analyse qui, je le crois, permet de réussir la transition difficile de l'adolescence à la vie active. Dans ce cadre structurel, j'ai identifié douze domaines essentiels dans lesquels un jeune doit se développer afin de répondre aux exigences de la vie active. J'appelle l'ensemble de ces domaines « processus de croissance » et, comme parents, éducateurs, individus impliqués dans la communauté et cliniciens, nous devons constater qu'ils sont la source de développement de tous les enfants.

Tous les parents et tous les éducateurs veulent croire qu'ils préparent les enfants au monde réel mais, puisque ce dernier est en constante évolution, il devient évident que l'enseignement et le parentage doivent s'adapter et répondre aux nouvelles exigences. Est-ce que l'enseignement et le parentage y réussissent ? Je ne le crois pas. Il est temps de mettre sur pied un système qui nous permettra d'éviter que le manque de préparation à la vie active détruise la vie de nos jeunes. Grâce à la participation des parents et à celle de l'école, nous pouvons relever ce défi.

Les douze processus de croissance essentiels que j'ai identifiés peuvent être répartis en quatre domaines principaux, appelés commodément les quatre *I* : *introversion, interprétation, instrumentation et interaction*. Chacun de ces domaines comprend trois processus de croissance (voir le tableau 1.1). Dans ce livre, je me concentrerai sur la manière de favoriser ces processus chez des jeunes âgés de onze à vingt ans, bien que certains lecteurs puissent y voir des implications quant à l'enseignement et à l'éducation à donner à des enfants moins âgés.

UNE VUE D'ENSEMBLE DES PROCESSUS DE CROISSANCE

Chacun des quatre *I* fait l'objet d'un chapitre dans ce livre. Les quatre *I* sont :

- *Introversion* : L'adage socratique « Connais-toi toi-même » mérite d'être mis en lumière quand vient le temps de parler d'une préparation à la vie active. L'intégration réfère à la prise de conscience (introspection) qu'un individu a de ce qu'il est. Les jeunes adultes qui ne sont pas préparés à s'engager dans la vie active ont souvent une vision très déformée de ce qu'ils sont et de ce qu'ils peuvent faire. Ils peuvent avoir de fausses perceptions de leurs forces, de leurs faiblesses et de leurs valeurs personnelles. Ils peuvent n'avoir jamais développé d'objectifs déterminés et d'aspirations précises, ou peuvent avoir échoué à alimenter leur motivation personnelle et le dynamisme dont ils ont besoin pour atteindre leurs objectifs. Un noble défi pour les parents et les enseignants devient alors d'aider les jeunes à se connaître, de leur apprendre à se donner des objectifs et de leur montrer comment les atteindre, tant à court qu'à long terme.

- *Interprétation* : Si l'intégration permet aux enfants de se comprendre et de s'orienter, l'interprétation, le second *I*, signifie qu'ils doivent parvenir à connaître le monde extérieur, à saisir les conditions dans lesquelles les jeunes vivent, et à comprendre les phénomènes qui les entourent. L'école ne fournit pas toujours ces outils. Il y a trop d'étudiants qui mémorisent ce qu'on leur enseigne en classe sans vraiment comprendre de quoi il s'agit. Nous échouons à enseigner aux enfants comment comprendre. Par exemple, les petits enfants récitent souvent les paroles de l'hymne national sans comprendre une bonne partie des mots qui le composent. La compréhension des étudiants doit s'étendre aux idées, aux questions, aux attentes et aux processus. Ils ont besoin de devenir compétents sur le lieu de leur apprentissage, d'interpréter les nouvelles connaissances et d'intégrer dans l'expérience quotidienne ce qui peut être recueilli. Pour tirer un enseignement de leurs expériences, les jeunes doivent pouvoir les interpréter correctement ! En fin de compte, une interprétation précise permet de juger correctement les choses, de prendre de bonnes décisions, d'évaluer d'un œil critique les occasions, les problèmes, les produits et même les gens.

- *Instrumentation* : Le troisième des quatre *I* fait référence à la création d'une trousse à outils, aux habiletés qui favorisent une pensée de grande qualité et à la productivité. Ces habiletés incluent de bonnes compétences organisationnelles, la capacité de canaliser et de répartir son énergie mentale, de participer à des remue-méninges, de faire preuve de créativité, et l'habileté à prendre de bonnes décisions d'une façon systématique.

TABLEAU 1.1
LES DOUZE PROCESSUS DE CROISSANCE

Thème	Processus de croissance	Description	Exemples au travail
INTROVERSION	Introspection	Prise de conscience de ses forces, de ses faiblesses, de ses centres d'intérêt, de ses inclinations, de ses passions et de sa valeur personnelle	Poursuivre le travail pour lequel on est fait ; voir « les signes » avant-coureurs de la nécessité de changer de travail
	Prévoyance	Vision d'objectifs précis et compréhension de ce qu'il faut pour les atteindre ; planification stratégique	Faculté d'anticipation afin de se préparer à une carrière particulière ou à un projet précis dans le cadre de cette carrière
	Prise en charge	Aspiration personnelle, motivation, ambition, énergie et optimisme ; devenir quelqu'un qui prend des risques raisonnables, acquérir de l'indépendance	Savoir comment et quand viser haut et faire des coups d'éclat sur le plan professionnel
INTERPRÉTATION	Compréhension	Comprendre les idées en profondeur et décoder les exigences du travail, de la vie et de la survie, qu'elles soient explicites ou implicites	Être outillé pour comprendre les concepts-clés et les implications de son travail
	Modèle de reconnaissance	Lecture efficace des thèmes récurrents, des précédents, des règles régulières ou irrégulières	Apprendre des expériences sur le lieu de travail pour s'en servir ultérieurement
	Évaluation	Capacité à évaluer d'un œil critique (sans porter un jugement trop catégorique ou faire preuve de cynisme) les problèmes, les occasions, les produits et les individus	Savoir quoi et qui croire — en évitant le cynisme ou la naïveté chronique

Elles incluent aussi les compétences académiques et leur application afin de relever des défis stimulants.

- *Interaction* : Le dernier processus de croissance englobe les compétences relationnelles. Il comprend le processus de croissance inestimable qu'est la communication ; cette dernière permet à un individu d'utiliser des mots et de construire des phrases pour transmettre des pensées personnelles de façon précise, convaincre d'autres individus d'un point de vue et cimenter ses relations. La

Thème	Processus de croissance	Description	Exemples au travail
INSTRUMENTATION	Acquisition des compétences et adaptation	Capacité à acquérir et à appliquer des compétences spécialisées ou générales de plusieurs manières	Lire des manuel techniques, rédiger des plans de travail et des propositions
	Efficacité au travail	Aptitude à canaliser et à répartir l'énergie mentale, à reporter la récompense, à persévérer, à être efficace au travail et à avoir de bonnes habitudes au sein de l'organisation	Générer une production élevée et efficace et être fiable au travail
	Intelligence pratique	Pensée organisée, tactiques pour traiter les dilemmes, participer aux séances de remue-méninges et faire preuve de créativité ; habileté à résoudre des conflits, à faire face au stress et aux obstacles	Arriver avec des idées constructives et efficaces pour solutionner des problèmes, et appliquer de nouvelles approches pour relever les défis en milieu de travail
INTERACTION	Communication	Habileté à exprimer des idées, à persuader, à écrire, à utiliser sa voix intérieure, à accéder à des modes de communication alternatifs	Savoir se vendre, acquérir de la crédibilité au travail ; utiliser un langage et une imagerie afin d'aider à canaliser ou à maîtriser ses sentiments et ses actes
	Formation d'alliances et gestion de la réputation	Collaboration constructive et relations positives avec la famille et la société	Démontrer de l'efficacité dans les relations interpersonnelles, de la coopération, du leadership et de la tolérance en milieu de travail
	Comportement au sein de l'entreprise	Cultiver des relations avec les individus qui pourraient avoir une influence significative dans l'avenir	Savoir comment plaire à un dirigeant et avoir une bonne réputation auprès des autres étudiants dans la classe ou des collègues de travail

formation d'alliances est un deuxième processus de croissance dans le domaine de l'interaction ; elle permet de cultiver et d'entretenir des relations solides avec les autres au cours de la vie active. Et finalement, l'interaction est le comportement adéquat qui nous permet de deviner ou de savoir ce qu'il faut faire afin de nous montrer à la hauteur et de gagner l'approbation des individus qui pourraient avoir une influence importante sur notre réussite et notre bonheur dans l'avenir. Ces gens d'influence, qui comprennent entre autres les personnes avec qui ou pour qui vous travaillez, sont des personnages puissants qui, que vous les connaissiez ou non, seront en fin de compte pour vous ou contre vous.

Les douze processus de croissance sont récapitulés au tableau 1.1 et vus en détail aux chapitres 7, 8, 9, et 10.

Personne n'obtient une note parfaite en matière de processus de croissance ; nous sommes tous en retard dans certains domaines. Cependant, les individus qui ne sont pas du tout préparés à entrer dans la vie active sont très susceptibles d'éprouver de sérieuses carences dans plusieurs domaines ou un sous-développement dans ces processus de croissance. Leur croissance peut avoir été ralentie d'une quelconque façon à un moment donné. Ou encore ces processus ne se sont jamais développés, peut-être à la suite d'une carence dans le développement mental, dans la vie familiale ou dans les études.

PLAN DU LIVRE

Avant d'examiner les processus de croissance présentés dans la deuxième partie du livre, nous allons explorer certaines pistes qui mènent aux problématiques au cours des premières années de la vie active. Quatre scénarios courants et variantes sont élaborés : l'adolescence qui s'éternise, la chute des idoles, un mauvais choix de route et les déficits sur le plan psychologique. La deuxième partie commence par examiner comment les choix de carrière peuvent être faits de façon éclairée et comment la vie active peut démarrer du bon pied. Elle décrit ensuite les douze processus de croissance et ce qui peut être fait pour en assurer le développement optimal. La troisième partie traite du rôle de ceux qui peuvent favoriser cette croissance et qui doivent se sentir concernés par la préparation à la vie active, à savoir les parents, les éducateurs, les adolescents et les jeunes adultes eux-mêmes. Les derniers chapitres abordent les idées et les pratiques que peuvent adopter ces acteurs importants afin d'assurer aux jeunes une bonne préparation à la vie active.

PREMIÈRE PARTIE

LE MANQUE DE PRÉPARATION À LA VIE ACTIVE

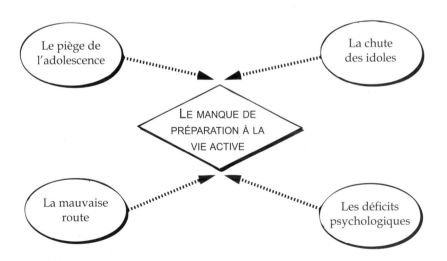

Quatre situations difficiles entraînent très fréquemment un manque de préparation à la vie active. Un individu qui est paralysé au cours des premières années de la vie active sera probablement prisonnier de l'une ou de plusieurs de ces situations. Beaucoup de raisons peuvent expliquer ces situations difficiles, y compris certaines forces destructives à l'œuvre dans notre culture. Certaines caractéristiques individuelles chez les jeunes adultes (et leur degré d'adaptation à la vie active), l'influence de la famille, des pairs et de l'école, et l'état de la préparation permettant de jouer un rôle productif peuvent aussi être des facteurs. Les nouvelles ne sont pas toutes déprimantes ; le chapitre 6 (dans la deuxième partie) relate le parcours de certains individus qui ont été couronnés de succès pendant les premières années de la vie active, suggérant des raisons qui permettent d'expliquer pourquoi ces personnes étaient préparées à relever les défis dans la vie active.

2

LES JEUNES ADULTES PRIS AU PIÈGE DE LEUR ADOLESCENCE

Quand les adolescents ne veulent pas grandir

À l'école secondaire, la popularité d'une personne est basée sur l'apparence — vous portez de beaux vêtements — et sur le fait que beaucoup de gens vous apprécient ou ont besoin de vous. Maintenant, les critères sont totalement différents... Je ne peux pas dire que j'échappe à la vieille définition du type cool, mais celle-ci ne gouverne plus ma vie.

C.T., 24 ans

Si vous continuez de tenter d'être cool après vos études, vous vous retrouvez à trente-cinq ans assis au bout du bar d'une ville universitaire à essayer de draguer des jeunes filles de dix-huit ans et à vous faire rejeter tous les soirs. Ces gens deviennent des alcooliques.

D.M., 28 ans

Comme je l'indiquais au chapitre 1, entrer dans l'âge adulte n'a jamais été plus difficile qu'aujourd'hui. En même temps, la vie d'un adolescent n'a jamais été plus plaisante ! Le résultat, c'est que beaucoup d'adolescents, consciemment ou non, cherchent à prolonger leurs années passées à l'école secondaire ou à l'université. Ils ne veulent tout simplement pas quitter l'adolescence. Ils peuvent vouloir poursuivre leurs études plus longtemps, retourner chez leurs parents, reporter des choix de carrière difficiles et aspirer à d'intenses relations de groupe comme ce fut le cas durant l'adolescence. Les effets de cette attitude peuvent être catastrophiques sur la préparation à une vie active.

Nous vivons à une époque qui glorifie, célèbre et consacre l'adolescence — les goûts, les mœurs, les manifestations et les activités des adolescents. Durant cette période, la plupart des jeunes empruntent diverses identités, comme s'ils magasinaient pour trouver des chaussures élégantes, mesurant ainsi si leurs goûts correspondent aux tendances du jour, et vérifiant la façon dont se manifestent leurs obsessions des images et de l'apparence. Les enfants en bas âge sont impatients de devenir des adolescents, et de nombreux adultes luttent, même si c'est en vain, pour ressembler à des jeunes de dix-sept ou dix-huit ans en tentant d'agir comme ces derniers. Les émissions de télé, les publicités dans les magazines, la musique pop et les médias en général nous présentent des images percutantes de la fraîcheur de l'adolescence. En bout de ligne, de plus en plus de jeunes adultes n'arrivent pas à dire adieu à leur adolescence ; ils ne peuvent prendre leur vie en main.

Charlie a vingt-huit ans, mais vous ne le devineriez jamais. Ce type ne peut pas arrêter de s'adonner à toutes sortes de jeux. Il est le plus jeune de deux enfants (l'autre est une fille) et le fils de Thomas S. Wilson, le propriétaire de Wilson's Dry Cleaning, une affaire modeste mais solide qui compte deux magasins modérément profitables dans un marché extrêmement compétitif. M. Wilson travaille habituellement douze heures par jour, six jours par semaine. Charlie lutte de toutes ses forces pour combler l'horaire de « cinq heures par jour », pour une semaine de cinq jours, qu'il a lui-même établi. Il travaille dans un des magasins du paternel situé dans le sud de la Californie, détestant et savourant à la fois le rôle de fils du patron. Certains jours, il ne se montre pas du tout. Exaspéré, Tom Wilson encourage Charlie à prendre de la maturité et à assumer ses responsabilités. Or, Charlie est sur un carrousel ; il tourne en rond, se complaisant dans son statut privilégié, mais il n'arrive à rien. Ses employés le critiquent derrière son dos en disant qu'il feint de travailler lorsqu'il est au comptoir à l'avant du magasin ou dans son minable bureau de l'arrière-boutique. Charlie regarde sans cesse les derniers DVD qu'il a téléchargés et savoure encore les jeux vidéo plus que tout autre aspect de sa vie — peut-être à l'exception du sexe et, bien sûr, du paint-ball. Il aime tout ce qui est vitesse, particulièrement les voitures et les patins à roues alignées. Il n'est pas surprenant que Charlie s'adonne sans retenue et avec adresse au surf acrobatique. L'homme est drogué à ce que j'appelle l'extase visuelle motorisée. Après ses exercices à très haute vélocité, il passe de longues heures sur un divan, étendu comme de la confiture sur un muffin, à regarder des parties de basketball et de football à la télé. De plus, il est un vrai coureur de jupons, une poursuite moins passive !

Qu'on le respecte ou non (et personne ne semble le faire), il est difficile de ne pas aimer Charlie. Il est généreux, ouvert, sociable et affable. Il ferait n'importe quoi pour ses amis, et rien ne lui importe davantage que ces derniers, comme lorsqu'il avait seize ans. Une bonne partie de son existence, apparemment composée de choses amusantes, est consacrée à la planification des sorties du week-end ou de la soirée. Son imposante garde-robe est remplie de costumes Abercrombie et Banana Republic, le dernier cri de l'élégance virile juvénile. Il vend sa voiture de sport environ tous les dix-huit mois, après avoir ajouté soixante ou soixante-quinze kilomètres au compteur, et son permis de conduire à été suspendu deux fois au cours des quatre dernières années. Il est le modèle-type de l'adolescent moderne de classe moyenne — sauf que son entrée dans l'âge adulte aurait dû se faire il y a dix ans —, et la fin de l'adolescence n'est pas à l'horizon. Malheureusement, derrière son comportement exubérant, cet adolescent dans la trentaine cache une profonde estime de soi. Il admet que sa vie n'a aucun sens ; il la considère comme un pot-pourri d'expériences, dont aucune ne semble en lien avec les autres ou s'ajouter au bagage acquis. Sa vie ne mène nulle part.

ADOLESCENCE PERSISTANTE

Dans notre culture, plusieurs jeunes traînent bien au-delà de cette période de développement qu'est l'adolescence. On peut avancer de nombreuses raisons pour expliquer cet état de fait, y compris la satisfaction puissante et immédiate que reçoivent les adolescents adulés dans leur milieu, l'obsession des médias pour l'apparence et des états d'âme complexes et confus qui peuvent faire de la vingtaine un cap difficile à franchir. Il est beaucoup plus simple d'avoir encore dix-huit ans. Comme dans le cas de Charlie, les années d'adolescence ont, pour de nombreuses personnes, été une période de plaisir qui n'a rien à voir avec la banalité de la vie au travail.

Le désir d'une adolescence prolongée n'est pas limité aux individus de classe moyenne, comme c'est le cas de Charlie. Bonita, une fille de vingt et un ans qui habite un quartier déshérité, m'a dit qu'elle se sentait déprimée de devoir remplir des étagères dans une pharmacie de New York et qu'elle regrette le temps où elle pouvait se payer du bon temps avec ses amis à l'école. « Nous avions beaucoup de choses en commun. Ils venaient tous de la République dominicaine, comme moi. Maintenant, je travaille avec des Chinois et des gens venus d'ailleurs, et nos relations manquent de chaleur. Tous les jours, la présence de mes véritables amis me manque. Je ne me sens pas bien au travail, mais je ne sais que faire. » Le sentiment de protection qui découle de l'appartenance à un clan est un des bénéfices les plus importants de l'adolescence ; il est presque impossible à retrouver au travail.

Le psychologue Erik Erikson définit l'adolescence comme une période d'exploration et d'expérimentation, une étape de développement où les enfants jouent diffé-rents rôles et qui se termine par l'acquisition d'une identité personnelle. À notre époque, un nombre croissant de jeunes adultes sont encore très engagés dans une exploration et des expérimentations qui relèvent de l'adolescence. Une telle activité n'est pas nécessairement dangereuse, mais certains jeunes ne semblent aller nulle part ou ne faire l'expérience que de la confusion et du chaos. Il y a, bien sûr, une différence importance entre chercher et patauger. Patauger quelque peu peut être sain, mais à un certain point ça peut devenir démoralisant. Dans plusieurs cas, l'indécision quant au choix de carrière joue un rôle important dans le besoin qu'a un jeune de prolonger son adolescence. Une réticence profonde à s'engager dans la vie adulte peut parfois compromettre la recherche d'une identité et le choix d'une carrière.

LE TYPE *COOL*

Être *cool* peut s'avérer l'une des premières priorités des adolescents. La décontraction participe d'un ensemble de stratégies personnelles visant à se mettre en valeur et pouvant être d'une grande efficacité au cours des années d'études secondaires ou universitaires, et dans certaines universités plus que dans d'autres. Le mot *cool*, qui ne semble pas vouloir disparaître de la culture contemporaine, a une valeur ajoutée chez ceux qui aspirent constamment à être adulés. Certaines manifestations importantes de la décontraction sont énumérées ci-après.

LES DIX GRANDES RÈGLES DE LA DÉCONTRACTION
CHEZ LES ADOLESCENTS

Comportement détendu
Bravade et confiance
Prise de risque minime/briser les tabous
Vêtements et goûts reflétant les tendances actuelles
Obsession du corps parfait et gestes « chorégraphiés »
Cercle exclusif où règnent la « gentillesse » et la loyauté
Acceptation visible dans un groupe
Sens de l'humour, pince-sans-rire/doux cynisme
Embellissements mineurs des normes
Attirance physique

De toute évidence, les adolescents subissent une certaine pression pour paraître détendus la plupart du temps et projeter une image à la fois d'invulnérabilité et de force à une période de la vie où ils se sentent particulièrement vulnérables, voire impuissants. On s'attend beaucoup à ce qu'ils respirent la confiance et le courage, qu'ils prennent certains risques et brisent leur part de tabous mineurs, ce qui fait partie du rite de passage à l'adolescence. Les cigarettes, l'alcool et des tatouages fascinants, ainsi que certaines coiffures ou teintures qui choquent les adultes, complètent le tableau.

La décontraction implique aussi la prise de poses méticuleuses, la synchronisation des gestes et des expressions faciales et, de temps à autre, l'immobilisation dans une posture vaguement séductrice, mais très relaxe, comme si on attendait l'arrivée des paparazzis. Les filles peuvent croiser les jambes d'une manière légèrement provocante, tandis que les garçons oseront montrer la bordure supérieure de leur short et, à l'occasion, laisser voir brièvement la ligne verticale de poil qu'ils ont sous le nombril. En passant, disons que le fait de fumer répond à deux besoins à la fois : il brise un tabou et permet d'avoir des mouvements détendus. Les gestes étudiés et les mouvements adroits d'un adolescent nouvellement fumeur sont quelque chose à voir, la détente personnifiée.

Il y a un code vestimentaire cool, une liste des goûts acceptables en musique, un panthéon des héros et souvent une allégeance à certains sports (goût oblige). Vous pouvez prendre certaines libertés en matière de goût, mais elles doivent ne représenter que de subtiles déviations par rapport au code établi, des innovations mineures qui, si vous jouez bien vos cartes, peuvent être reconnues comme « supercool ». Un beau physique et le sens de l'humour ajoutent au côté *cool* d'un individu. Finalement, on s'attend à ce que vous soyez gentil (« vraiment agréable »), mais cette obligation se limite principalement aux loyaux membres de votre cercle d'amis intimes. Ainsi, vous pouvez intimider ou attaquer verbalement ceux qui sont en marge du cercle et être encore perçu comme *cool*.

Certains jeunes adultes sont incapables de faire des compromis à l'égard du code de la décontraction. Par exemple, à l'âge de vingt-sept ans, ils continuent à porter leurs casquettes de base-ball à l'envers. L'un de mes collègues, Allan Shedlin, qui était le directeur d'une école primaire à New York, m'a appris la signification du mot *néoténie*. Ce terme réfère aux gens plus âgés qui continuent à se comporter comme des adolescents. Ces adultes peuvent être incapables d'aller au-delà de leur obédience absolue aux dix règles de la décontraction. Je les vois prendre des poses à tout moment. Au cours de mes voyages, j'ai le temps d'observer les gens dans les salles d'embarquement. Je peux très bien y remarquer un homme de soixante ans portant un jean, une casquette de base-ball à l'envers et d'autres accoutrements d'un adolescent. S'agit-il simplement d'une affection bénigne ou d'une sérieuse fixation qui empêche un individu de grandir ? Parfois, il s'agit d'une fixation.

Je me souviens d'un gars du nom de Buddy. Ce type ne voulait rien de plus que d'être le copain de tout le monde. Heureusement, il était en position de satisfaire ce désir. Depuis l'enfance, les gens étaient son passe-temps. Il avait constamment besoin de la présence des autres (page 117) et il se collait à ses amis comme les poils blancs de mon chien adhèrent à ma veste sport bleu marine. Les années de son adolescence se sont avérées être, comme le disait Buddy, « à la hauteur ». Il n'y avait aucun doute à ce sujet : il était le parfait modèle du jeune adolescent moderne *cool*. Il respectait tous les critères de la décontraction en matière de goûts, de comportements et de mouvements corporels.

Buddy n'a jamais pris l'école très au sérieux. Il était l'un de ces étudiants qui se débrouillaient. Il n'était pas perçu comme vieux jeu ou débile (des blessures fatales pour un type sympa). Buddy avait un frère plus jeune et plus sérieux que lui et il avait honte que ses amis rencontrent ce « ringard ». Ses parents, des travailleurs sociaux, avaient été hippies durant leur jeunesse ; ils étaient très permissifs et permettaient à leurs enfants de vivre leur propre vie et de choisir leur propre voie. Les parents de Buddy n'étaient pas négligents ; ils s'occupaient bien de leurs enfants. Ils aimaient et admiraient leur fils aîné malgré ses résultats scolaires peu brillants. Ils le voyaient comme une personne formidable et étaient confiants qu'il connaîtrait du succès un jour ou l'autre.

Le jeune homme a réussi à améliorer son statut social en devenant un loyal membre d'une fraternité de l'université d'État de son patelin ; il était le parfait exemple du type doux et agréable. Il a obtenu son diplôme en sociologie après avoir découvert que la plupart des cours de ce département se donnaient à onze heures du matin ou plus tardivement. Il récoltait généralement des C, et il a obtenu un diplôme sans mention en se classant dans les meilleurs du dernier cinquième des étudiants de sa classe.

Buddy a marché d'un terrain miné à un autre après ses études universitaires. Il n'avait aucun plan. Dans le passé, il avait vécu au jour le jour. À l'âge de vingt ans, son avenir se résumait aux sorties les samedis soirs et c'était tout ce qui apparaissait dans son viseur. Après avoir obtenu son diplôme, Buddy a erré sans but, passant d'un emploi à l'autre et croyant qu'il serait accepté parce qu'il était sympa. Malgré ses frustrations répétées, il a persisté à jouer le rôle qu'il avait si bien répété. Il s'était lui-même étiqueté comme un mec *cool*. Il ne pouvait donc ni apparaître comme quelqu'un qui travaillait particulièrement dur, ni faire preuve d'initiative, ni sembler ambitieux, ni s'habiller comme un cadre en pleine ascension (indépendamment de ce que cela pouvait impliquer).

Il est rapidement devenu son pire ennemi. Ses patrons connaissaient à peine la signification du mot *cool*. Tout autour de lui, les types ringards et débiles qu'il avait tellement dénigrés (et souvent bafoués) faisaient beaucoup plus d'argent que lui — c'était la cruelle vengeance des personnes vieux jeu. Au travail, il se sentait humilié chaque fois qu'on lui demandait d'aller fumer dehors, d'autant plus qu'il était le seul à fumer. Or, Buddy ne pouvait tout simplement pas renoncer à ses habitudes et à ses valeurs d'adolescent. Celles-ci l'avaient servi trop bien et trop longtemps pour contribuer à son bien-être.

Le malheureux a sombré dans une grave dépression, pour laquelle il a entrepris un traitement où on lui administrait de fortes doses de médicaments. Lorsqu'un de mes collègues psychiatres m'a raconté l'histoire de Buddy, je ne pus qu'estimer que le jeune homme avait un urgent besoin qu'on le sorte de son adolescence. Buddy devait assumer ce qu'il était et ce qu'il devenait. Il devait être aidé afin de comprendre la valeur incontestable de ses habiletés sociales, mais aussi leurs limites. Les fortes affinités que Buddy avait développées avec les gens et ses habiletés sociales auraient dû être mieux explorées ; les choix de carrière possibles et les cours à l'université auraient dû tenir compte de ses aptitudes et de leur valorisation. Plus encore, Buddy aurait dû être guéri de sa naïveté, car il ignorait totalement ce qu'il lui fallait faire pour être un adulte heureux une fois la fête terminée.

De bien des façons, il est très *cool* d'être *cool*. Apprendre à s'adapter et à être accepté par les autres peuvent être perçus comme des objectifs importants en éducation. Les questions auxquelles doit répondre tout adolescent ou jeune adulte sont les suivantes : « Quel prix devez-vous payer pour être *cool* ? Dans quelle mesure la décontraction se concilie-t-elle avec l'image d'un individu qui entre dans la vie active et qui s'efforce de gravir les échelons en commençant au bas de l'échelle ? Que sacrifiez-vous de votre vie familiale et de votre éducation pour projeter l'image d'un type *cool* ? Dans quelle mesure perdez-vous, niez-vous, ou étouffez-vous vos forces et votre individualité afin de vous adapter et de vous intégrer à un groupe ? À quel stade serez-vous en mesure de renoncer à votre image du type décontracté afin de passer à d'autres priorités — un travail gratifiant, un mariage satisfaisant, une vie de famille épanouissante ? » Si ces questions ne sont pas abordées, les adolescents très cool connaîtront des ratés dans leur démarrage dans la vie active.

CHANGER SA PERCEPTION CORPORELLE POUR ENTRER DANS LA VIE ACTIVE

Notre culture est obsédée par les images corporelles. Les spectacles à la télé et les vidéos de musique mettent l'accent sur les formes parfaites et les mouvements sensuels. Un déluge incessant de produits améliorant l'apparence séduit les adolescents, de même que des enfants de plus en plus jeunes. Les adolescents sont toujours en train de modifier leur apparence grâce à divers accessoires, expérimentant une nouvelle image ou un nouveau déguisement, et font tout pour être admirés et acceptés. Les adolescents sous une telle pression somatique sont un jour fascinés et terrifiés lorsqu'ils réalisent que, par magie, ils sont en train de se transformer en adultes. Plusieurs traversent des périodes de doute en se demandant si leur corps respecte les standards de la mi-puberté ou de la post-puberté. De temps à autre, leurs expériences les conduisent à avoir des aventures sexuelles plus ou moins satisfaisantes. Comme dans le cas de l'individu *cool*, les questions à se poser sont les suivantes : « Jusqu'où dois-je me préoccuper de mon corps et à quel point la limite est-elle atteinte ? L'obsession du corps parfait peut-elle entrer en contradiction avec le développement intellectuel, la planification d'une carrière et les relations familiales ? »

Jeanette était une enfant rondelette. À l'école primaire, bien qu'elle était une très bonne élève, elle s'est révélée maladroite tant sur le plan physique que social. Elle obtenait surtout des A et, sur ses bulletins scolaires, les commentaires étaient élogieux. Elle aimait lire et, en cinquième année, elle écrivait des poèmes renfermant de riches métaphores. Ses camarades de classe de sexe féminin ont condamné cette élève studieuse, l'ont écrasée et rejetée brutalement, ce qui l'a rendue si profondément malheureuse que son estime de soi semblait toujours sur le point de s'effondrer. Jeanette avait très envie de développer des relations avec ses camarades, mais ses tentatives lui ont attiré peu de sympathie de la part de ses compagnes. Enfant unique, elle avait été adoptée au berceau par un couple âgé. Elle était le plus souvent entourée d'adultes qui semblaient se soucier d'elle mais, en grandissant, elle eut relativement peu de contact avec d'autres enfants.

Peu après la puberté, le visage de Jeanette perdit sa forme ovale. Tel un crocus de couleur pourpre fleurissant dans la neige, il s'est affiné à l'âge de treize ans. Jeanette perdit même du poids et commença à devenir plutôt attirante et à exhiber une belle poitrine. Pendant qu'elle voyait cette métamorphose dans son miroir, elle devenait de plus en plus heureuse de sa nouvelle image corporelle. Elle a commencé à suivre un régime et à s'astreindre à un programme d'exercices physiques des plus exigeants. Les résultats ont été impressionnants. Cependant, son corps est devenu une obsession et il l'est demeuré au cours des années suivantes. Soudain, en huitième année, elle était le centre d'attraction à l'école.

Les parents de Jeanette étaient perplexes. Le téléphone n'arrêtait pas de sonner. Le besoin soudain et croissant de reconnaissance sociale était si dévorant chez Jeanette que celle-ci était incapable de penser à autre chose. Son travail scolaire en souffrait. Les parents sentaient que leur fille leur échappait. Vers la fin de la neuvième année, l'enfant au visage de chérubin, autrefois douce et docile, était devenue provocante et contestataire, qualifiant souvent sa mère de « stupide ». Jeanette refusa fermement de voir un thérapeute. Pendant ses études secondaires, elle n'a cessé de demander de l'argent pour acheter des vêtements. Sally, sa mère, voulant toujours rester proche de sa seule enfant, cédait souvent aux caprices de celle-ci et participait aux coûteuses expéditions dans les magasins. Avec avidité, la mère et la fille lisaient ensemble des revues de mode et discutaient de maquillage et de coiffure. Elles se retrouvaient au spa pour voir disparaître des kilos qu'elles n'avaient pas vraiment besoin de perdre. Je suis toujours stupéfié de voir à quel point les parents s'accommodent involontairement des sérieuses faiblesses d'un enfant, ce qui fait peut-être partie de cette essentielle quête pour s'attirer les faveurs de ce dernier.

Jeanette passait des week-ends entiers au centre commercial avec ses amis, sa mère ou les deux. Elle sortait beaucoup avec de très beaux garçons, que son père qualifiait de « cruches ». Plus d'une fois, il a accusé Jeanette de devenir une traînée. Jeanette en voulait à ses parents et elle les accusait de n'avoir aucun respect pour ses copains.

Finalement, elle étudia la coiffure dans une institution de sa ville, mais elle abandonna en première année. Elle affirma qu'elle n'aimait pas beaucoup ses camarades de classe. Elle se maria à dix-neuf ans et donna bientôt naissance à une fille. Son mari était au chômage et avait de sérieux problèmes d'alcool et de drogue, mais elle le soutenait loyalement. Sa mère s'occupait du bébé tandis que Jeanette allait travailler au rayon maquillage d'un grand magasin local. La jeune femme ne se sentait pas du tout épanouie. Qu'était-il survenu de Jeanette, la jeune poétesse, l'auteure, la grande lectrice et l'étudiante passionnée ? Son corps a pris le dessus sur son esprit.

Tous les jeunes, et les adultes à différents degrés, sont concernés par leur image corporelle et leur apparence. Cette attitude est parfaitement normale, et probablement très saine. Or, dans le cas de Jeanette et de beaucoup d'autres garçons et filles, l'obsession de l'apparence a pris beaucoup trop de place. Parfois, les pressions sociales et une soif inextinguible d'acceptation alimentent cette préoccupation.

Dans d'autres cas, les triomphes sportifs combinés avec l'obsession du corps finissent par occulter la plupart des autres valeurs et priorités. De temps en temps, des complications désastreuses surviennent, des fléaux comme l'anorexie mentale, la boulimie, la dépression sévère et les maladies mentales dont les conséquences sont catastrophiques. Plus généralement, ceux qui sont incapables de dépasser ces préoccupations liées au corps et à l'apparence pendant l'adolescence peuvent venir grossir les rangs des jeunes adultes qui ne sont pas préparés à faire face à la vie. Dans leur recherche du corps parfait, ces jeunes oublient de développer leur esprit.

DÉBRANCHÉS DU MONDE DES ADULTES

De puissantes forces sociales éloignent plusieurs adolescents des adultes en les encourageant à choisir comme modèles des jeunes comme eux plutôt que des adultes. Comment pouvez-vous devenir un adulte productif quand vous ne vous êtes jamais donné la peine d'en observer un de près ? Comment pouvez-vous planifier et préparer votre vie adulte quand vous continuez à prendre comme modèle d'autres adolescents ? La réponse est : « Ce sera avec grande difficulté. » Un facteur critique pour tous les jeunes est l'étroitesse du lien développé avec le monde des adultes. Ceux qui grandissent dans une culture où la plupart des adultes sont des étrangers sont moins susceptibles de se développer et de s'accomplir comme adultes.

Collis, un jeune d'un quartier défavorisé de Chicago, n'avait pas de père. Il vivait avec sa mère, une prestataire de l'aide sociale, son frère et deux sœurs. Tous les jeunes avaient un père différent. Collis n'avait qu'un vague soupçon quant à l'identité de son père, mais il disait à tout le monde que ça ne le dérangeait pas. Au cours de ses études primaires, il n'a fréquenté l'école que sporadiquement, ignoré dans la salle de classe, se demandant souvent ce qu'il faisait là. Collis avait des problèmes de lecture et éprouvait des difficultés en maths. Sa compréhension de l'anglais écrit était lamentable. Il s'assoyait dans la classe dans un état de confusion verbale. Ainsi, il séchait souvent les cours ou s'enfuyait de l'école, ce qu'on lui reprochait constamment. La famille se débrouillait avec le minimum vital ; elle était toujours en mode survie et ses membres avaient à peine de quoi manger ; elle devait faire face aux menaces brutales du propriétaire et ne disposait pas de suffisamment d'eau chaude. La mère de Collis, une femme aimante et dévouée, faisait tout ce qu'elle pouvait pour bien élever ses enfants, et ce, même si elle ne travaillait pas. Le seul autre membre de la famille étendue de Collis était sa grand-mère maternelle, qui se manifestait de temps à autre pour donner un coup de main. Collis en vint à détester amèrement la vie à la maison et à avoir l'école en horreur. Il ne lui restait qu'à se tourner vers les voisins et les amis.

À l'âge de douze ans, Collis était déjà un membre actif d'un gang. Avant d'atteindre ses quinze ans, il vendait de la drogue (et en consommait). Il adorait certains chefs du gang qui avaient dix-neuf et vingt ans. Il pensait qu'il s'agissait des gens les plus cool du monde. Collis aimait le rap et portait fièrement les signes distinctifs de son groupe social : des cheveux tressés, un pantalon ample porté aussi bas que possible, des chaussures de basket délacées, quantité d'accessoires en acier inoxydable et, assez curieusement, un gros crucifix suspendu à un collier — ce qui était étrange puisque Collis n'avait jamais mis les pieds dans une église.

Comme vous pouvez l'imaginer, le garçon a abandonné l'école et il passait une bonne partie de ses journées à traîner sans but avec le reste du clan. Il s'est confectionné un casier judiciaire pour des délits mineurs, quelques vols à l'étalage et des batailles avec des membres d'autres gangs. Collis avait une apparence sinistre. Souvent, il souriait et affichait un air satisfait parce que les Blancs traversaient toujours Michigan Avenue quand lui et sa petite troupe s'approchait d'eux sur le trottoir. À l'âge de dix-sept ans, Collis se trouvait dans un cul-de-sac. Il n'avait aucune valeur, aucun plan, aucune aspiration et aucun intérêt. Il vivait au jour le jour. Plus précisément, il n'avait aucun adulte à qui s'identifier, un adulte qui pourrait le guider et l'encourager. Il y a des millions de jeunes dans le monde qui, comme Collis, sont pauvres et souffrent. Leurs seuls modèles sont des jeunes de leur entourage. Ils ne progressent jamais dans la vie ; ils ne font que tourner en rond dans un mode de vie qui les pousse sans cesse à rechercher des sensations fortes. Ils commencent leur adolescence avant d'avoir atteint la puberté et adoptent les rites propres à cet âge de la vie en développant des liens étroits avec d'autres jeunes. À vingt-cinq ou vingt-neuf ans, ils demeurent essentiellement des adolescents.

Collis courait le risque de bousiller sa vie ou de la perdre, mais il fut exceptionnellement chanceux. Quand il eut presque dix-huit ans, alors qu'il bénéficiait d'une période de probation, un sage juge de la cour juvénile lui ordonna de suivre un programme d'encadrement. Il fut confié à Calvin, un très doué travailleur social de vingt-six ans. Pendant des mois, les deux nouèrent des liens solides. C'était le premier homme auquel Collis pouvait s'identifier — à l'exception des chanteurs rap et des joueurs de basket (ni les uns ni les autres n'incarnaient les objectifs qu'il voulait atteindre).

Calvin inscrivit Collis à un programme en chauffage et climatisation dans une école de métier. Collis a rapidement saisi les complexités de cette technologie. Il pouvait claire-ment visualiser l'image des pièces dans son esprit ; il pou-vait comprendre les systèmes de canalisation sans devoir les transcrire en mots. Il pouvait ainsi contourner la confusion dans son langage, un problème qui l'avait empêché de réussir à l'école. Il avait la certitude qu'il pouvait faire quelque chose de bien. Il avait son billet de sortie de l'adolescence, et ça arrivait juste à temps. L'opinion que le jeune homme avait de lui-même s'améliora rapidement. Il était fin prêt à s'engager dans la vie active. Chose tragique, des centaines, voire des milliers de jeunes comme Collis, ne découvrent jamais un modèle comme Calvin, ce qui les empêche de se connecter sur le monde des adultes. Tous ces jeunes ont désespérément besoin de mentors.

Les jeunes de quartiers défavorisés représentent souvent un exemple extrême de déconnexion avec la société adulte et son système de valeurs, mais le même phénomène peut s'observer tant en haut qu'en bas de l'échelle socioéconomique. Certains enfants et adolescents en viennent à la conclusion qu'ils ne pourront jamais plaire à leurs parents, et ce, peu importe ce qu'ils font. En conséquence, ils désavouent inconsciemment le monde des adultes et toutes ses valeurs « stupides ». Une stratégie très répandue est utilisée : si vous ne pouvez réussir quelque chose, dénigrez ce que vous ne pouvez accomplir. Si vous ne pouvez pas répondre aux attentes des adultes et gagner leur respect, débarrassez-vous d'eux (et traitez-les de poissons pourris) ! Vivez principalement pour vos amis, pour vos relations. Les relations sont faites pour vous procurer facilement leur lot de satisfactions immédiates. Si vous avez des problèmes à l'école et à la maison, vous pouvez rechercher la compagnie d'autres jeunes qui sont dans le même bateau que vous et former une famille sans contraintes. Dans les cas extrêmes, les jeunes peuvent adhérer à une secte ou se joindre à une bande organisée. C'est un scénario classique chez les membres d'Hare Krishna, par exemple. Tous ces jeunes désillusionnés courent le risque de voir leur développement entravé pendant l'adolescence ; ils peuvent s'accrocher aux valeurs de l'adolescence et les cautionner lorsqu'ils entrent dans la vingtaine.

Certaines formes d'aliénation ressenties par les adultes à l'égard des personnes prospères peuvent être associées à la colère actuelle des jeunes envers le monde. Une jeune serveuse dans un restaurant français confiait à quel point elle ressentait de l'amertume à l'égard de cadres d'entreprise très puissants. Elle mentionnait que les dirigeants des banques continuent à augmenter les taux d'intérêt applicables aux cartes de crédit afin de pouvoir s'acheter des voitures de luxe et adhérer à des clubs sélects. Elle se plaignait que ces cadres ne se soucient guère des gens dans la vingtaine qui, chaque mois, doivent faire des économies pour payer le solde de leurs cartes de crédit.

Les enfants et les adolescents devraient être préparés à devenir des adultes. Dans le passé, les grands-parents jouaient un rôle important dans l'instruction des enfants. Les enfants se réunissaient devant l'âtre, avides d'entendre les leçons et les histoires des aînés. Tous les amis et membres de la famille pouvaient évoquer leurs expériences d'adultes. D'autres membres de la famille vivaient à proximité, ce qui permettait aux enfants d'entendre toutes sortes d'histoires que racontaient les adultes.

De nos jours, et dans la plupart des cas, de telles occasions sont extrêmement rares. Les proches parents (qu'on n'a peut-être pas rencontrés très souvent) et les enseignants (que la plupart des étudiants ne parviennent pas à connaître personnellement) sont presque, à l'exception des parents, les seuls adultes présents dans la vie des jeunes. Dès l'enfance, on apprend aux enfants à craindre et à éviter les étrangers et à ne pas parler à quelqu'un qu'ils ne connaissent pas. Ils sont ainsi encore plus éloignés du monde des adultes.

Lorsqu'on m'invite à dîner, la progéniture de l'hôte et de l'hôtesse me salue la plupart du temps de façon rituelle et laconique, généralement sans me regarder, et disparaît ensuite du lieu de rassemblement. Ces jeunes ne s'intéressent pas du tout à ma conjointe et à moi. Quand j'étais enfant, et que mes parents avaient de la compagnie, ils ne pouvaient se débarrasser de moi (même s'ils essayaient). Leurs amis, dont quelques-uns étaient incroyables et d'autres étranges, suscitaient ma curiosité. J'étudiais ces gens comme si je me préparais à participer à un concours télévisé et, le matin suivant, je parlais d'eux à ma mère ou à mon père. Je voulais savoir ce qu'ils faisaient comme métier, comment ils arrivaient à connaître tant de succès, pourquoi ils se disputaient. Partout où j'allais, je n'hésitais jamais à parler aux étrangers — dans les magasins, les trains ou chez le coiffeur. Nous n'avons jamais pensé, mes parents et moi, que ces étrangers puissent m'injurier ou abuser de moi de quelque manière que ce soit. C'était ma formation de base dans le choix d'une carrière. J'apprenais comment me brancher sur le monde des adultes.

Je pense que les jeunes ont désespérément besoin de nouer des relations avec des adultes qui leur sont étrangers. Peut-être notre société devrait-elle se pencher sur le passé des individus et certifier que certains d'entre nous sont des « étrangers dignes de confiance » pour interagir avec les jeunes. Ainsi, un jeune pourrait demander de voir mon certificat d'étranger digne de confiance avant de me parler !

LA NOSTALGIE DE L'ADOLESCENCE

Certains jeunes adultes n'essaient pas de ressembler à des adolescents, mais leurs années d'adolescence leur manquent cruellement. Les amis qui les soutenaient lorsqu'ils étaient âgés de douze à vingt ans ont disparu, et ils ont de la difficulté à survivre sans eux. Voici un scénario courant.

Fran a vingt-deux ans et souffre de dépression chronique. Elle ne se sent pas appréciée à sa juste valeur et se sent accablée par son travail de reporter pour le compte d'un quotidien de la ville. Elle détient un diplôme universitaire en journalisme, mais ne gagne pas assez d'argent pour combler ses besoins. Ses parents refusent de la soutenir ; ils lui disent qu'elle est assez grande pour se débrouiller toute seule et que le temps est venu pour elle de s'assumer sur le plan matériel. Fran se rend compte qu'elle a eu une adolescence privilégiée. Elle a grandi dans une famille où elle était enfant unique et où il y avait beaucoup d'amour et d'argent. Elle aimait très profondément sa mère, qui était sa dévouée protectrice. Fran avait une vie fortement encadrée, très bien planifiée et meublée de toutes sortes de cours et d'activités récréatives. De temps à autre, elle se plaignait qu'elle n'avait pas le temps de réfléchir. Elle était une étudiante appliquée et avait d'assez bons résultats scolaires, même si elle n'était pas reconnue pour sa créativité ou son esprit d'analyse.

Dans son emploi actuel, Fran est contrainte de respecter des échéances très serrées, de faire part d'idées originales pour les prochains articles et de supporter les constantes critiques de son rédacteur en chef. Elle a été habituée à recevoir les éloges dithyrambiques de son instructeur de danse, de son professeur de harpe et de ses parents. Elle aimerait recréer ou revivre cette période glorieuse, mais n'y parvient pas. Personne ne semble l'encourager, sauf ses parents, mais leur rôle semble beaucoup moins pertinent, infiniment plus accessoire aujourd'hui. Inconsciemment, Fran se languit en pensant à ses années d'études à l'école secondaire. Elle manque d'encadrement, est incapable de prévisibilité et, en se pliant simplement aux règles, elle rate toutes les occasions de marquer des points. Elle ignore complètement comment faire face aux tensions normales et aux règles non écrites propres aux premières années de la vie active. Elle se sent abandonnée. Elle voudrait pouvoir remonter le temps.

Retour vers le passé
Il n'est pas inhabituel qu'un jeune adulte qui ne peut pas trouver sa place songe à faire un retour dans le passé, au bon vieux temps de son adolescence. Ainsi, il retourne à l'école sans savoir précisément ce qu'il fera à la fin de ses études, en n'ayant peut-être qu'une vague idée d'un domaine d'activité en lien avec ses études, par exemple les télécommunications. Il retourne chez ses parents, vraisemblablement pour préserver ses avoirs, mais il ne crachera pas sur les services de blanchissage et d'autres petits extras. Une fois de retour à la maison, il se sent beaucoup plus appuyé, quoique bientôt il

pourra se sentir épié et recevoir plus de conseils qu'il n'en demande.

Cette régression apparente permet parfois à un jeune adulte de se recharger les batteries et de se recentrer sur ses perspectives d'avenir. Dans d'autres cas, il s'agit d'une situation temporaire sans graves conséquences — à moins que le séjour ne se perpétue trop longtemps. Les parents peuvent trouver que la présence de leur locataire (ou parasite) est un peu trop fatigante. Ils doivent se montrer prudents afin de ne pas trop faciliter la vie à leur enfant, et peut-être imposer certaines conditions au retour à la maison. Dans la mesure du possible, je pense que les parents devraient éviter de financer les activités du jeune qui est de retour. Lui donner des subsides peut lui enlever toute motivation sur le plan professionnel et contribuer à un retour à la période de l'adolescence.

Il y a plusieurs années, alors que je m'apprêtais à prononcer une allocution lors d'un séminaire à Copenhague, un chauffeur de taxi de descendance sikh qui portait un turban m'a raconté sa vie alors que nous roulions en direction du centre de conférences. Il m'a expliqué que ses deux enfants, un garçon et une fille âgés de vingt-deux et vingt-quatre ans, vivaient avec sa femme et lui à la maison. Je lui ai fait remarquer que cette entente devait être source de grandes tensions, ce qu'il nia vigoureusement. Il poursuivit en me disant : « Quand notre fils et notre fille ont eu dix-neuf ans, nous leur avons dit très clairement. Dorénavant, vous n'êtes plus nos enfants, vous êtes nos amis. » Je lui ai demandé ce que cela signifiait vraiment. Il a répondu : « Cela signifie que, à moins qu'ils ne nous le demandent, nous ne leur offrons aucun conseil et que, même s'ils nous le demandent, nous ne leur donnons pas d'argent. » Il a ajouté que, de temps à autre, lui et sa femme leur offraient de modestes cadeaux. Je pense que le contrat que cet homme a passé avec ses enfants représente le meilleur de deux mondes pour quelques parents ; les enfants se sentent en sécurité et, en même temps, ils ont le soutien nécessaire pour devenir des adultes.

Le sort des enfants programmés

Il n'est pas inhabituel que les adolescents d'aujourd'hui soient programmés comme des robots. Leurs semaines sont planifiées, et ce, sans qu'on leur demande leur avis. La structure les engloutit, car ils sont constamment surveillés et évalués. Voyez le calendrier des activités extrascolaires qu'avait Fran à l'âge de seize ans : des pratiques avec un orchestre trois fois par semaine (y compris le samedi matin), des leçons de harpe les lundi et mercredi soir, des cours de religion les mardi, jeudi et dimanche matin, des cours de rattrapage en maths deux fois par semaine, de la danse moderne tous les vendredis, plus des travaux liés à un projet communautaire et à du bénévolat au centre de jour. En outre, il y avait des engagements plus intenses mais passagers comme la pièce de théâtre de l'école, la collecte de fonds afin de défrayer le coût des uniformes des membres de l'orchestre et le comité de décoration pour le bal des jeunes élèves. Dans chacune de ces activités, les attentes sont bien définies : on vous dit ce que vous avez à faire. Ce style de vie contraste complètement avec ce qui se passe durant les premières années d'une carrière, où plusieurs attentes sont moins bien déterminées et où il faut faire montre d'un peu d'initiative et posséder certaines idées originales. Dans le cas de Fran, comme dans celui de plusieurs autres, l'existence avait toujours été très programmée. L'encadrement était invariablement imposé de l'extérieur ; Fran n'avait pas à organiser son propre emploi du temps, sa propre routine. Elle n'avait pas non plus à faire montre d'un grand sens de l'initiative ou à faire beaucoup d'effort pour innover. Elle a toujours été jugée sur son habileté à se plier aux demandes d'un entraîneur, d'un instructeur ou d'un programme d'études. Par ailleurs, tout cet encadrement était réconfortant ; il était conçu pour donner une vie active, mais pas trop compliquée. Maintenant, en tant qu'adulte désirant gravir les échelons et mener une vie active, Fran constate qu'elle se doit de créer son propre encadrement, et qu'elle est évaluée sur sa capacité à proposer des articles originaux au journal. Elle continue à chercher l'assentiment de son patron pour tout ce qu'elle fait. Son adolescence n'a peut-être pas été aussi enrichissante qu'elle le semblait à l'époque. Fran aurait dû disposer de plus de temps libre pour jouer et pour réfléchir afin d'établir ses propres priorités et d'organiser elle-même son temps.

TRAVERSER L'ADOLESCENCE

Il se peut que personne ne surmonte complètement l'expérience de l'adolescence. Pour la plupart des individus, les années de douze à vingt ans ont été remplies de moments de découverte et de satisfaction. Les souvenirs de cette époque peuvent être joyeux et stimulants, mais ils sont parfois vaguement douloureux. Il s'agit de conserver les souvenirs positifs et de renoncer aux valeurs de l'adolescence qui représentent des entraves — les fixations puissantes et potentiellement paralysantes que sont l'apparence, la décontraction, l'acceptation, la conformité et l'expérimentation pour le besoin d'expérimenter. Ceux dont la vie à l'adolescence a été très structurée et encadrée doivent se débarrasser par eux-mêmes de cette dépendance (à moins qu'ils ne s'enrôlent dans l'armée). Un jeune adulte doit dire adieu à l'adolescence et entreprendre le voyage vers tout ce qu'il peut devenir en tant qu'adulte — et savourer l'expérience. Dire adieu à l'adolescence peut être l'une des étapes les plus décisives de l'existence. Cependant, cela ne se produit que si l'entrée dans la vie active a un sens.

3

CEUX QUI ONT ÉTÉ
UN JOUR ADULÉS

La chute des idoles

Compte tenu des conditions socioéconomiques dans lesquelles j'ai grandi, rien n'était impossible pour moi, un point c'est tout. Je n'ai jamais été dans une école sous-financée avec des enseignants démotivés. Je me rends compte aujourd'hui que j'étais privilégié. Je pense que ces conditions peuvent m'avoir démotivé quelque peu en bas âge.

S.R., 27 ans

Qu'advient-il de tous ces jeunes dont on a vanté grandement les mérites et qui ont connu du succès pendant leurs années de formation ? Est-il possible de souffrir du fait d'avoir reçu trop d'éloges trop tôt dans la vie ? Je pense que oui. Un jeune adulte qui, pendant une décennie ou davantage, a connu des plaisirs sans fin, des accomplissements personnels stupéfiants, qui a joui de l'admiration inébranlable de loyaux supporters dans des stades en délire, peut se sentir soudain démuni, abandonné et avoir la pénible sensation d'être sous-estimé à vingt ans, vingt-deux ans ou vingt-quatre ans. Oui, la fête est terminée. C'est la mort de l'idole — et c'est dur !

DE LA GLOIRE À LA DÉCHÉANCE

Pendant toutes ses années d'études, Glen Martin était un très beau garçon aux cheveux blond cendré. À l'école primaire, Glen était un athlète accompli et un étudiant qui brillait dans toutes les matières. Et ses aptitudes se sont transformées en triomphes pendant l'enfance et l'adolescence ; d'innombrables trophées et coupures de presse décoraient les murs de sa maison. Glen avait une sœur plus âgée qui connaissait également du succès, et un frère plus jeune qui semblait crouler sous les exigences de l'école et qui menait la vie d'un être banni de la société.

Glen termina ses études secondaires dans les premiers de sa classe, il fut capitaine de l'équipe de soccer et joua au baseball à la position de premier but dans une ligue étoile. Il fréquenta une des universités de la Ivy League, un groupement de huit universités gérant les compétitions sportives dans trente-trois sports masculins ou féminins dans le nord-est des États-Unis, ce qui n'étonna personne. Pendant sa première année, toutefois, Glen commença à perdre du terrain. S'étant déchiré un muscle du genou en jouant au soccer, il abandonna en bonne partie la pratique des sports. Sur le plan des études, il se sentait dépassé et peu motivé. Il avait du mal à s'adapter au fait qu'il n'était plus le seul garçon intelligent du coin et, au cours de ses quatre années d'études, il obtint surtout des B et parfois des C+. Pour la première fois de son existence, il n'était plus un type spécial aux yeux du corps enseignant et il le savait. Il commença à prendre beaucoup de poids et son estime de soi en souffrit. Avec beaucoup d'ambivalence, il redirigea ses études en sciences politiques, n'ayant aucune autre option qui lui semblait plus excitante. Chose intéressante, pendant ses études secondaires, Glen a très bien réussi, mais ne trouva jamais une matière qui l'intéressait plus que les autres. En un sens, ce jeune avait reçu une éducation trop complète pour son propre bien !

Lors de ses premières années à l'université, Glen dut faire face à deux crises majeures : son père reçut un diagnostic de tumeur cérébrale maligne et mourut huit mois plus tard, puis il rompit avec une fille qu'il fréquentait depuis sa deuxième année d'école secondaire. Elle lui avait dit qu'il avait changé, qu'il n'était plus la superstar gracieuse qu'elle avait connue et aimée au secondaire. Il était bouleversé, mais il savait bien qu'elle avait raison. Après avoir perdu ces deux êtres chers, Glen devint manifestement déprimé. Il parla de s'absenter de l'université pendant un semestre, mais y renonça sous les supplications de sa mère.

Au moment de la remise des diplômes — sans mention honorable dans son cas —, Glen n'avait pas la moindre idée de ce qu'il voulait faire de sa vie. Il ne s'intéressait à rien en particulier ; il n'avait aucune passion. Comme il l'affirmait : « Je ne sais rien et je ne peux rien faire. Et vous savez quoi, je ne suis pas sûr que quelque chose en particulier m'intéresse. » Il semblait paralysé par les événements et les circonstances de sa vie à l'université. Il souffrait toujours de dépression. Il n'avait aucune stratégie pour faire face à l'adversité. Pour la première fois de sa vie, Glen devait apprendre à composer avec le stress et avec ses doutes sur ses propres capacités. Personne ne l'avait jamais préparé à faire face à des échecs ; jusque-là, il avait seulement appris à gérer des victoires et à montrer tout juste ce qu'il fallait de modestie ! Maintenant, il devait faire face à des revers importants. Glen n'avait jamais été vraiment éprouvé ; il n'avait jamais appris à surmonter les obstacles, une habileté dont tout le monde a besoin pour démarrer dans la vie. Avait-il connu trop de succès et réalisé trop de choses trop tôt dans sa vie ? Avait-il connu ses plus belles années à l'école secondaire ? N'aurait-il pas dû être préparé à faire face aux échecs qu'il rencontrerait inévitablement pendant les premières années de la vie active ? Oui. Et cela vaut aussi pour les autres jeunes qui sont sur un piédestal pendant leur adolescence.

Un jour, lors d'un déjeuner avec le directeur de la psychiatrie du service de santé d'une université renommée, j'ai eu une discussion mémorable ; cet homme avait été un de mes camarades de classe à la faculté de médecine. Je lui demandai : « Joe, dites-moi qui sont les étudiants qui semblent craquer sous la pression à l'université. Comment les caractériseriez-vous ? » Il me répondit : « Mel, ce ne sont pas du tout ceux que vous croyez. Ce ne sont pas des jeunes qui ont grandi dans des familles défavorisées ou dysfonctionnelles, ou encore qui ont eu des existences stressantes. La plupart des étudiants qui s'effondrent pendant leurs premières années d'études universitaires sont ceux qui n'ont jamais eu à lutter auparavant, ceux qui ont été les superstars du secondaire ou des années préparatoires. Plusieurs étaient des héros locaux, des sportifs adulés, des types brillants à qui tout réussissait et qui étaient révérés par une foule d'admirateurs. Ce sont des garçons et des filles qui ont eu une adolescence dorée. Et vous savez que, dans la réalité, ces jeunes ont grandi tout en étant malheureux. Ils n'ont jamais appris à vivre avec le sentiment d'être inadapté. Il est un peu tard pour le faire une première fois quand vous avez vingt ans ! »

Glen était dans cette situation. Il n'avait jamais appris à vivre avec le sentiment d'être un individu inadapté ni à rebondir en se libérant des sentiments négatifs sur sa propre valeur. Tôt ou tard, chacun doit faire face au sentiment d'être un individu inadapté et réagir en conséquence, et le plus tôt est le mieux.

Le jeune homme ignorait ce qu'il allait faire quand il quitta l'université. D'abord, il n'avait aucun désir de poursuivre ses études ; il proclamait qu'il en avait par-dessus la tête d'étudier. Il se remit en forme et trouva un travail dans un club de conditionnement physique ; d'ailleurs, il s'était toujours intéressé à la forme physique. Au début, il se sentit réconforté à l'idée d'être entouré d'individus qui pensaient comme lui — à la forme physique. Entre-temps, il s'inscrivit à un cours en vue de devenir un entraîneur personnel qualifié. Après avoir reçu son attestation d'études, il poursuivit son travail pendant environ huit mois, mais continua à juger que la routine quotidienne était d'une façon ou d'une autre « abrutissante ». Il en voulait aux gens riches dans la cinquantaine et la soixantaine qui étaient en mauvaise forme physique et dont il devait entraîner les corps disgracieux. Il était dégoûté par les femmes d'un certain âge à la limite de la boulimie qui flirtaient avec lui tandis qu'il les regardait faire des exercices abdominaux. De plus, il avait peu de respect pour ses collègues entraîneurs dont beaucoup, à son grand étonnement, étaient plus perdus dans la vie qu'il ne l'était. Finalement, il conclut qu'il n'était pas fait pour ce type de travail.

Glen décida alors de reprendre les études. Il retourna vivre chez sa mère et s'inscrivit à la maîtrise en histoire. Au cours des huit années suivantes, sa vie se composa de multiples programmes académiques, d'études doctorales en histoire romaine non terminées, d'un CV rempli d'expériences de travail à mi-temps, d'une association à un groupe de pseudoartistes et de nombreuses relations instables avec les femmes. Ses liaisons étaient toujours fragiles car il ne réussissait jamais à se libérer de l'image du garçon populaire de son école, objet des fantasmes féminins pubescents. Il continua à chercher la femme parfaite, une déesse digne du dieu qu'il était durant son adolescence. Aucune fille avec laquelle il avait couché ne pouvait satisfaire ces critères.

À l'âge de vingt-sept ans, Glen pensa qu'il pourrait finalement enseigner l'histoire ou peut-être créer une entreprise sur Internet ou encore devenir un jour fonctionnaire de l'État. Or, il vivait essentiellement dans le présent.

Dans les rangs de ceux qui ne sont pas préparés à faire leur entrée dans la vie active, on trouve d'innombrables variations sur les thèmes qui ont préoccupé Glen. Ces personnes n'arrivent pas à se définir et elles ne savent pas clairement où elles vont. Une sous-catégorie de ces gens qui, comme Glen, errent sans but dans la vingtaine sont des idoles déchues, des individus qui ont traversé l'enfance et l'adolescence sans encombre. Ils ont connu tant de succès qu'ils n'ont jamais eu à se demander qui ils étaient. Peut-être ont-il développé un orgueil démesuré et cru que tout survenait d'une façon automatique dans la vie, que l'ascension vers le succès et la gloire se faisait sans trop d'efforts, sans avoir à sacrifier quoi que ce soit ou à s'inquiéter de l'avenir. D'une façon ou d'une autre, ils étaient nés pour gagner. Glen aurait été mieux servi s'il avait reçu moins d'honneurs lors de la remise des diplômes, s'il avait développé certaines passions en dehors du sport, et peut-être s'il avait occupé un emploi après l'école. Il aurait dû être davantage protégé de son propre succès et des effets secondaires destructeurs à long terme qui s'ensuivent. Il y a des choses à dire à propos de l'obtention d'un diplôme dans « une école à l'ancienne » aux méthodes autoritaires. Sauf si elle est sévère, une institution de ce genre fournit une éducation de qualité.

LES HÉROS D'HIER

La situation désespérée de Glen nous permet de comprendre un important problème, celui des influences positives et négatives du sport sur le développement des individus. Les anciens athlètes sont abondamment représentés dans le groupe des personnes qui ne sont pas préparées à la vie active.

Il y a nombre d'histoires vraies à propos de jeunes de quartiers défavorisés qui étaient des athlètes doués et qui ont été reconnus comme tels vers l'âge de douze à quatorze ans. Plusieurs ont continué à pratiquer leur sport pour devenir des étoiles à l'école secondaire. Ils ont obtenu un statut privilégié dans leur groupe et auprès de leurs pairs : il n'y a rien de pire pour un athlète que d'être rejeté sur le plan social. Ces jeunes sont devenus la fierté et la joie de leurs familles et du voisinage. Certains ont continué à se distinguer dans les sports universitaires. Et, bien sûr, peu d'entre eux sont devenus des joueurs professionnels. Qu'est-il arrivé aux autres ?

Dans de nombreux cas, ces athlètes se sont retrouvés dépouillés et déçus. Ils étaient si passionnés par le sport que d'autres parties de leur existence et de leur esprit ne se sont pas bien développées. Certains ont obtenu leur diplôme de justesse en étant soutenus artificiellement par un fort encadrement ; ils ont décroché des diplômes de pacotille en suivant des simulacres de cours. Certains n'obtinrent jamais leur diplôme. Imaginez ce que peut représenter le fait de s'exécuter devant des foules en délire pendant huit ans à l'école secondaire et à l'université et puis, une année plus tard, de battre le pavé seul, et d'être désespérément en quête d'un emploi. Vous aviez cru que la gloire durerait toujours !

Heureusement, certaines universités offrent un service d'orientation professionnelle aux athlètes qui sont susceptibles de se sentir démunis. Cependant, ce ne sont pas tous les étudiants qui profiteront vraiment de ces services. J'ai parlé de planification réaliste avec Dean Smith, l'ex-entraîneur de renom de l'équipe masculine de basket-ball de l'Université de la Caroline du Nord. Dean avait toujours eu la réputation de se soucier de ses joueurs en tant qu'individus. Il m'expliqua que, très tôt, il s'attendait à ce que chacun de ses joueurs soit capable de développer ce qu'il appelle un plan B, c'est-à-dire à ce que le joueur sache ce qu'il fera dans la vie s'il ne devient pas un joueur professionnel après ses études universitaires. Pour être en mesure de faire face à l'avenir, tous les jeunes qui veulent devenir des athlètes professionnels devraient avoir un plan B.

La pratique des sports peut aider les jeunes à se préparer à entrer dans la vie active. Grâce à l'expérience du sport, ils apprennent à collaborer, à développer des stratégies, à se contrôler et à retarder le moment de la satisfaction. Ils peuvent acquérir de la résilience, de la discipline, apprendre à rebondir après un échec. Or, la pratique du sport entraîne éventuellement un autre effet secondaire : lorsqu'un sport est une source excessive de satisfaction et d'admiration, un jeune peut être privé des bénéfices qu'apporte tout plaisir intellectuel. J'ai demandé à des jeunes ce qui les intéressait et j'ai obtenu cette réponse : « Le soccer. » Je leur ai répondu : « C'est un sport fantastique, mais je ne vous ai pas vraiment demandé quelle sorte de divertissement vous aimiez. Je vous demandais quels domaines ou sujets vous intéressent. » La réponse était évidemment « aucun ». Dans de tels cas, les activités qui permettraient le développement intellectuel sont mises à l'écart alors que les performances du corps deviennent une obsession. Puis un jour la partie est terminée. Il faut entrer dans la vie active et les jeunes adultes manquent de certaines compétences intellectuelles pour entreprendre une carrière. On devrait aider tous les athlètes à développer des centres d'intérêt et des habitudes de travail sur le plan intellectuel, et ce, en conjonction avec la pratique du sport. Je pense que chaque jeune devrait avoir un domaine d'expertise, quelque chose qu'il connaît mieux et pour lequel il éprouve une plus grande passion que les autres élèves de sa classe ou du voisinage. La construction progressive d'une expertise se fait au fil du temps, alors que le jeune accumule des idées et acquiert des connaissances sur un sujet particulier ; c'est ce qu'il aura besoin de faire durant sa vie active.

À une échelle plus modeste, nous observons quelquefois un phénomène qu'on a décrit comme le syndrome de la diva. Un enfant ou un adolescent prend des leçons, disons de ballet, d'équitation ou de ski, et on lui dit constamment qu'il a un potentiel extraordinaire. Par exemple, on raconte à Meg, qui a treize ans, qu'elle pourrait devenir un jour médaillée olympique. Ou un instructeur fait miroiter à des parents la possibilité qu'un jour leur fils Chad, qui joue au tennis, pourrait bien se classer à l'échelle nationale. Ces belles prédictions peuvent bouleverser la vie entière d'une famille, particulièrement celle de la future célébrité. On peut ainsi faire naître de faux espoirs. Les parents peuvent voir leur enfant comme un trophée potentiel, comme la preuve vivante qu'ils ont des gènes de qualité supérieure et qu'ils sont des virtuoses du parentage. L'enfant peut atteindre des sommets de célébrité que les parents eux-mêmes ne pouvaient anticiper. Les parents s'enorgueillissent alors qu'ils exhibent les rubans et les trophées de leur enfant, vantant ses prouesses sur patins ou ses habiletés équestres. Or, un peu plus tard, la froide réalité resurgit. Comment recoller les morceaux ? Les parents ont-ils investi à ce point afin que l'enfant atteigne la célébrité qu'aucune autre habileté n'a été considérée ou cultivée ? Hélas, ces choses-là arrivent. Et le jeune connaît alors la vie d'une idole déchue.

LA BULLE DE L'INFANTILISATION ÉCLATE

Rien n'est plus instinctif pour un parent que d'adorer son enfant. C'est un ingrédient de l'amour et l'amour d'un parent est irremplaçable. Rien n'est plus exquis et poignant. C'est le sol et l'engrais dans lequel un jeune prend racine. Nous savons que les enfants privés d'un tel amour et de la solidarité de leur famille risquent de souffrir de toutes sortes de maladies mentales et de dépressions traumatiques. Mais est-il possible que des parents prodiguent leur affection de façon destructrice ? que des parents bien intentionnés et aimants puissent par mégarde compromettre ou entraver le développement de leur enfant ? Je pense que nous voyons souvent de telles choses. Le phénomène est assez simple : la vie à la maison devient difficile à égaler. Pour dire les choses autrement, c'est une bulle qui doit éclater, et un jour ça se produit — le plus souvent au cours des premières années de la vie active.

Les pratiques de parents consciencieux et bien intentionnés qui infantilisent leurs enfants peuvent conduire de multiples façons à un manque de préparation à la vie active. Examinons certaines de ces pratiques.

Fragilité appréhendée

Certains parents au très grand cœur traitent leur enfant comme s'il s'agissait d'une délicate flûte à champagne en cristal. Par conséquent, l'enfant est protégé de toute forme d'adversité. Cette fragilité appréhendée des enfants s'est répandue dans notre culture et, dans la réalité, elle rend nos enfants fragiles.

La directrice d'une école élémentaire d'une banlieue de classe moyenne m'a fait part d'une de ses grandes préoccupations. Beaucoup trop souvent, lorsqu'un enfant a un problème avec un enseignant ou un autre enfant, les parents interviennent rapidement et vigoureusement. Ils appellent le directeur et exigent une solution immédiate pour dénouer l'impasse. La directrice insistait fortement sur le fait que les parents devraient laisser leurs enfants jouer un rôle essentiel dans la résolution de leurs problèmes. Je suis aussi de cet avis. Beaucoup de directeurs d'école que j'ai rencontrés m'ont fait part de la même observation, à savoir que de plus en plus de parents craignent de laisser leurs enfants gérer leurs propres conflits ou franchir les obstacles qui se dressent sur leur route. Voilà une façon risquée d'élever des enfants, car ces derniers pourraient ne jamais apprendre à résoudre efficacement leurs problèmes personnels. Un échec scolaire doit constituer une partie essentielle du processus d'apprentissage, mais il ne le pourra pas s'il est pris en charge par les parents dans un effort de protéger (en réalité, de surprotéger) leur enfant. Les parents peuvent être des conseillers utiles, mais ils devraient éviter d'intervenir d'une façon active.

Le règlement des conflits devrait être une partie essentielle d'un programme de croissance. Lorsque les parents interviennent, une occasion en or en matière d'éducation est gaspillée. Les parents doivent demeurer en retrait, servir de caisse de résonance et, si l'enfant le demande, lui offrir de sages conseils. Faire sentir à un enfant qu'il est différent est une façon de le mettre sur un piédestal, ce qui probablement le fera se sentir invulnérable. Malheureusement, il réalisera un jour de façon choquante que certains conflits ne se résoudront pas à moins qu'il en négocie activement le règlement.

Des parents très protecteurs peuvent aussi empêcher un enfant d'explorer et d'expérimenter. Ils peuvent lui rendre ardue l'expérience d'une grande variété de relations humaines. Les craintes d'enlèvement, de sévices sexuels et de diverses autres horreurs de la sorte peuvent limiter le développement d'un enfant sur le plan social. Ces préoccupations des parents sont compréhensibles et pertinentes, mais une surprotection peut rendre un enfant excessivement fragile et vulnérable. En fin de compte, elle peut l'amener à avoir peur du monde dans lequel il devra entrer un jour. À quel point l'enfant sera-t-il prêt à faire face à la réalité ? Et comment y sera-t-il préparé ? Les méthodes d'éducation modernes doivent tenir compte de cet important défi.

Petits princes et petites princesses

La plupart des gens seraient prêts à reconnaître qu'il est possible que des enfants obtiennent trop de choses trop tôt dans la vie. Trop de satisfactions et de stimulations peuvent tuer toute motivation ou ambition chez les enfants. Une existence composée en grande partie de plaisirs et de jeux peut alimenter la flamme d'un trait de caractère potentiellement autodestructeur, appelé insatiabilité (page 117). Les parents qui semblent hantés par le besoin de donner sans arrêt du bonheur à leurs enfants finissent par se retrouver avec des jeunes qui, trop choyés, se croient autorisés à faire n'importe quoi. Leurs sentiments peuvent en fin de compte amener l'enfant à développer un sentiment d'invulnérabilité, et lui faire croire qu'ils obtiendra toujours ce qu'il veut sans faire d'effort ou de sacrifice. En d'autres mots, ces enfants vivent la vie de petits princes ou de petites princesses. Alors que leurs parents s'efforcent de les distraire à tout prix et de leur acheter tout ce que vante la publicité à la télévision, ces jeunes obtiennent trop de choses agréables trop tôt dans la vie.

J'ai eu l'occasion de rencontrer plusieurs familles qui jouissaient d'un succès financier bien mérité. Les parents étaient récompensés de leur sens des affaires, de leurs talents de dirigeant, de leur ardeur au travail et de leur génie financier. Tout naturellement, ils voulaient que leurs enfants recueillent leur part des fruits de leur succès éclatant. Tout comme ces parents, je m'interroge souvent sur les effets d'une telle abondance financière sur les enfants.

L'un de mes patients, Jonathan, était un parfait exemple d'insatiabilité. Son père avait fait fortune pendant le boom d'Internet, et il avait vendu les actions de son entreprise environ 150 millions de dollars. Jonathan, un enfant unique, était devenu le symbole de la richesse de la famille. Il était adoré par ses parents et ses quatre grands-parents ; tout ce que faisait ce garçon aux cheveux noirs, aux sourcils épais et expressifs et aux traits faciaux délicats était parfait. Et comme vous pouvez l'imaginer, il était davantage gâté que n'importe quel autre enfant de son âge. À l'âge de huit ans, sa chambre à coucher ressemblait à un parc thématique de Disney. Il eut sa première moto à l'âge de sept ans et, à l'âge de dix ans, il circulait à toute vitesse sur son véhicule tout-terrain (avec un casque). La famille se vantait de posséder son propre cinéma, qui était régulièrement alimenté de vidéos d'action où abondaient des scènes de poursuites automobiles à haute vitesse, de voitures dégringolant des falaises et de combats sanglants. Jonathan, qui dévorait ces expériences vicariantes, avait tendance à regarder les mêmes films à plusieurs reprises.

La famille prenait des vacances de rêve. Le paternel possédait son propre avion Gulfstream et des maisons au pied des pentes de ski et sur la plage qui méritèrent de faire la couverture du *Architectural Digest*. Les parents amenaient Jonathan partout, même si ce dernier devait s'absenter de l'école pendant une semaine ou plus. Jonathan voyageait régulièrement avec ses parents en Europe, en Extrême-Orient et dans les Caraïbes. Il apprécia particulièrement les deux safaris africains qu'il fit en compagnie de sa famille et de ses grands-parents paternels et maternels. Il profitait d'une expérience du monde que beaucoup de parents auraient aimé pouvoir offrir à leurs enfants. Jonathan obtenait-il trop de choses agréables trop tôt dans la vie ?

Jonathan n'était pas vraiment attiré par les études, et ses professeurs le trouvaient plutôt rebelle. Il refusait régulièrement de faire ce qu'on lui demandait. Bien qu'il se fût amélioré au fil du temps, il avait de la difficulté à s'habituer à être comme les autres, à devoir par exemple faire la file pour obtenir son déjeuner à l'école. À la maison, c'était un petit prince qui avait une bonne d'enfants dévouée à sa disposition.

La première fois que je vis Jonathan comme patient, il avait treize ans et réussissait médiocrement ses examens en classe et ses travaux scolaires. Il s'avéra qu'il souffrait de certains troubles de la mémoire et de l'attention. Il possédait la plupart des compétences de base nécessaires pour poursuivre des études, mais il ne les maîtrisait pas (c'est-à-dire qu'il apprenait avec lenteur et difficulté). Il semblait inconscient de ses problèmes d'apprentissage et montra peu d'intérêt lorsque je tentai de les lui expliquer. Je fis une série de recommandations à l'école et aux parents de Jonathan. Je demandai à ces derniers de revenir dans trois mois avec le garçon pour une visite de contrôle. Or, ces gens avaient une vie très occupée ; ils étaient pris par leurs activités philanthropiques, leurs clubs sportifs et les problèmes quotidiens de leurs entreprises, et je ne fus donc pas étonné qu'ils ne viennent pas au rendez-vous fixé. Peu après, ils m'envoyèrent un courriel pour m'aviser qu'ils pensaient que Jonathan réussissait un peu mieux et qu'ils ne ressentaient plus le besoin de revenir me voir. Ils promirent cependant de demeurer en communication avec moi.

Lorsque Jonathan eut seize ans, il revint me voir accompagné de ses parents parce que son école avait avisé ces derniers qu'il était désespérément en retard en anglais, en géométrie et en biologie. En parlant avec Jonathan et en examinant des échantillons de son écriture, je pus constater qu'il était incapable de remplir les exigences du programme d'études rigoureux qu'il suivait en raison de ses problèmes de mémoire et de ses troubles de l'attention. En outre, Jonathan ne montrait pas une once de motivation. Il émanait de sa personne une sorte d'optimisme implacable. Comme il le disait : « Ça ira, si tout le monde cesse de me talonner. L'école tire mon énergie ; les enseignants font de même, et tout le monde les déteste. »

À cette époque, ses parents commençaient à en avoir marre de cet adolescent. Ce dernier n'était plus le petit prince adorable, mais plutôt un adolescent arrogant qui se croyait tout permis. Il avait des crises de colère et de mauvaise humeur fréquentes et avait dit à sa mère plus d'une fois qu'il la détestait. Parmi d'autres manifestations d'indignation injustifiée, il en voulut à ses parents pour ne pas lui avoir acheté une Corvette. Son père avait institué ce qu'il appelait des « mesures sévères ». Il résumait ainsi sa nouvelle politique : « Cet enfant doit commencer à grandir et à assumer certaines responsabilités. Nous devons arrêter de le gâter. » Il est peu probable que vous puissiez soudainement tirer le tapis sous les pieds d'un enfant et vous attendre à un changement radical en mieux dans son comportement et sa conception des choses.

Je vous relate ici un extrait de l'une des rares discussions que j'ai eues avec Jonathan. « Jonathan, tu continues à connaître des moments difficiles à l'école. Tes parents sont découragés de toi. Eux et toi seriez beaucoup plus heureux si les choses commençaient à aller mieux à l'école. Tout cela a-t-il de l'importance pour toi ? Tu as certains problèmes d'apprentissage, mais tu sais comme moi que ta famille est extrêmement riche. Un généreux fonds en fidéicommis a été créé à ton nom. Tu n'auras donc jamais vraiment à travailler pour gagner ta vie. Tu peux croire que ce que tu fais à l'école n'a aucune espèce d'importance. » Jonathan a répondu spontanément : « Ouais, docteur Levine, mais je dois me regarder dans ce damné miroir chaque matin et décider si je vaux quelque chose ou si je ne suis qu'un nul et un parasite. »

Jonathan s'arrangea pour terminer ses études préparatoires à l'université — presque au dernier rang de la classe.
Il entra à l'université — au premier tour de sélection, rien de
moins — que son père avait fréquentée. Il était écœuré à la
pensée qu'il était un fils de riche, et il savait en son for
intérieur qu'il n'y serait jamais arrivé sans un coup de pouce
de son père. Personne n'a été surpris lorsque Jonathan
abandonna l'université au cours de la deuxième année. Le
père annula les cartes Visa et MasterCard de son fils et cessa
de payer l'assurance de sa voiture.

Le jeune homme laissa tout tomber et devint un vaga-
bond déprimé. Il devait éprouver une satisfaction mitigée à
l'idée d'avoir déshonoré ses parents. Il se fit faire un tatouage
grotesque et arborait une queue de cheval de trente-cinq
centimètres qui, plus ou moins consciemment, visaient à se
venger de son père. Il survécut grâce à une allocation
modeste, s'enlisa dans la drogue et s'arrangea pour ne rien
faire de ses journées.

J'ai perdu le contact avec Jonathan. J'aurais seulement
souhaité que moi ou quelqu'un d'autre l'ait vu lorsqu'il était
beaucoup plus jeune, de préférence bien avant qu'il ne
devienne un petit prince. Il n'est pas facile de détrôner un
jeune prince. Actuellement, Jonathan est une idole déchue,
un type pas du tout prêt à fonctionner seul pendant les
premières années de ce qui devrait être une vie active. Or, il
n'est pas seul dans son cas. Comme lui, plusieurs personnes
vivent des vies d'un calme désespoir ; d'autres se lancent
dans une vie turbulente et instable. Pourtant, il y a ceux qui,
pour une raison ou une autre, abdiquent à leur trône et
deviennent productifs. Ils sont capables de se regarder dans
le miroir et d'y voir certains signes positifs.

Enfants gâtés (que les parents soient riches ou non)

Il serait injuste d'insinuer que tous les gens riches gâtent trop
leurs enfants. Je rencontre plusieurs parents qui savent
quand ouvrir et fermer le robinet, en s'assurant qu'un enfant
n'est pas à ce point submergé de plaisirs que sa vie adulte

n'apportera rien à son existence. Ce serait une erreur de donner l'impression qu'il faut beaucoup d'argent pour trop gâter un enfant. J'ai vu beaucoup de familles de la classe ouvrière, même certaines vivant de l'aide sociale, dont les enfants étaient trop choyés.

Alicia Crawford, une mère monoparentale qui vivait avec ses deux adolescentes dans une caravane en pleine campagne en Caroline du Nord, m'a raconté l'histoire suivante à propos de sa fille de quatorze ans : « Docteur Levine, je ne sais pas quoi faire avec cette enfant. Elle reste dehors jusqu'à tard dans la nuit. Elle ne fait presque jamais ses devoirs et elle est vraiment intelligente. Elle fume et boit, et elle sort. Pour vous dire la vérité, elle m'effraie. Jusqu'ici, elle a évité les ennuis. Et il y a tellement de mauvaises choses qu'elle pourrait faire si elle se mettait en colère. Elle pourrait prendre de la drogue, tomber enceinte, avoir des ennuis avec la justice, commettre des vols à l'étalage ou d'autres choses comme ça. Je l'aime à la folie. J'ai travaillé si dur pendant des années pour lui donner tout ce dont elle avait besoin, et je veux dire vraiment tout ce qu'elle désirait. Je dois maintenant être prudente avec elle. Si mes relations se détériorent avec elle, elle pourrait se venger en se blessant. »

À l'instar de madame Crawford, plusieurs parents ont de plus en plus peur de leurs enfants, particulièrement durant la période de l'adolescence. Comme je l'ai mentionné précédemment, le rapport de forces semble avoir changé au profit des enfants. Les jeunes ont plusieurs armes à leur disposition, et les parents, peu d'influence. Une adolescente peut faire mal à ses parents de plusieurs façons, et ce, sans jamais proférer de menaces explicites. Elle peut devenir déprimée ou anorexique, avoir des activités sexuelles douteuses, tomber enceinte, menacer de se suicider, commettre de petits larcins, fuguer, abandonner l'école ou cesser d'étudier, se tenir en ville avec des « adolescents à problèmes », se joindre à une secte ou développer une sérieuse dépendance aux drogues. Les mesures préventives consistent fréquemment à se montrer agréable avec ses enfants, à tenter de les rendre heureux (voire euphoriques) le plus souvent possible en les comblant constamment de biens matériels et en évitant de poser des limites qui pourraient les aliéner, à réduire les attentes dès qu'il s'agit d'un travail ou de la prise de responsabilités désagréables. En agissant ainsi, les parents courent le risque de devenir des animateurs, des pourvoyeurs d'une enfance hédoniste.

Que deviennent ces jeunes qui grandissent avec un tel pouvoir sur leurs parents, un pouvoir sans précédent dans l'histoire ? Je ne pense pas que nous le sachions, mais il vaut la peine de nous en inquiéter. Je soupçonne que ces jeunes auront du mal à s'ajuster et qu'ils seront traumatisés quand ils devront être sous les ordres d'un patron ou d'un responsable qui ne les aimera pas particulièrement et qui les évaluera sur la base de leur productivité et de leur compétence. Une si jeune personne pourra découvrir qu'elle ne peut manipuler ces étrangers comme elle pouvait le faire avec ses parents.

Le sentiment à long terme du « tout m'est dû »

Un enfant que l'on a trop choyé à la maison et qui a été une icône à l'école court le risque de croire que le monde lui doit quelque chose. Lorsqu'il fréquente l'université, il peut estimer que ses professeurs devraient se montrer indulgents envers lui, amusants en classe et disposés à gonfler ses notes. Il peut évaluer ses cours universitaires seulement en fonction du plaisir qu'il a eu à les suivre. Une fois adulte, cet individu devra descendre de son piédestal et recevra un choc terrible lorsque son patron et ses collègues refuseront de croire que « tout lui est dû ».

PRÉVENIR LA CHUTE

Les parents devraient reconnaître et surmonter la crainte qu'ils ont de leurs enfants, une crainte qu'ils cachent souvent. Ils n'agissent pas dans le meilleur intérêt de leur adolescent s'ils lui cèdent le pouvoir parce qu'il pourrait être triste ou poser des actes susceptibles de lui être préjudiciables ou de l'être pour la famille. Bien sûr, les enfants ont besoin d'être aimés, mais dans la mesure où ils ne font pas du chantage avec cet amour. Tous les enfants veulent inconsciemment que leurs parents leur montrent de l'intérêt en leur posant des limites. Aussi, les parents devraient permettre à leurs enfants de faire l'expérience directe de la frustration, des conflits et de la perte. Ils devraient faire montre de prudence lorsqu'ils procurent à leurs enfants des biens matériels et des expériences de vie exaltantes qui peuvent mener à de grandes déceptions durant les premières années de la vie active.

La meilleure façon d'empêcher une idole de tomber est, en premier lieu, d'éviter de lui conférer un statut d'idole. L'enfance et l'adolescence devraient se composer d'un sain mélange de victoires et de défaites, de règles à observer et d'autonomie, d'admiration et de critiques, d'amusement et de stress. Les jeunes doivent être élevés et non craints, aimés et non adulés.

4

CEUX QUI SE SONT ÉGARÉS

Quand la mauvaise route est prise

Je n'étais pas préparé à passer de l'école au monde du travail, et l'argent était ma plus grande source de perturbation. J'ai dépensé beaucoup d'argent, plus d'argent que j'en avais.

I.F., 22 ans

Ma plus grande crainte est de me réveiller à cinquante-cinq ans en détestant mon travail, et de me dire : « Oh, mon Dieu ! qu'est-ce que je fais là ? » Ça me fait peur de penser qu'un jour je puisse en arriver au point de réaliser que je n'ai pas su changer les choses ou fait quoi que ce soit qui avait un sens.

S.R., 27 ans

Le poème de Robert Frost *The Road Not Taken* (Le chemin le moins emprunté) est une métaphore presque parfaite des engagements difficiles qui doivent être pris pendant les premières années de la vie active.

Deux routes divergeaient dans un bois jaune
Et, désolé de ne pas pouvoir prendre les deux
Et d'être un voyageur, je suis resté longtemps
A regarder l'une des deux aussi loin que je le pouvais
Jusqu'au point où son virage se perdait dans les broussailles ; ...

Et toutes les deux se reposaient, ce matin-là,
Sous des feuilles qu'aucun pas n'avait noircies.
Ah, j'ai gardé l'autre pour un autre jour !
Sachant, pourtant, comment un chemin mène à un autre,
Je doutais de pouvoir revenir un jour en ce lieu.

Vient un moment dans la vie où les choix à faire ressemblent à des avenues que l'on peut décider d'emprunter à une intersection ; il faut décider de la route à prendre. Or, les choix semblent se multiplier alors que notre société gagne en complexité, et souvent plus de deux routes s'offrent à nous. Certains individus sont sidérés devant le nombre de carrières qui existe aujourd'hui par rapport à celui qui existait à d'autres époques. Idéalement, vous devez prendre la bonne route dès le départ, parce qu'il se peut que vous n'ayez pas une deuxième chance de choisir. Mais que deviennent ces individus qui s'engagent sur une route où ils sont incapables de naviguer ou qui les conduit à une mauvaise destination ? Où et comment se sont-ils égarés ? Ils font partie des nombreux jeunes adultes qui entrent dans la vie active en état de détresse. Ils sont les victimes d'un système d'éducation et d'une culture qui n'ont pas su les aider à se connaître et à emprunter une route efficace pour démarrer dans la vie active.

Plusieurs raisons expliquent que tant de jeunes prennent le mauvais chemin. D'abord, certains individus choisissent inconsciemment une carrière ou un travail qui n'est simplement pas fait pour eux. Ou ils échouent à comprendre ce que le travail implique ou encore ils ignorent quelles sont leurs habiletés, leurs limites, leurs forces et leurs faiblesses, ainsi que leurs véritables intérêts. Ce dernier problème est un signe des temps. Privé de modèles constructifs et des conseils nécessaires pour se « connaître », beaucoup trop de jeunes adultes sont paralysés en raison d'un divorce entre ce qu'ils sont vraiment et ce qu'ils essaient de faire de leur vie. Dans d'autres cas, une personne prend le mauvais chemin par nécessité ou opportunisme, répondant à un besoin immédiat de gagner de l'argent ou en raison d'un manque de perspectives de travail à cause d'un ralentissement économique.

Fait aussi fausse route l'individu qui décroche un travail, qui a un début chancelant parce qu'il interprète possiblement mal ce que l'on attend de lui, mais qui continue dans cette voie qui ne le mènera pas au succès professionnel et à la satisfaction personnelle. Jeune employé, il peut involontairement développer de très mauvaises habitudes et acquérir une mauvaise réputation dont il aura beaucoup de difficulté à se défaire dans un milieu de travail souvent impitoyable. Il peut aussi ne pas avoir le sens de l'anticipation et ne pas posséder les compétences exigées par le travail. Dans de telles conditions, la voie à emprunter pour rétablir la situation peut être dangereuse, voire impraticable. Il n'est peut être pas possible de retourner là où les routes se sont séparées à l'origine et de recommencer à zéro.

CEUX QUI S'ENGAGENT DANS LA VIE ACTIVE SANS ÊTRE INFORMÉS

Au cours des premières années, une personne peut se sentir confinée dans sa vie au travail, comparativement aux années qu'elle a passées à l'école secondaire ou à l'université. L'éducation à l'école s'apparente à un buffet dans un gala : vous pouvez goûter à tout ! Vous pouvez prendre des cours d'espagnol, d'algèbre avancé, de conduite, de philosophie grecque, d'éducation sexuelle, ou apprendre à jouer du clavier. Et chaque jour ouvrable après 14 h 40, vous pouvez vous livrer à la pratique du badminton, du basson, et au commerce des cartes de base-ball. Puis arrivent les longues soirées et le week-end où l'on vous présente un buffet scandinave qui vous offre messagerie instantanée, téléphones portables, DVD, flâneries dans les centres commerciaux et comédies de situation à la télé, parmi d'innombrables autres accompagnements appétissants. Qui plus est, vous n'avez pas vraiment à choisir entre ces offres alléchantes. Vous pouvez les choisir toutes — en petites, moyennes ou énormes portions. Chaque fois qu'ils se sentent vaguement ennuyés, les adolescents peuvent presque instantanément choisir une autre source d'excitation. Ils peuvent zapper à peu près tout ce qui les ennuie. Leur vie se règle à l'aide d'une télécommande universelle.

De nos jours, séduire les jeunes est une industrie ; en fait, il s'agit d'un regroupement d'industries qui sollicitent les jeunes avec des offres qui ne font rien pour favoriser leur développement intellectuel ou pour les aider à prendre leur vie en main. Alors dans la vingtaine, ces derniers doivent prendre des décisions déchirantes. Ils doivent limiter leurs choix, décider ce qu'ils vont faire pour ne pas se disperser. Ils doivent choisir une première carrière, un conjoint (du moins un à la fois), et apprendre les rudiments de la vie au travail. Ils ne peuvent plus tout avoir ou tout vivre. Il n'y a plus de buffet ; ils avaient un menu illimité, mais ils sont maintenant contraints de ne choisir que parmi quelques plats. Cette situation peut être pénible, particulièrement lorsque les jeunes n'ont pratiquement pas l'habitude de s'engager à long terme.

Diane, une Noire de classe moyenne habitant la banlieue, avait choisi les études de droit surtout parce qu'on lui avait dit que ces dernières « ouvraient plusieurs portes ». Elle avait excellé dans tout ce qu'elle avait touché à l'école secondaire et avait raflé plusieurs récompenses lors de la remise des diplômes. Bien qu'elle fût incroyablement « bien instruite », Diane n'avait jamais développé de fortes passions sur le plan intellectuel et n'avait jamais beaucoup réfléchi à son avenir. Elle obtint une majeure en économie d'une université de la Ivy League, faisant partie des quinze pour cent de sa classe qui s'étaient classés aux meilleurs rangs. Cependant, elle sentait qu'elle n'avait pratiquement pas d'expérience. Comme elle l'affirmait : « Après mes études universitaires, j'étais ridiculement naïve. » Elle fréquenta l'une des meilleures facultés de droit du pays, passa ses examens et rejoignit la crème des aspirants juristes du pays. Malheureusement, Diane méprisait la faculté de droit et ne voulut plus entendre parler des autres étudiants, jugeant que ces derniers n'étaient que des ambitieux et qu'ils « manquaient de cœur ».

À vingt-huit ans, elle déteste son travail de jeune avocate dans un grand cabinet d'avocats. Elle considère les questions de droit comme étant sèches et inintéressantes. Son père, un avocat spécialisé dans les litiges, n'avait pas d'associés et, pour ce qu'elle en savait, il avait une vie professionnelle fascinante, ce que Diane n'était pas en mesure de retrouver dans sa pratique. Le type de pratique qu'appréciait son père n'était pas fait pour elle ; elle avait dû travailler dur et commencer au bas de l'échelle au sein d'une importante société comptant plusieurs cadres. Songeuse, Diane a un jour affirmé à son mari : « Je pense que je suis sur le point de craquer. Ma vie ressemble à une constante escalade en montagne. Aussitôt que j'atteins un sommet, je dois redescendre, et recommencer à grimper — encore en encore. Tout le monde m'aimait à l'école primaire, et puis nous avons déménagé et j'ai dû recommencer à me faire apprécier de mes camarades. Je l'ai fait, puis on m'a traînée dans cette énorme benne à ordures appelée "école secondaire" où presque personne ne me connaissait, et j'ai dû recommencer cette montée terrible afin d'atteindre le sommet de la vie sociale et académique. Puis il y a eu l'université, une autre excursion épuisante jusqu'au sommet. La prochaine montagne qui m'a tuée a été la faculté de droit, toute une escalade. Et maintenant, je suis déprimée par mon travail. Je regarde de nouveaux sommets, mais ils me font peur. Je ne sais même pas si j'ai envie de les attaquer. »

Diane gagne bien sa vie. Elle est mariée et a deux enfants d'âge préscolaire. Son mari apporte un revenu modeste à la maison en vendant des logiciels pour la pratique de la dentisterie. La famille s'est rapidement habituée à un revenu assez substantiel. Le couple a une nouvelle maison dans un lotissement d'une banlieue prestigieuse avec une hypothèque assez élevée, et a contracté deux lourds prêts automobiles pour une Lexus VUS de couleur argent et une Dodge Caravan neuve avec un lecteur DVD à l'arrière et un GPS sur le tableau de bord. Très bientôt, les enfants de Diane fréquenteront l'école privée. Diane ne peut pas faire marche arrière. Elle se sent prise au piège. L'est-elle vraiment ?

Bien qu'elle ait la capacité de réussir dans le domaine du droit, Diane ne peut supporter le genre de travail qu'on lui demande de faire. Comment s'est-elle retrouvée dans ce pétrin ? La réponse, c'est que, lorsqu'elle a décidé d'embrasser cette profession, elle l'a fait sans être pleinement informée. Bien que son père ait exercé le droit, Diane ignorait complètement à quoi ressemblait le travail d'un jeune avocat. Elle n'avait jamais été vraiment en contact avec les réalités du droit.

Trop souvent, et pour les raisons les plus superficielles, les jeunes choisissent à l'aveuglette une voie professionnelle et ils ne savent pas de quoi il en retourne avant d'être bien installés dans leurs fonctions. Je pense qu'il s'agit d'une lacune importante dans notre système d'éducation et, plus loin dans ce livre (chapitre 12), je suggère des solutions pour remédier à la situation.

Diane est-elle vraiment confinée à ce travail pour la vie ? Je ne le pense pas. Les carrières sont malléables ; si vous êtes débrouillard et disposé à prendre certains risques calculés, vous pouvez les modeler selon vos désirs. Dans le domaine du droit, Diane peut opter pour une branche qui l'intéresse. Le choix est presque illimité : le droit immobilier, le droit criminel, le droit successoral, le droit sportif ou du divertissement, l'enseignement du droit, la médecine légale — pour ne citer que ces spécialités. Elle peut aussi, grâce à sa formation juridique, abandonner la pratique du droit et se lancer en affaires. Les personnes dans la situation de Diane doivent examiner les choix qui s'offrent à elles et les évaluer avec soin. Par la suite, elles devraient s'informer et flairer les bonnes occasions ; elles ne devraient jamais interrompre leurs recherches. Tôt ou tard, elles trouveront une activité qui leur permettra d'utiliser leurs compétences et de s'épanouir.

Juanita, qui a maintenant vingt ans, a grandi dans un quartier défavorisé de Los Angeles. Elle a été élevée par ses parents, des immigrants illégaux, qui n'ont jamais cessé de travailler dur pour joindre les deux bouts afin de pouvoir éduquer leurs enfants et envoyer de l'argent aux membres de leur famille qui habitaient près de Guadalajara, au Mexique. Ils rappelaient constamment à leurs enfants l'importance de faire quelque chose de leur vie. Juanita avait quatre frères et sœurs ; la famille s'entassait dans un appartement étouffant, un deux-pièces et demi dans un ensemble immobilier décrépit. Il n'y avait aucune intimité dans cet appartement. Juanita n'a jamais beaucoup aimé l'école, pas plus que de vivre dans cet endroit, mais elle avait de nombreux amis et, en général, elle a su se tenir loin des ennuis. À quinze ans, elle donna naissance à un fils et, quand elle en eut dix-sept, elle enfanta d'une fille — les enfants étaient de pères différents, des garçons qu'elle n'avait fréquentés que durant un court moment. Sur l'insistance de ses parents, Juanita réussit à terminer ses études secondaires. Elle s'inscrivit dans une école avec l'objectif de devenir technicienne médicale, mais abandonna ses cours au bout de quatre mois en disant qu'elle s'ennuyait, que ses amis lui manquaient et qu'elle n'avait plus de temps à consacrer à ses enfants.

Finalement, Juanita décrocha un emploi de caissière dans un supermarché. Elle faisait défiler les produits devant un lecteur optique huit heures par jour, cinq jours par semaine. Elle avait pris ce travail parce que l'un de ses meilleurs amis travaillait déjà dans ce magasin. Malheureusement, son ami fut renvoyé peu après que Juanita fut embauchée. Elle travailla à la caisse sans arrêt pendant environ dix-huit mois. Elle ne vivait que pour ses pauses et se sentait « idiote et inutile ». Juanita dit que sa vie ne va nulle part et il est évident qu'elle a raison. Doit-elle passer le reste de son existence à faire glisser des codes-barres sur un lecteur optique et à se faire croire qu'elle interagit avec d'autres êtres humains ? Elle souhaite une « bonne journée » aux clients avec son accent mexicain, sur un ton dénué de sincérité et mélodique, en sachant parfaitement que sa journée ne sera pas agréable — et elle ne se soucie guère de savoir si celle du client le sera. De toute façon, que peut-il arriver à des employés à la caisse qui ont vingt ans et qui n'ont même pas à calculer la monnaie qu'ils doivent rendre aux clients, à connaître le prix ou le nom des produits qu'ils glissent sur leur lecteur optique ? Ils ne reconnaissent même pas les clients qu'ils voient tous les jours. Quelle conséquence ce travail a-t-il sur leur sensibilité ? Quelles perspectives d'avenir ont-ils ? Tous les jours, je rencontre ces gens dans les supermarchés ; je me questionne à leur sujet et je me fais du souci pour eux. Je pense que les détaillants devraient être tenus responsables des dommages psychologiques qu'ils infligent à leurs jeunes employés.

Avoir un emploi répétitif, à temps partiel, est facile quand vous êtes une veuve de soixante-neuf ans et que vous cherchez un revenu supplémentaire et une façon d'échapper à la monotonie et à l'isolement peut représenter un choix sensé. Cependant, faire ce travail quand on est jeune, c'est se condamner à faire partie des citoyens de seconde zone, à moins de développer des convictions durant l'exécution de la tâche. D'abord, ce genre de travail doit être considéré comme provisoire ; quand il est effectué par des jeunes au début de leur vie active, il devrait être vu comme un modèle de survivance et, dans un sens, devenir un tremplin. La personne au lecteur optique devrait en apprendre davantage sur le commerce de la vente au détail et s'intéresser aux postes de gestion auxquels elle peut aspirer. Elle devrait pouvoir profiter de la rotation des tâches, soit passer de la caisse aux étalages, puis à d'autres tâches. De plus, elle devrait avoir un mentor, un gérant ou un directeur adjoint, qu'elle rencontrerait régulièrement pour discuter de son travail et des perspectives qu'offre ce dernier. En d'autres mots, elle devrait pouvoir voir les moyens qui sont à sa disposition pour aller plus haut ou pour s'en sortir.

Il n'y a aucune raison de croire que toute tâche répétitive se doit d'être monotone et ne jamais offrir la moindre occasion de détente. Tout travail peut être enrichissant. Un préposé à l'entretien d'une école peut tirer une fierté de l'état du bâtiment dont il s'occupe. Il peut se sentir membre d'une équipe et développer un réseau d'amis parmi les enseignants et les étudiants. Un aide-serveur ou un plongeur peut à la fois aspirer à obtenir de l'avancement et apprécier l'esprit de collégialité qui règne dans son milieu de travail. Il peut tirer une satisfaction de sa performance au travail. Il devrait être en mesure de regarder vers l'avenir et de pouvoir améliorer sa situation. Ses patrons devraient créer une ambiance et des conditions de travail grâce auxquelles de telles avancées seraient possibles. Les jeunes adultes ont besoin d'avoir des possibilités d'avancement. Même les jeunes qui ont connu la pauvreté la plus abjecte (souvent des immigrants) ou qui souffrent de retard sur le plan intellectuel pourraient voir une lueur d'espoir dans un emploi modeste. C'est la façon américaine de voir les choses !

LES CONSERVATEURS QUI NE PRENNENT AUCUN RISQUE

Les décisions concernant le choix d'une carrière impliquent presque toujours des risques, mais les gens doivent se soumettre au jeu. J'ai rencontré beaucoup d'adolescents que je caractériserais comme étant des conservateurs, des personnes qui ne prennent aucun risque. Assez souvent, il s'agit d'étudiants qui se sont brûlé les ailes dans le passé. Je compte parmi mes patients des jeunes qui ont eu de mauvais résultats, tant sur le plan scolaire que sur le plan social, et qui ont dû encaisser plus que leur part de critiques et d'humiliations publiques. Ils ont été grondés à plusieurs reprises pour leur manque de motivation à l'école. Ils ont probablement fait l'expérience de la honte plus fréquemment sur une période de douze ans que la plupart des gens auront à le faire durant toute leur existence. Il y a de bonnes chances qu'ils en soient venus à croire qu'ils sont nés pour être des perdants et qu'ils n'arriveront jamais à rien. Ils sont pessimistes quant à leur avenir et, de ce fait, peuvent décider d'effacer de leur vie toute perspective quant à l'avenir. En même temps, ils sont enclins à étouffer toute forme d'ambition qu'ils ont pu un jour éprouver. Ils jouent la carte de la prudence. S'ils ne visent aucun but, ils ne pourront connaître la déception. Comme un jeune adulte me le confiait : « J'avais une prof en sixième année qui n'arrêtait jamais de m'humilier devant les autres enfants. Elle savait que j'avais du mal avec les maths, et elle continuait à me faire faire des problèmes au tableau devant les autres élèves. Elle hurlait chaque fois que je commettais une erreur — et elle hurlait beaucoup — et les autres élèves riaient. J'en faisais des cauchemars. Je rêvais que je résolvais des problèmes de mathématiques au tableau en étant tout nu. Je me rejoue encore ce rêve de temps à autre. Je ne veux plus que quelque chose comme ça m'arrive de nouveau. Aussi, vous savez quoi ? Je suis prudent. J'adopte un profil bas. Je demande très peu de choses à la vie. De cette façon, je me sens en sécurité. »

L'un de mes anciens patients, Omar, était l'exemple parfait du conservateur qui ne prend aucun risque. Il avait souffert de troubles chroniques du langage et de la mémoire, et ces dysfonctionnements le prédisposaient à éprouver des frustrations répétées et de l'embarras en classe. Il avait suivi pendant des années des cours de rattrapage, reçu une médication, et bénéficié d'un service d'orientation, mais aucune de ces interventions n'avait réussi à améliorer sa moyenne en classe. Ses parents, deux ingénieurs en informatique, étaient indéfectibles dans leur amour et leur soutien pour lui. Malheureusement, chaque fois qu'une tentative pour aider Omar donnait des résultats décevants, ce dernier avait l'impression de vivre un nouvel échec.

J'ai rencontré Omar alors qu'il avait presque dix-huit ans. Il était aussi démoli qu'une voiture qui serait entrée en collision avec un train. Il était convaincu de sa « stupidité » (comme il l'affirmait) et, en onzième année, il se sentait désespérément perdu ; il avait déjà redoublé deux fois. Cependant, Omar était un musicien doué. Il jouait de la trompette et du saxophone, et composait quelques pièces. Ses succès dans un groupe de jazz et dans la fanfare étaient ses seuls moyens de s'affirmer.

Omar a eu l'occasion de suivre un programme d'été très réputé pour les joueurs de cuivres, mais il a refusé d'y participer. C'était comme s'il était devenu son pire ennemi. Nous avons discuté des choix de carrière possibles ayant un lien avec sa passion et son don pour la musique. Lorsque j'ai mentionné une inscription dans une école de musique, il a insisté pour dire que ce serait une perte de temps, qu'il ne serait jamais accepté. Quand je lui ai demandé si ça l'aiderait de rencontrer certains compositeurs ou d'autres joueurs de cuivres, il a affirmé que ces gens ne voudraient jamais l'aider. Quand je lui ai mentionné qu'il pourrait un jour enseigner la musique à des jeunes, il a hurlé que ça ne payait pas assez. Lorsque je lui ai demandé d'auditionner pour un orchestre ou un groupe, il a dit qu'il ne pourrait jamais « même dans un zillion d'années » arriver à surpasser les autres concurrents. Quand je me suis informé si un jour il aimerait créer son propre groupe de musique, il m'a déclaré que le marché était saturé, qu'il y avait déjà trop d'ensembles. Omar a claqué fermement toutes les portes qui pouvaient lui ouvrir un avenir.

À l'âge de dix-neuf ans, quand il a terminé ses études secondaires, Omar avait tellement peur d'échouer qu'il ne pouvait se permettre de prendre le moindre risque. Finalement, après plusieurs douzaines de mois d'inactivité et d'indécision qui le paralysèrent, il s'inscrivit dans une université à un programme de premier cycle de deux ans pour étudier la musique et l'enseignement de cette matière.

Après avoir reçu son diplôme, il décrocha un travail comme directeur d'un orchestre dans une école secondaire. Il en vint à aimer son travail et se révéla un enseignant très efficace. Il eut une rechute quand la jeune fille qu'il fréquentait depuis deux ans le quitta en raison de son refus de l'épouser et de fonder une famille. Il lui avait avoué qu'il n'était pas prêt à s'engager, bien qu'il avait insisté pour lui dire qu'il l'aimait. Cinq ans plus tard, on lui offrit un lucratif travail de saxophoniste dans un groupe rock qui connaissait beaucoup de succès. Il pouvait toujours continuer à enseigner et jouer avec le groupe dans ses temps libres. Quelle occasion unique ! Omar aimait la musique du groupe, mais il rejeta l'offre. Il avait peur que les choses ne marchent pas.

Omar avait du mal à prendre des risques et se tenait sur la défensive, même s'il venait d'une famille unie disposant de ressources financières suffisantes. Il y a pourtant beaucoup d'enfants qui grandissent dans la pauvreté en supportant beaucoup de tensions à la maison et à l'école et qui, finalement, risquent de devenir des individus frileux. Cela peut sembler étrange, mais les jeunes qui ne prennent pas de risques dans leur carrière sont amenés à en prendre dans d'autres domaines de leur existence. Ils quittent l'école prématurément. Ils peuvent consommer des drogues, commettre des crimes, et emprunter un chemin qui mène au néant et à l'autodestruction.

L'OBSESSION DE L'ARGENT

Dans notre société, alors qu'un enfant a peine à définir son identité et à distinguer ses propres intérêts de ceux de ses amis, il peut voir la possession de l'argent comme l'objectif le plus important, à l'encontre de l'accomplissement personnel. Un étudiant de dernière année à l'université peut se vendre au recruteur qui lui offre la plus forte somme pour éventuellement découvrir qu'il hait son travail malgré les gros chèques qu'il reçoit. Tôt ou tard, sa course effrénée pour gagner le plus d'argent possible laissera un sentiment d'inaccomplissement. Il n'est pas inhabituel que quelqu'un qui adhère à ce modèle de carrière à courte vue change d'emploi chaque fois que se présente la possibilité d'être légèrement mieux payé. Ce modèle est assez répandu chez les jeunes adultes qui ont toujours eu une propension à l'insatiabilité (page 117) ; savoir attendre pour obtenir une récompense est une chose qui ne fait pas partie de leur univers.

COMPRENDRE LES EXIGENCES DU MILIEU DE TRAVAIL

Comment pouvez-vous réussir au travail lorsque vous ne comprenez pas quelles sont les attentes de vos employeurs, quand on ne vous a jamais appris les règles de base permettant d'exercer un métier ou une carrière ? Et que se passet-il si vous avez sous-estimé les politiques de votre milieu de travail ? si vous ne vous êtes fié qu'à votre propre intuition pour savoir comment plaire à votre patron et que vous avez très mal évalué les attentes de ce dernier ? Dans de tels cas, un individu qui entreprend une carrière avec les meilleures intentions du monde peut connaître d'amères défaites simplement en raison de sa naïveté.

Irene a été victime d'un piège dans lequel tombent beaucoup d'adultes qui entrent dans la vie active. Ayant terminé ses études universitaires, elle était l'une des rares membres de son association d'étudiants à avoir décroché un travail convenable dans un période de ralentissement économique. Après des études en communications couronnées de succès, elle battit au fil d'arrivée les autres postulants et décrocha un poste d'assistante d'un producteur de nouvelles dans une station de télévision locale. Elle n'aurait pu trouver mieux comme travail et elle fut un as de la nouvelle pendant les six premiers mois suivant son embauche.

La jeune femme fit beaucoup d'heures supplémentaires pour lesquelles elle ne demanda jamais à être payée. Son approche agressive lui permit d'établir des contacts et de découvrir de nouvelles sources d'information. Elle produisait comme un puits de pétrole, présentait des idées de nouveaux sujets, et offrit à ses patrons d'organiser des segments spéciaux pour présenter ses histoires. Bref, Irene montra un esprit d'initiative et d'indépendance remarquable. De cette manière, elle réussit à s'aliéner à peu près tous ses collègues. Elle était trop naïve pour voir ces derniers comme étant aussi des concurrents. Elle se vantait souvent de ses succès, supposant que tous les gens de son environnement tireraient une grande fierté de son travail. Personne ne lui avait jamais parlé des règles du jeu au bureau. De plus, dans son ardeur pour démontrer sa grande intelligence, Irene négligea un certain nombre de responsabilités plus terre à terre, ce qui exaspéra certains des principaux présentateurs et producteurs, qui s'attendaient à ce qu'elle en fasse davantage pour eux.

Irene, qui était si compétente et ingénieuse, perdit son travail après huit mois. C'était une injustice épouvantable. Personne ne devrait être puni parce qu'il accomplit un travail superbe et fait montre de beaucoup d'initiative. Cependant, Irene se devait aussi de remplir les petites tâches quotidiennes, et elle aurait probablement dû accorder plus d'attention à ses relations avec ses collègues. Elle fut ahurie et démolie, victime de sa naïveté au travail : il faut plus que de la compétence et du dynamisme pour réussir dans les premières années de la vie active. Vous devez être sensible aux besoins et aux désirs des gens avec qui et pour qui vous travaillez.

Plusieurs jeunes adultes sont incapables de lire entre les lignes d'une description de tâches (qu'il s'agisse d'un contrat ou d'un accord verbal plus vague). Ils sont souvent complètement dans le noir quand il est question des règles du jeu dans le monde du travail. Enfants, ils ne se sont pas attardés à ces questions. Ils n'ont jamais entendu les adultes discuter des avantages et des désavantages de tel ou tel travail, des hauts et des bas de telle ou telle activité. Personne ne leur a jamais dit à quel point leurs supérieurs pouvaient ressentir une certaine insécurité et combien il était important de ne pas leur marcher sur les pieds ou convoiter ouvertement leur poste. Personne ne leur a appris que, s'ils ne font pas attention où ils mettent les pieds, leurs collègues de travail pourront les détruire en médisant à leur sujet. Une mauvaise réputation peut influencer de façon significative l'évaluation du rendement au sein d'un service.

La conclusion est irréfutable : nos jeunes n'apprennent pas à l'école les leçons essentielles qui leur permettraient de relever les défis souvent non explicites de la vie active.

Les gens avec qui et pour qui vous travaillez peuvent ne jamais être francs avec vous ; tout comme Irene, un jeune adulte peut beaucoup souffrir des ressentiments développés à son égard sans que quiconque ne l'ait jamais prévenu de quoi que ce soit, puis il est trop tard pour réparer les pots cassés. Dans ce cas, le fait de ne pas comprendre les exigences de votre milieu de travail signifie qu'une fausse approche a été adoptée. Lorsqu'ils fréquentent l'école, les jeunes sont l'objet, que cela leur plaise ou non, d'incessantes rétroactions, de critiques ou d'éloges de la part des enseignants (le bulletin scolaire), des parents et des entraîneurs. Par contre, tôt dans une carrière, un individu peut développer un sentiment de panique en ne sachant pas trop comment on apprécie son rendement au travail. Je me souviens que lorsque j'étais un nouvel enseignant à la faculté de médecine de Harvard, un professeur associé m'avait averti : « Melvin, laissez-moi vous dire quelque chose. Personne ici ne prendra le temps de vous dire si vous faites bien votre travail. Et si vous posez la question à quelqu'un, il y a de bonnes chances que cette personne se montre évasive. Mais rappelez-vous une chose : vous êtes observé. Vous êtes constamment observé et jugé. Ne baissez jamais votre garde. »

Nous devons aider les étudiants à se préparer à leurs premières années de vie active avec beaucoup moins de naïveté. Bien avant l'université, les jeunes devraient apprendre ce qu'est une carrière et savoir ce qu'elle comporte. En outre, ils devraient apprendre à faire preuve d'autonomie, à s'analyser et à prendre le pouls sur les lieux de travail. De telles habiletés seront vues en détail lors de l'étude des processus de croissance dans la deuxième partie de ce livre.

LORSQUE LES INTÉRÊTS NE CORRESPONDENT PAS AUX CAPACITÉS

Merrill toucha le fond du baril à la fin de la vingtaine en raison du fossé important qui existait entre ses capacités et ses goûts. Dès son enfance, il était évident qu'il avait une passion pour les activités de plein air. Tout particulièrement, Merrill était un expert dans la construction de forts. À l'ombre des pins, il passait des journées entières à fignoler ses fortifications. À l'âge de douze ans, il était le créateur, le propriétaire et, à l'occasion, l'occupant de quatre grandes fortifications et de plusieurs baronnies en bois. Lui et ses amis s'amusaient pendant des jours dans ces architectures classiques ou à proximité de celles-ci. En fait, durant plusieurs soirs d'été, ces constructions ressemblaient à des baraques militaires entièrement occupées. Alors qu'il prenait de l'âge, Merrill diversifia sa gamme de produits et commença à construire des fusées, que lui et ses amis lançaient à partir d'un champ près de chez lui. Ses missiles constituaient un autre témoignage de son extraordinaire intelligence et de son ingéniosité dans le domaine de la mécanique et des engins spatiaux.

Autant Merrill aimait utiliser ses mains et ses yeux en plein air, autant il détestait la plupart des activités intérieures qui faisaient appel à l'intellect. Il avait horreur de la lecture et ne pouvait supporter d'avoir à se concentrer sur de petits détails, une exigence dans la plupart de ses cours à l'école secondaire. Sa bête noire était les mathématiques, et il n'entretenait aucun espoir à ce sujet. Ses difficultés dans ses études étaient aggravées par de visibles problèmes d'organisation. Bien qu'il n'ait aucune difficulté à gérer ses possessions, Merrill ne pouvait en faire autant avec un horaire et n'était jamais en mesure de respecter un calendrier multitâche (page 237). Il ne pouvait non plus établir une liste de priorités ; ainsi, il perdait son temps durant des heures pour, en bout de ligne, réaliser qu'il n'avait pas avancé de deux centimètres et qu'il ne respectait pas les délais imposés ou qu'il ne serait pas prêt à passer ses examens finaux. Il ne pouvait planifier quoi que ce soit et ne faisait que ce qui lui passait par la tête.

Même lors de la construction de ses fabuleux forts, Merrill travaillait sans plan ; les étapes semblaient se succéder les unes aux autres tout naturellement. Et les résultats étaient superbes. Le garçon bénéficiait d'une créativité spontanée lorsque venait le temps de construire quelque chose. Malgré son allergie pour les détails et sa cruelle désorganisation, il réussit ses études secondaires sans échouer aucune matière — ce qui témoignait de sa grande intelligence. C'était un gagnant et un véritable leader.

Merrill fut admis dans un établissement d'enseignement supérieur de son patelin, un établissement qui refusait rarement des étudiants. Il y demeura pendant deux ans, au cours desquels il se concentra principalement sur sa vie sociale, puis il choisit de faire une pause pour gagner un peu d'argent. Pendant plusieurs étés, Merrill a travaillé dans la construction, un travail qu'il aimait énormément. À l'âge de vingt ans, il était devenu un apprenti en menuiserie de finition. Il s'inspirait de l'homme pour qui il bossait, un artiste du travail de finition dans les nouvelles maisons. Il n'avait jamais été aussi heureux que de travailler avec cet artisan doué. Il ne reprit pas ses études. Il fit de la menuiserie pendant les quatre années suivantes, toujours au service de son mentor. Après seulement dix-huit mois de travail, Merrill n'était plus un apprenti. Il gagnait un assez bon salaire et faisait de l'excellente besogne. Cependant, il commença à montrer des signes d'agitation. Il se fiança avec une belle fille, qui lui fit savoir de façon très nette qu'elle désirait avoir beaucoup d'enfants. Diplômée en musique, elle était encore à l'université et n'avait pas la moindre intention de travailler. Ainsi, Merrill décida de faire de l'argent, beaucoup d'argent. De plus, il en avait assez de travailler pour le compte de quelqu'un d'autre. Après tout, enfant il avait été un leader, et il désirait maintenant que des gens travaillent pour lui. Il pensait aussi que le fait de devenir patron saurait impressionner sa future femme et la belle-famille.

Le jeune homme avait toujours été impressionné par ces entrepreneurs qui sous-traitaient leur travail en faisant appel à ses compétences et à celles de son mentor. Ces types conduisaient des voitures luxueuses, vivaient dans de chouettes maisons et portaient au poignet des Rolex en or dix-huit carats. Ils avaient des employés loyaux et du pouvoir. Merrill quitta son travail et décida de devenir un entrepreneur général, avec l'ambition de devenir un jour un gros entrepreneur immobilier.

Jouant de son charme, de ses excellents talents de communicateur, de sa beauté et de ses qualités de chef, Merrill donnait l'impression d'être quelqu'un en qui vous pouviez avoir confiance et avec qui vous pouviez travailler. Les taux hypothécaires étaient bas et les projets immobiliers se multipliaient dans son coin de pays, et il n'eut aucune difficulté à trouver des clients qui désiraient acheter des maisons faites sur commande. La tête pleine de bonnes idées en matière de construction, Merrill promit mer et monde à ses clients. Les gens étaient stupéfiés de voir qu'ils pouvaient s'entendre avec lui sur les caractéristiques de leur nouvelle maison sans qu'il ne prenne de notes. Il obtint plusieurs contrats, probablement plus qu'il n'aurait dû avoir. Soudain, comme un fantôme, le développement de son système nerveux central revint le hanter. Il était totalement désor-ganisé, incapable de coordonner les livraisons et le travail des sous-traitants tels les plombiers, les électriciens et les poseurs de placoplâtre. Il en avait maintenant par-dessus la tête. Son incapacité à accorder de l'attention aux détails, à la pensée quantitative et à la gestion du temps avait envahi sa vie comme une tumeur. Maintenant, on devait parler de métastases. Sa négligence et son incapacité à respecter les délais avaient rendu ses clients furieux. Il fut l'objet de plusieurs poursuites en justice. Bientôt, la plupart de ses bons sous-traitants refusèrent de travailler avec lui.

À l'âge de vingt-sept ans, Merrill déclara faillite et, au même moment, sa fiancée rompit avec lui. Sa vie était un désastre. Qu'est-ce qui n'avait pas marché ? Il est clair que Merrill n'avait pas su se comprendre suffisamment lui-même, une lacune qu'il partageait avec beaucoup d'autres jeunes adultes qui ne réussissent pas leur entrée dans la vie active. Il y avait un fossé entre ses ambitions et ses capacités. Son aversion pour les mathématiques et les détails, et ses problèmes organisationnels, ont été ignorés au profit d'une attirance romantique pour la vie d'entrepreneur. Cette discordance entre les intérêts et les capacités représentait davantage que ce qu'un individu peut supporter. Merrill ne savait tout simplement pas qui il était.

Si Merrill avait réfléchi davantage à ses lacunes, il aurait pu prendre un chemin qui lui convenait mieux. Peut-être aurait-il dû créer une petite affaire de menuiserie au lieu de se heurter aux exigences organisationnelles complexes de la vie d'un entrepreneur. Ou peut-être aurait-il pu trouver un associé ou encore embaucher quelqu'un qui avait le souci du détail, qui était méticuleux et organisé.

André était aussi désorganisé que Merrill mais, en plus de ses problèmes de gestion de temps, il avait de la difficulté à retrouver les choses. Chaque jour, il passait une grande partie de son temps à chercher des objets qu'il avait perdus. Comme Merrill, il avait horreur des détails et s'en tenait à une vision globale des choses. André était décidé à devenir chef cuisinier. Il avait toujours aimé cuisiner, et inventait ses propres versions des plats familiaux. Après ses études secondaires, il fréquenta une célèbre école de cuisine du Rhode Island, la Johnson & Wales. Il y décrocha un diplôme malgré les nombreux avertissements reçus concernant son insouciance, ses retards et sa négligence. Puis il fut engagé comme sous-chef dans un restaurant de banlieue. Il y connut du succès, puis devint chef dans un restaurant gastronomique très couru au centre-ville de Philadelphie. André demeurait totalement désorganisé dans sa vie quotidienne ; il était souvent en retard et continuait à perdre des choses. Sa vie sociale était un fouillis : rendez-vous oubliés et autres choses du genre. Cependant, en cuisine, il était fiable et organisé. Il témoignait de cette chose que l'on appelle « fonction dans un domaine spécifique », ce qui signifie que ses lacunes disparaissaient lorsqu'il œuvrait dans ce domaine très spécialisé. Quelqu'un qui a des problèmes d'élocution et qui aime le sport peut devenir étonnamment volubile quand il parle de basket-ball. Et un type quelque peu perdu qui aime cuisiner peut se prendre en main à cent pour cent lorsqu'il est dans une cuisine. Chaque fois qu'un individu a une lacune importante, il est bon de savoir s'il existe un domaine d'activité dans lequel ce manque est réduit au minimum ou éliminé. La découverte d'un tel domaine d'activité peut avoir des conséquences extrêmement importantes dans le choix d'un travail.

Les discordances sont nombreuses. Beaucoup d'individus sont attirés par des tâches qui ne correspondent pas à leurs capacités. Imaginons les scénarios suivants, qui sont bien connus :

- quelqu'un qui veut plus que toute autre chose devenir dentiste, mais qui a des troubles de motricité fine ;

- une personne qui a peu de connaissances des relations sociales dans un domaine d'activité où elle est constamment en contact avec les autres ;

- un individu très créatif à qui on demande de s'asseoir toute la journée pour entrer des données sur un chiffrier ;

- une femme qui a de la difficulté à s'exprimer et qui se destine à enseigner les sciences sociales ;

- un jeune psychiatre qui n'a jamais pu régler ses très graves problèmes personnels ;

- un guitariste sans talent qui veut devenir musicien professionnel ;

- un chauffeur de camion qui souffre de troubles de l'attention, et qui est fatigué et agité quand il doit s'asseoir pendant longtemps.

Ces gens sont-ils totalement malavisés dans leur tentative de réaliser leurs rêves, des rêves qui peuvent être détruits en raison de leurs lacunes ? Quand quelqu'un devrait-il obéir à ses passions et quand devrait-il abandonner ses rêves parce qu'il ne peut les réaliser ? Ces questions n'appellent pas de réponses toutes faites. D'une part, un jeune adulte qui veut réussir doit s'arranger pour avoir tous les atouts en main. Allez-y avec vos forces et mettez de côté vos faiblesses. Essayez d'adapter votre profil à vos passions. Les profils de carrière sont infinis ; sans doute pouvez-vous en trouver plusieurs qui s'adapteraient à votre personnalité. D'autre part, que se passera-t-il si vous êtes décidé à poursuivre un objectif où vos lacunes seront évidentes ? Cela peut être réalisable si vous savez ce que vous faites, si vous ne vous laissez pas berner par les illusions en niant vos faiblesses. Or, lorsque la route que vous avez empruntée aboutit à une impasse, vous devez vous en rendre compte le plus rapidement possible. Ce sera alors le moment de réévaluer honnêtement votre parcours, de chercher méthodiquement à marier vos passions et vos atouts.

L'un de mes patients, Terry, avait des problèmes à contrôler son attention. Il ne tenait pas en place ; il était très impulsif et distrait. À l'école, il était souvent réprimandé en raison de son comportement hyperactif. Il avait de la difficulté à s'endormir, et à quitter son lit le matin ; ce déséquilibre entre l'éveil et le sommeil est présent chez certains enfants qui souffrent de troubles de l'attention. Toujours insatiable, Terry était constamment à la recherche de divertissements en quantité industrielle. Il causait parfois des problèmes en se contentant seulement de faire les choses normales de la vie quotidienne.

Heureusement, Terry, qui avait des parents formidables, sortit relativement indemne de ses années d'école malgré tous ses problèmes. À dix-huit ans, il sidéra tout le monde en s'enrôlant dans l'armée. C'était un exemple de discordance parfaite. Comment ce garçon hyperactif, extraverti et impulsif allait-il se conformer aux règlements et à la routine de la vie militaire ? J'ai connu de nombreux jeunes adultes comme Terry qui ont été rapidement renvoyés de l'armée. Mais, croyez-le ou non, Terry ne l'a pas été. C'était un peu comme si l'armée avait été son Ritalin. Une routine quotidienne et un emploi du temps prévisible étaient ce que le médecin lui avait recommandé. Voilà pourquoi je dis qu'il n'y a pas de réponse globale. Or, comme Terry, vous devez connaître vos forces et vos faiblesses, et être préparé à les concilier dans votre travail.

LE BON CHEMIN

Dans *The Road Not Taken* (Le chemin le moins emprunté), Frost se lamente.

Sachant, pourtant, comment un chemin mène à un autre,
Je doutais pouvoir un jour revenir ici.

En vérité, il est possible et souvent désirable de revisiter l'endroit où les chemins ont divergé afin de renouveler son choix de carrière quand il est encore temps de le faire — pour confirmer la route prise ou choisir un chemin différent. Une telle prise de conscience pourrait réconforter bon nombre de gens qui n'étaient pas préparés ou qui étaient mal informés avant d'entrer dans la vie active. Elle pourrait même sauver une personne à mi-carrière. La clé du succès, c'est de prendre la décision au bon moment ; une personne ne doit pas manquer de ténacité et abandonner avant d'avoir bien exploré la voie empruntée, comme certains individus s'obstinent à le faire. Les jeunes adultes qui entrent dans la vie active devraient planifier leur vie professionnelle, voir périodiquement quel chemin ils ont parcouru et si cette route diverge par rapport aux objectifs qu'ils visaient initialement. Et cela peut faire toute la différence !

5

VICTIMES
DE NÉGLIGENCES
MENTALES

Les déficits sur le plan psychologique

J'ai certainement souffert de troubles de l'attention au cours de mon enfance, au point où j'ai finalement dû me résoudre à prendre des médicaments pour contrôler ce problème. Cependant, on ne s'est pas attaqué longtemps à ce dernier parce qu'on considérait que j'avais un quotient intellectuel élevé et que j'étais dans les classes pour surdoués. Je pense que si on avait reconnu mon problème beaucoup plus tôt, l'école et la période de transition qui a suivi auraient été plus faciles pour moi. C'était une vraie bataille à l'école. Si on m'avait dit qu'on était conscient de ma situation et qu'il y avait des moyens de s'attaquer au problème — si les enseignants avaient su comment me présenter la réalité —, je crois vraiment que les choses auraient été différentes. Avec un peu de recul, je dirais que mes troubles de l'attention étaient à la source de mon manque d'intérêt pour l'école.

S.R., 27 ans

Les dettes ne sont pas toutes financières. Un jeune adulte peut avoir des déficits importants parce que ses besoins spécifiques sur le plan psychologique n'ont jamais été satisfaits. Le plus souvent, ce problème survient lorsqu'un individu qui grandit est incompris et paralysé parce que ses capacités sont faibles ou qu'elles n'ont jamais été cultivées au cours de l'enfance et de l'adolescence.

Dans nos écoles et nos foyers, nous interprétons et gérons mal bon nombre d'étapes du développement psychologique des jeunes. Nos politiques publiques et notre vision à court terme encouragent ces erreurs en assumant que les étapes du développement psychologique sont universelles et qu'elles s'appliquent indifféremment à l'ensemble des jeunes. En conséquence, le potentiel de beaucoup d'étudiants est mal canalisé. Afin de réduire les demandes faites à nos institutions et de diminuer les dépenses à court terme, nos politiques, nos pratiques et nos lois présument que tous les apprenants peuvent réussir en suivant la même voie. Cette supposition erronée justifie l'imposition de normes identiques pour tous les jeunes en développement. En fait, le développement des enfants diffère grandement de l'un à l'autre. Enseigner aux jeunes et les traiter de la même manière, c'est effectivement enseigner et traiter les jeunes de manière inégale. En particulier, le fait de négliger certaines faiblesses importantes conduit les jeunes à contracter une dette à long terme, une dette qui peut engendrer de la frustration et des échecs pendant les premières années de la vie active. Il y a aussi trop de jeunes et d'adultes dont les atouts ne sont pas exploités, dont les capacités sont sous-évaluées et sous-utilisées. La créativité d'un jeune, les compétences d'un individu ou un don extraordinaire pour la mécanique peuvent se perdre parce qu'ils ne sont pas utilisés. Les forces que l'on néglige sont aussi une autre forme de déficit psychologique.

Un individu dont les forces et les lacunes sont mal perçues, ou dont les forces ne sont pas correctement développées, peut se construire une route vers le dysfonctionnement et vivre des échecs qu'il aurait pu s'éviter pendant les premières années de sa vie active. Le phénomène est répandu et alarmant. Notre culture doit surmonter son besoin maladif d'uniformité dans le développement psychologique des enfants.

CONNAÎTRE LA PSYCHÉ D'UN INDIVIDU

Connaître la psyché d'un individu, c'est connaître ses forces spécifiques, ses faiblesses (dysfonctions), ses préférences et ses traits de personnalité. Ces différences individuelles fondamentales, si elles sont bien perçues, peuvent fournir une orientation essentielle pour l'éducation d'un enfant et, en fin de compte, aider ce dernier à choisir une vie où il pourra s'épanouir.

Pendant plusieurs années, j'ai cherché à définir les fonctions neurologiques spécifiques du développement qui permettent aux enfants et aux adolescents d'apprendre à devenir des individus productifs pendant leurs années d'étude et leur vie active. Comme clinicien, j'essaie de déterminer exactement les points de rupture dans l'apprentissage, ce qu'on appelle les troubles neurodéveloppementaux. La difficulté à trouver ses mots, un manque de précision dans le rappel des faits, des problèmes de concentration, l'incapacité à nouer des amitiés et la difficulté à écrire lisiblement sont des exemples de tels troubles. J'ai décrit plusieurs de ces problèmes dans mon livre *À chacun sa façon d'apprendre*.

Tous les enfants vont à l'école et chacun se prépare à la vie active selon son profil neurodéveloppemental. Quelqu'un peut posséder des capacités langagières hors du commun, une très pauvre perception des rapports spatiaux, des habiletés sociales remarquables et une mémoire qui fonctionne adéquatement, tandis que son frère plus jeune est entièrement différent : il interprète lentement et avec effort un langage, il a une vision des rapports spatiaux hors du commun, il est un être solitaire sur le plan social et un type distrait. Il existe des combinaisons presque infinies de forces et de faiblesses au sein de la population de n'importe quelle communauté, classe, ou de n'importe quel milieu de travail. La plupart des individus sont-ils conscients de leur profil ? Les parents ont-ils une vue suffisamment lucide du profil de leur enfant ? Les enseignants reconnaissent-ils le profil des plus jeunes et en tiennent-ils compte dans leur enseignement ?

Plusieurs parents et éducateurs ont à composer avec les forces et les faiblesses relatives des enfants, mais se sont-ils attardés à en faire un bon inventaire ? Le tableau qu'ils en ont est-il suffisamment complet ? Souvent, il ne l'est pas. Lorsqu'un profil est partiellement défini, mal ou pas du tout interprété, un enfant peut être à risque et accumuler de lourds déficits psychologiques qui le suivront au cours des premières années de la vie active.

CONSÉQUENCES DES DÉFICITS PSYCHOLOGIQUES

Joel, le fils d'un courtier en valeurs de Wall Street, était un grand athlète. Il avait fréquenté des écoles privées prestigieuses et avait été reconnu par ses pairs pour sa décontraction, ses vêtements dernier cri impeccables et ses manières enjouées d'adolescent. Cependant, Joel était aussi un type tendu, une personne qui avait de grandes attentes envers lui-même, un perfectionniste qui se frustrait facilement chaque fois qu'il n'arrivait pas rencontrer ses rigoureux standards d'excellence. C'était un compétiteur féroce, un excellent sauteur à la perche, un joueur de crosse accompli et un joueur de deuxième but acrobatique. Par contre, dans ses études, Joel avait de la difficulté dans toutes les matières. Sa frustration la plus grande se manifestait dans l'écriture, les mathématiques et les examens en général, bien qu'il fût un bon lecteur. Malgré des avertissements répétés et après avoir maintes fois été accusé de paresse, il fut expulsé de deux écoles privées de New York — la première fois en cinquième année, l'autre fois en septième — en raison de ses échecs.

En neuvième année, Joel fut placé dans un internat. De nouveau, il excella dans les sports, mais continua à imploser dans la salle de classe. Il prit beaucoup de cours de rattrapage et, bien sûr, reçut une lourde médication, mais avec peu de résultats. En onzième année, Joel vint passer les vacances de Noël chez lui et annonça qu'il ne retournerait pas à l'école. Il en avait assez.

Le 30 décembre, Joel s'enferma dans sa chambre et refusa d'en sortir pendant plus de trente-six heures. Il la quittait furtivement pour se rendre à la cuisine ramasser quelque chose à grignoter ou pour aller à la salle de bain, mais il ne parlait à personne. Finalement, ses parents le supplièrent de leur révéler ce qui l'affligeait, mais invariablement il répondait « Rien » ou « Je ne sais pas ». Joel ne retourna pas à l'école ce semestre-là. En fait, il ne quitta pas l'appartement pendant les six mois suivants. Un pédopsychiatre, qu'il avait vu pendant six mois alors qu'il avait neuf ans, lui rendit visite à deux reprises à la maison et conclut, comme on pouvait s'y attendre, que le garçon souffrait d'une phobie sévère de l'école.

Joel a maintenant vingt-deux ans. Il n'est jamais retourné à l'école et ne travaille pas. Il reçoit une lourde médication et il ne fait rien de ses journées sauf lire, regarder la télévision et écouter de la musique. La nuit, il prend souvent la fuite comme une chauve-souris sortant de sa caverne, et disparaît avec son groupe très uni d'amis au chômage. Joel traîne jusqu'à trois ou quatre heures du matin et se drogue peut-être. De temps à autre, il prend sa guitare et essaie de composer un peu de musique. Il parle à un thérapeute, ce qui, selon ses parents, ne semble mener nulle part.

Récemment, le thérapeute a suggéré qu'un neuropsycho-logue évalue les fonctions cognitives du jeune homme. Dans le passé, l'accent avait toujours été mis sur les aspects émotionnels de la situation de Joel. Étonnamment, ce dernier accepta d'être évalué en autant que l'examen ait lieu à la maison. Le psychologue accepta.

Les résultats furent remarquables. On découvrit que Joel avait des aptitudes exceptionnelles pour les langues et sur le plan spatial, mais qu'il souffrait d'importants problèmes de mémoire. En particulier, il avait de la difficulté à classer et à retrouver l'information, et des ennuis avec sa mémoire à long terme. Cette constatation expliquait pourquoi l'écriture était pour Joel une expérience si traumatisante car rien à l'école ne demande plus de mémoire que d'écrire : vous devez rapidement et simultanément vous rappeler la façon de former les lettres, l'orthographe, les règles de grammaire et de ponctuation, les faits, le vocabulaire et les idées, et un tas d'autres détails. C'est pourquoi tant d'enfants qui ont des problèmes de mémoire à long terme semblent perdre tous leurs moyens lorsqu'ils doivent écrire. Les mathématiques exigent beaucoup de mémoire, un autre handicap pour Joel. Et pour ne rien arranger, le garçon éprouvait des problèmes à reconnaître les modèles. La reconnaissance des modèles, décrite en détail à la page 199, permet à un individu de se pencher sur un problème de mathématiques, de se rappeler qu'il a vu ce problème par le passé et de faire appel aux méthodes qui lui ont permis de le résoudre. Elle permet aussi à un individu de faire face à ses problèmes personnels et aux tensions. Vous rencontrez une situation et, presque inconsciemment, vous vous rappelez comment des expériences semblables ont été résolues. Pour Joel, et pour d'autres comme lui qui ont de la difficulté à reconnaître les modèles, beaucoup d'événements qui se produisent dans la vie semblent sans précédent. N'ayant tiré que peu de sagesse de leurs expériences passées, ces personnes éprouvent beaucoup de difficulté à faire face au stress.

À vingt-deux ans, Joel considère sa vie comme complètement bousillée, car il est convaincu qu'il est stupide et qu'il est né pour être un perdant. Si, il y a des années, on lui avait expliqué qu'il éprouvait des problèmes de mémoire, on aurait pu empêcher ce gâchis à l'école et cette paralysie sur le plan de la carrière. On aurait pu lui apprendre des techniques pour renforcer sa mémoire et des stratégies de reconnaissance des modèles, ainsi que des techniques pour contourner certains obstacles lorsque la mémoire est sollicitée lors de travaux scolaires. Ses enseignants auraient eu d'autres options que de l'expulser de l'école. Surtout, Joel aurait pu intérioriser l'idée stimulante et réconfortante que, bien qu'il était partiellement handicapé par des problèmes de mémoire, il demeurait une personne intelligente et dotée de forces très impressionnantes. Il avait besoin de savoir qu'il souffrait de certains dysfonctionnements, et que la plupart des carrières mettent beaucoup moins l'accent sur la mémoire que ne le fait l'école. À l'écoute de ce message, Joel aurait été optimiste et motivé plutôt que de se sentir handicapé en raison des graves retards dans son développement. Il y a toujours de l'espoir pour Joel — grâce à l'orientation professionnelle, à un travail de démystification et à une éducation qui pourra peut-être compenser pour le retard qui a été pris.

En identifiant une faiblesse fonctionnelle spécifique qui retarde l'apprentissage, il est possible de redonner vie à une jeune personne qui a perdu confiance en elle et espoir en l'avenir. Trop souvent, ce qu'un individu pense de son degré d'intelligence s'éloigne grandement de la réalité. Les enfants et les adolescents hésitent souvent entre le fait de nier qu'ils ont des problèmes et celui d'exagérer grossièrement la sévérité de leurs difficultés. J'ai un jour reçu une note écrite d'une fille de quatorze ans que j'avais évaluée dans notre centre. Elle vivait avec sa mère qui était au chômage. Son gribouillage, très légèrement lisible, disait ceci : « Lorsque ma mère m'a annoncé que nous allions vous voir, je me suis vraiment fâchée et je lui ai dit que je n'avais aucun problème. Je craignais qu'il y ait beaucoup de choses qui ne tournent pas rond chez moi. Alors, quand je suis arrivée à votre bureau, nous avons fait tous ces examens et nous avons beaucoup parlé. Maintenant, je me rends compte que j'ai vraiment une lacune. Le problème n'est pas si grave et je peux travailler à le corriger. Merci beaucoup. Votre amie, Leslie. »

UN LARGE SPECTRE DE DYSFONCTIONNEMENTS QUI ONT ÉTÉ NÉGLIGÉS

Les dysfonctionnements négligés ont une étrange tendance à réapparaître comme des fantômes et à nous hanter pendant les premières années de la vie active. Leurs manifestations précises dépendent non seulement de la nature et de la sévérité des dysfonctions, mais aussi du plan de carrière et du type de travail effectué. Le tableau 5.1, à la page 109, fournit des exemples de ces handicaps cachés et de leurs impacts négatifs à long terme sur une vie professionnelle.

En réfléchissant aux problèmes engendrés par les défi-ciences psychologiques décrites au tableau 5.1, on peut dégager certains principes de base.

Certains principes de gestion des déficiences psychologiques

- Les jeunes adultes (et les autres) devraient posséder certaines notions au sujet de leur propre profil neuro-développemental et être conscients de leurs dysfonction-nements et des impacts possibles de ces derniers sur la vie au travail.

- Lorsqu'un jeune adulte a des difficultés à démarrer ou à réussir tôt dans une carrière, il peut souffrir de certaines déficiences psychologiques, d'un dysfonctionnement dont il est inconscient et qui peut compromettre sa réussite.

- Une personne peut essayer de choisir une carrière qui réduit au minimum les effets de son dysfonctionnement. (Par exemple, si elle éprouve un évident problème de motricité fine, elle choisira d'éviter les sous-spécialités chirurgicales.)

- De la même manière, dans un certain domaine d'activité, une personne peut choisir un rôle qui réduit au minimum les conséquences de ses dysfonctions. (Par exemple, un jeune avocat ayant de la difficulté à s'exprimer avec éloquence choisira de ne pas devenir un plaideur en justice.)

- Une personne peut essayer de collaborer avec quelqu'un dont les forces contrebalancent ses dysfonctions. (Un entrepreneur en plomberie ayant de très grandes carences en mathématiques pourrait travailler avec un associé plus à l'aise avec les chiffres qui serait capable de faire les estimations quant aux travaux à exécuter.)

- Finalement, une personne peut essayer de corriger ses dysfonctions ou son manque de compétence. Peut-elle y

TABLEAU 5.1
DÉFICIENCES PSYCHOLOGIQUES NÉGLIGÉES ET PERSISTANTES : IMPACTS POSSIBLES SUR LA VIE AU TRAVAIL

Déficiences	Impacts possibles sur la vie au travail
Problèmes de communication verbale	Difficulté à vendre des produits, des idées, des plans ; difficulté à entrer en contact avec les autres ; mauvaise compréhension des directives (orales et écrites)
Faiblesses de la motricité fine et/ou spatiale	Problèmes à acquérir les habiletés manuelles nécessaires pour effectuer le travail
Déficiences organisationnelles	Difficulté à gérer le temps, les échéances, à conserver la trace du matériel, à établir des priorités, à gérer plusieurs tâches à la fois
Dysfonctionnements du contrôle sur la production (reflétant souvent des défauts dans la fonction des lobes préfrontaux du cerveau)	Problème à planifier et à implanter des projets, peu de contrôle sur la qualité du travail, manque de perspective à long terme, prises de décisions et réaction impulsives
Dysfonctionnement du contrôle sur le traitement	Concentration inadéquate sur le travail, peu d'attention portée aux détails, sentiments chroniques d'ennui au travail
Conceptualisation inadéquate	Difficulté à comprendre les idées importantes, tendance à avoir une pensée trop concrète et rigide
Pensée sociale sous-développée	Relations sous-optimales avec les collègues, difficulté à collaborer, naïveté par rapport aux règles du jeu dans le monde du travail
Limitations de la mémoire	Maîtrise lente des nouvelles compétences au travail, problèmes avec des tâches à plusieurs composantes (qui utilisent la mémoire de travail active)
Problèmes de rythme	Tendance à accomplir les tâches à un rythme très lent et donc à prendre du retard
Déficiences persistantes dans les études	Compétences en lecture, en écriture ou en mathématiques inadéquates pour faire face aux exigences du travail

arriver ? C'est difficile à dire. Il est toujours possible de s'attaquer à un dysfonctionnement, de trouver des façons de développer une habileté (comme si on s'engageait dans le développement des muscles du cerveau) et d'observer une amélioration. Il demeure cependant difficile à dire à quelle vitesse et à quel point une personne arrivera à améliorer son état, que ce soit en termes de fonction motrice ou d'aptitude à écrire. Si cette démarche semble essentielle pour assurer le succès d'un individu, elle vaut probablement la peine d'être essayée, particulièrement s'il n'y a pas de solutions de rechange, contrairement aux trois principes précédents.

DES ÉTIQUETTES SIMPLISTES QUI CRÉENT DES DÉFICITS PSYCHOLOGIQUES

Au cours des dernières décennies, plusieurs cliniciens ont trop simplifié les différences humaines. Trop souvent, lorsque les modèles de comportement et d'apprentissage d'un enfant diffèrent d'un stéréotype préordonné, l'enfant est classifié dans une catégorie déterminée, qui souvent implique une anomalie importante. Les cliniciens, les éducateurs et beaucoup de parents semblent trop enclins à accoler des étiquettes aux enfants qui présentent des différences par rapport aux autres, et des expressions comme TDAH (trouble déficitaire de l'attention avec hyperactivité), PDA (personne en difficulté d'apprentissage) ou syndrome d'Asperger et une foule d'autres étiquettes ont proliféré comme des algues. Ces étiquettes ne prennent jamais en considération le potentiel psychologique d'un jeune, et elles impliquent que tous les jeunes dans une catégorie désignée sont essentiellement les mêmes. En réalité, il y a d'énormes différences parmi les individus appartenant à chacune des catégories. De plus, les étiquettes sont insidieusement pessimistes, et elles impliquent que tout ce qui s'éloigne de la norme représente une déviation chronique et, donc, annonciatrice d'une vie anormale.

Voulant à tout prix accoler des étiquettes, des adultes bien intentionnés ne parviennent pas à voir ce qui se produit vraiment lors du développement mental de leur enfant. En particulier, le fait d'accoler de manière désinvolte l'étiquette TDAH à un enfant a donné plus que son lot de mauvaises interprétations et d'incompréhension.

Je me souviens d'Henri, un garçon d'origine haïtienne issu d'une famille monoparentale, dont la mère était technicienne en radiologie. Ce garçon avait des retards chroniques en lecture, en écriture et en orthographe. Les maths étaient son point fort, ses capacités se situant habituellement près de celles des autres élèves de sa classe. Ses professeurs émettaient fréquemment des commentaires comme « Si seulement Henri se concentrait sur ce qu'il fait, il serait un excellent étudiant. » Au cours des premières semaines qu'il a passées à la maternelle, Henri se dirigeait vers la fontaine ou vers le fond de la pièce où il irriguait ses narines pendant que son professeur tenait les autres étudiants en haleine en leur lisant un conte. Il était un peu plus concentré à la maison, même s'il devait être périodiquement rappelé à l'ordre et que ses moments de distraction n'étaient pas rares. À l'école primaire, Henri était reconnu pour être dans la lune.

La difficulté qu'avait Henri à se concentrer amena ses enseignants, ses parents et le pédiatre à croire qu'il souffrait d'un TDAH. Ainsi, à l'âge de huit ans, on lui administra du Ritalin. Les changements furent loin d'être spectaculaires. Henri a perdu l'appétit et avait de la difficulté à s'endormir (des effets secondaires courants du traitement de l'hyperactivité). On continua à lui administrer du Ritalin en augmentant périodiquement les doses au fur et à mesure qu'il vieillissait et grandissait (et qu'il devenait plus mince). Il ne prenait pas de Ritalin les week-ends ou durant les vacances.

Quand Henri passa au secondaire, ses ennuis à l'école s'aggravèrent. En huitième année, il faillit redoubler. Il s'adonnait à la planche à roulettes et était chef d'une bande.

Sa mère conclut que les pauvres résultats scolaires qu'obtenait Henri minaient l'estime qu'il avait de lui-même. Sous les airs macho et *cool* de son fils, elle décela une grande inquiétude. Elle consulta un psychiatre, qui commença à administrer à Henri une longue série d'antidépresseurs.

Au cours des années qui suivirent, des cocktails de divers médicaments furent prescrits et les résultats furent toujours mitigés. Entre-temps, les résultats scolaires d'Henri étaient de plus en plus médiocres. Le garçon avait des problèmes à analyser des textes pour en tirer l'information utile et, dans la plupart des matières, il se sentait désorienté et souvent dépassé. Il fonctionna au ralenti durant une bonne partie de ses études secondaires, se contentant de faire le strict minimum, et il réussit à obtenir son diplôme en terminant dernier de sa classe. Il poursuivit ses études dans une école où on enseignait la cinématographie et la réalisation de vidéos. Il aimait le travail pratique, mais éprouvait des difficultés à lire, à prendre des notes et à passer ses examens en général. Il continua à consommer des pilules pour traiter son TDAH et sa dépression présumés.

Henri ne termina jamais ses études. Ayant besoin d'argent, il décrocha un poste de vendeur dans un magasin d'accessoires électroniques géré par le père d'un ami. Ce travail semblait tomber du ciel. Henri avait toujours aimé bricoler son lecteur de CD et réparer des appareils, et il avait toujours été attiré à l'école par les cours pratiques de haute technologie. Il vaquait à ses occupations avec plus de sérieux et de détermination qu'il n'en avait jamais montré dans le passé. Il était vraiment intéressé par les produits qu'il vendait et il aimait rencontrer les clients. Le travail semblait fait sur mesure pour lui mais, après six mois, il fur remercié de ses services. Malgré des avertissements répétés, il induisait les clients en erreur parce qu'il avait mal compris certaines fonctions-clés des produits qu'il vendait, des fonctions qu'on lui avait pourtant expliquées à plusieurs reprises pendant les séances de formation du personnel et les séances d'information hebdomadaires. Henri avait relu les manuels qu'on lui avait demandé de ramener à la maison pour en faire l'étude. Il avait une vision d'ensemble des produits et pensait qu'il pourrait s'en sortir sans se soucier des détails. Il avait tendance à mal interpréter ce que ses clients lui demandaient, et la direction décida que son incompétence était coûteuse pour le magasin. Le volume des ventes réalisées par Henri était nettement inférieur à celui des autres vendeurs. Pendant les trois années suivantes, le jeune homme occupa plusieurs autres emplois, tous dans la vente d'électroménagers et de matériel électronique, avec les mêmes résultats.

En examinant des échantillons de son travail scolaire et en prenant connaissance des commentaires de ses enseignants, j'ai eu la possibilité d'amalgamer les fragments de son histoire. Il était évident qu'Henri avait de la difficulté à comprendre rapidement et exactement ce qu'on lui disait — une compétence essentielle pour réussir tant à l'école que dans la vente. Quand il était très jeune, il réagissait comme le font plusieurs élèves souffrant de problèmes langagiers : il faisait la sourde oreille, s'éloignait, devenait agité et distrait lorsqu'un enseignant parlait. En outre, comme plusieurs autres individus aux capacités verbales sous-développées, Henri éprouvait des problèmes persistants en ce qui concerne la compréhension de texte et l'orthographe. Les adultes continuaient à mettre l'accent sur son inattention et son anxiété, qui sont en fait deux complications secondaires d'un sérieux problème de traitement du langage. Henri n'a jamais reçu d'aide afin d'améliorer sa compréhension de la langue, et il a grandi en se disant et en disant à tout le monde qu'il rencontrait : « J'ai un TDAH. » Il ignorait comment exploiter sa dextérité, par exemple son habileté à réparer un lecteur CD ou à faire fonctionner une caméra vidéo. Au lieu de développer ses forces dans le domaine non verbal, il occupa des emplois dans la vente qui exigeaient que l'on comprenne bien la langue, que l'on puisse s'exprimer clairement et que l'on ait des bonnes compétences en lecture. L'emploi d'une étiquette, par exemple TDAH, empêche beaucoup trop souvent les individus de jeter un regard plus lucide sur un enfant ou sur eux-mêmes. On étiquette l'enfant comme si on le déposait dans un coffre-fort blindé. Henri a dû naviguer pendant les premières années de sa vie active avec un important déficit langagier qui hypothéquait lourdement ses chances de réussir et qu'il n'a jamais compris.

Lorsque les enfants grandissent, ils doivent pouvoir connaître exactement les domaines dans lesquels ils éprouvent des problèmes et ce qu'ils peuvent faire pour y remédier. Nous pouvons démystifier ces problèmes en disant quelque chose comme ceci : « Leslie, il y a deux domaines sur lesquels vous devez travailler, mais le problème peut être réglé. » Une telle explication cultive l'optimisme et la motivation. S'ils ne se connaissent pas eux-mêmes, des individus comme Joel et Henri ne pourront qu'entrevoir le pire et abandonner tout espoir.

UNE SOCIABILITÉ INSUFFISAMMENT DÉVELOPPÉE

Les déficits sur le plan développemental ne ressortent pas uniquement avec les échecs scolaires. L'école et le monde du travail exigent que l'on fasse un bon nombre de prouesses sociales, et certains jeunes semblent incapables de décrocher leur diplôme sur la scène des relations interpersonnelles. Il leur manque certaines des qualités nécessaires pour agir correctement, pour fonctionner adéquatement et pour utiliser un langage convenable avec leurs pairs, et parfois aussi avec des adultes. Leurs camarades de classe peuvent sortir de leurs gonds et les exclure. Certains de ces jeunes deviennent intimidés, d'autres se renferment sur eux-mêmes et d'autres encore optent pour l'agressivité. Si leurs maladresses en société sont ignorées, ces jeunes risquent d'entrer dans le monde adulte en ne sachant pratiquement pas comment se comporter et communiquer afin de gagner le respect des collègues et des employeurs. Ils ont un sérieux déficit psychologique en ce qui concerne leur vie sociale et leur vie au travail.

Certains individus qui présentent des difficultés dans leurs relations avec leurs semblables ont des difficultés à

communiquer verbalement d'une façon constructive (p
tandis que d'autres manquent des importants ingrédie
non verbaux qui permettent de bâtir et d'entretenir des
relations. Les compétences non verbales se rapportent aux
habiletés nécessaires pour interpréter les rétroactions sociales
(comme la lecture des expressions du visage et des gestes des
mains), à la capacité de se mouvoir à travers l'espace sans
envahir l'espace des autres, d'avoir un comportement
socialement acceptable et de réprimer les tendances agres-
sives. Les individus atteints de dysfonctionnements sociaux
sont particulièrement vulnérables quand ils choisissent une
profession où un haut niveau d'interaction constitue une
partie essentielle du travail. Le développement de ces
habiletés sera traité au chapitre 10.

LA FIN DES TOURS GRATUITS

Certains étudiants parviennent à traverser toutes leurs
années scolaires en ne faisant qu'un minimum d'effort.
Comme une mère me l'a fait remarquer : « Nathaniel réussit
à obtenir de bonnes notes sans déployer beaucoup d'effort.
Il n'a pas une once d'ambition ou de motivation, mais vous
ne le devineriez jamais en jetant un coup d'œil à son bulletin
scolaire. Il obtient des notes convenables sans presque
travailler. Il réussit très bien lorsqu'il passe ses examens ;
c'est si naturel pour lui. Je ne peux pas vraiment le critiquer ;
mon fils n'échoue pas. Cependant, il manque certainement
quelque chose à son éducation. »

Je pense que je sais ce qui manque à cette éducation.
Nathaniel n'apprend pas comment stimuler sa pensée et
faire preuve de rigueur dans un travail intellectuel, ce qui
l'expose à toutes sortes de malheurs pendant les premières
années de la vie active. Il n'a pas acquis d'habitudes de
travail, la capacité à retarder la satisfaction, à canaliser ses
énergies et à s'engager dans un travail de longue haleine. Il
a suffisamment d'instinct et d'intuition pour battre le
système scolaire et ramener à la maison des bulletins scolaires

acceptables. Est-ce que ça fonctionnera au travail ? Nathaniel pourra-t-il réussir dans les affaires sans vraiment faire d'efforts ? Qui vivra verra. Il est cependant risqué d'entrer dans la vie active sans avoir développé de bonnes habitudes de travail, sans avoir adopté un rythme et une éthique de travail. Une incapacité à travailler représente un lourd déficit développemental pour plusieurs adultes qui entrent dans la vie active. Ces derniers veulent aller vite et s'attendent à arriver au sommet sans avoir à travailler très durement. Puisqu'ils ont été capables de réussir dans le passé sans faire d'efforts, il peut être difficile de les convaincre du besoin de penser différemment alors qu'ils gravissent les échelons d'une carrière. Nathaniel doit être mis en garde contre ce danger, et il peut tenir compte ou non de cet avertissement. Certains jeunes doivent toucher le fond à l'âge de vingt-deux ou de vingt-six ans avant de se rendre compte qu'il n'y a pas de tours gratuits dans le monde du travail !

DES TRAITS DE PERSONNALITÉ IGNORÉS

Certains traits de personnalité, que l'on pourrait qualifier d'importants et de durables, peuvent être négligés en dépit du fait qu'ils exerceront probablement une grande influence sur l'avenir d'un invidivu. Dans le domaine de la pédiatrie, il y a eu un intérêt énorme pour les modèles de tempéra-ment, les styles de comportement qui peuvent être observés dans la petite enfance et demeurer stables pendant plusieurs années. Le docteur William Carey et ses collègues décrivent certains bébés comme étant retirés et timides, d'autres comme étant lents à se réchauffer au contact des autres et d'autres encore comme étant exigeants et réagissant avec exagération. De telles caractéristiques semblent faire partie de la nature de ces individus. La timidité, le grégarisme, l'altruisme, l'empathie et l'impétuosité font partie de l'éven-tail de modèles qui peuvent former la base d'une person-nalité en développement. Une grande diversité de ces traits peut se retrouver dans une famille. Dire « Je connais vraiment cet enfant » signifie en partie qu'on peut en décrire les traits d'une manière cohérente. Au fil du temps, ces traits ont des implications énormes dans le choix des activités de loisirs, du champ des études et ultimement de la vocation.

L'insatiabilité, un trait très particulier chez certains individus tout au cours de l'existence, peut illustrer le drame des traits de personnalité ignorés. À titre de clinicien, j'ai rencontré de nombreux patients dont l'insatiabilité chronique remontait aux premiers mois de la vie. Ces gens vont probablement manifester une partie ou la totalité des tendances énumérées ci-après :

> Agitation fréquente et extrême ;
> Sentiments d'ennui souvent récurrents ;
> Besoin implacable d'expériences très stimulantes ;
> Difficulté à retarder la satisfaction ;
> Comportement à risque (particulièrement pendant l'adolescence) ;
> Appétit extrême pour les biens matériels ;
> Comportement provocateur destiné à « envenimer les choses » ;
> Difficulté à obtenir de bons résultats dans un environnement sans intérêt pour eux (par exemple, dans beaucoup de salles de classe).

L'insatiabilité est un trait de caractère courant et elle exerce ses ravages chez les parents, les frères et sœurs, les éducateurs, au sein du système judiciaire et, bien sûr, chez les victimes elles-mêmes. Comme tant d'autres traits chez l'être humain, l'insatiabilité est une arme à deux tranchants. Elle peut se transformer en ambition qui se transportera dans la vie adulte. En fait, l'insatiabilité est un thème récurrent dans la vie de certains entrepreneurs aux succès éclatants et d'individus qui se sont faits eux-mêmes. Cependant, ce trait peut aussi amener un certain nombre de comportements autodestructeurs. Le problème est que l'insatiabilité est rarement identifiée de manière spécifique et traitée. En particulier, les parents peuvent être trop près de celle de leur enfant pour la voir.

Walker est le troisième fils d'un peintre en bâtiments et d'une éducatrice en maternelle. Lorsqu'il était petit, sa mère le décrivait souvent comme l'enfant le plus difficile du monde. Il criait sans arrêt et a souffert de coliques pendant toute la petite enfance. Souvent, il semblait affamé, mais le nourrir ne suffisait pas à le calmer. Il y avait deux choses particulièrement épouvantables : il geignait sans cesse et réclamait constamment des choses. Quand il entra à l'école primaire, Walker développa des problèmes de comportement importants. Un enseignant à l'école primaire le décrivit comme un « provocateur » (comme un fauteur de troubles). Le garçon aimait envenimer les choses, particulièrement quand la classe semblait calme. Il démontrait une nette aversion pour l'équanimité. Il se faisait constamment admonester et punir. Hébétés, ses parents recevaient des mots de l'école leur rapportant les dernières frasques et outrances de leur fils. Or, les professeurs de Walker le décrivaient invariablement comme « un garçon très doux » ne présentant pas une once d'hostilité ou d'agressivité. Ses intentions n'étaient pas hostiles ; cependant, elles ne l'empêchaient pas de continuer à tirer des boulettes de papier inoffensives et à lancer des avions en papier sur les autres élèves, à laisser échapper des expressions indécentes au cours de sérieuses discussions en classe, ou à sauter comme un kangourou devant ses camarades de classe lorsqu'il faisait la queue à la cafétéria (il semblait être obsédé par l'idée d'être le premier dans la file). Il semblait ainsi se délecter des réactions de fureur qu'il provoquait après ses actions ou ses déclarations inacceptables.

Lorsque Walter a fréquenté l'école élémentaire, son intelligence et ses capacités verbales particulièrement développées lui ont permis de rapporter des bulletins scolaires honorables à la maison. Par contre, à l'adolescence, ses résultats scolaires furent beaucoup moins brillants. Il multiplia les provocations. Il fit partie d'un groupe d'adolescents asociaux, devint effrontément malin et impudent, et répudia presque sa famille ; de plus, il fut aux prises avec des problèmes de drogues et d'alcool. Finalement, il suivit un programme de réadaptation et termina ses études secondaires, obtenant une équivalence de diplôme. Puis il occupa divers emplois. Il vendit des parements en vinyle, fut chauffeur de limousine et apprenti chef pâtissier mais, chaque fois, il finissait par s'ennuyer et ne tenait plus en place. Ses absences étaient nombreuses et il se faisait congédier. Il semblait que tout travail qu'il effectuait le faisait rêver à d'autres activités qu'il aurait préféré faire. C'était son insatiabilité qui se manifestait avec force. Ses relations avec les femmes étaient toutes des histoires d'amour très intenses, mais elles étaient très brèves. Sa vie n'allait nulle part.

Walker n'entendit jamais le mot *insatiabilité* en grandissant. Si ses problèmes avaient été démystifiés, des stratégies auraient pu être développées pour satisfaire ses appétits d'une manière moins autodestructrice. Il aurait pu s'agir de loisirs stimulants, de collections (de roches, de cartes, de modèles réduits de bateaux et de fusées, ou autres), et on aurait pu lui apprendre à plusieurs occasions qu'il est nécessaire de poser certaines limites à ses appétits et de retarder la satisfaction.

La vie de Walker respectait un scénario assez extrême, mais fort répandu, celui de jeunes adultes insatiables toujours à la recherche de nouveaux biens de consommation, qui ont un besoin maladif de nouvelles stimulations de plus en plus grisantes et qui sont incapables de se fixer des objectifs ou d'avoir des projets.

Je crois que nous voyons un nombre croissant d'enfants et de jeunes adultes insatiables parce que nous vivons dans une culture qui favorise le développement de ce trait de caractère en offrant de nombreuses sources de satisfaction instantanées. Dans notre société, un jeune n'a pas à attendre trop longtemps pour obtenir quoi que ce soit. Les intrigues télévisées trouvent leur solution en quelques minutes et les jeux électroniques procurent des satisfactions à la vitesse de l'éclair. Même la restauration est rapide. Et vous n'avez pas à avoir beaucoup de patience et de persévérance pour apprécier la ligne mélodique d'un morceau de musique populaire : c'est court et répétitif !

L'insatiabilité a trois formes fondamentales : matérielle (un appétit matériel permanent, une incapacité à fonctionner jusqu'à ce que vous obteniez ce que vous désirez), expérientielle (un besoin de stimulation intense — comme dans le cas de Walker) et sociale (un désir incessant et insatiable de relations). Chez certains enfants et adultes, toutes ces formes sont présentes ; chez plusieurs autres, une seule existe.

Les filles et certains garçons peuvent se montrer moins insatiables. Deanna faisait partie de cette dernière catégorie. Elle excellait dans les matières scolaires et dans les sports, mais s'ennuyait et ne pouvait rester en place à l'école. Elle devint une gymnaste étoile au secondaire mais, au faîte de sa gloire, elle quitta l'équipe et connut les mêmes succès au hockey sur gazon et au soccer. En dixième année, élue présidente de sa classe, elle fit montre d'un leadership ingénieux et innovateur. Puis elle fit le vœu de ne plus jamais présenter sa candidature à ce poste. Toujours en dixième année, elle reçut un A en anglais dans une classe enrichie, un honneur peu commun, mais prétendit que le cours était « totalement ennuyeux » et refusa de suivre d'autres cours dans des programmes enrichis. Souvent, elle participait à des activités, y excellait, puis s'en désintéressait. Deanna n'entretenait aucune relation durable avec qui que ce soit ; elle semblait cependant aimer les gens. C'est comme si ces derniers étaient des coquillages et qu'elle les collectionnait. Elle semblait parfois utiliser ses amis pour vivre des expériences intenses — des virées en voiture à toute vitesse, plus tard des soûleries et des expériences périodiques avec certaines drogues dangereuses.

Deanna réussit exceptionnellement bien son test d'aptitude aux études et fut acceptée dans une université prestigieuse. Pendant ses deux premières années, elle se distingua
chaque semestre grâce à sa moyenne supérieure à A — en
dépit du fait qu'elle prenait de loin beaucoup plus de plaisir à
fréquenter son association d'étudiants qu'à faire ses travaux
scolaires. Or, elle fut incapable de choisir une concentration ;
aucun cours ne lui semblait suffisamment excitant. Sans le
moindre préavis, choquant ses parents qui la soutenaient
et qui faisaient preuve d'ouverture d'esprit, elle s'absenta
temporairement de l'université, pour ne jamais y retourner.

Deanna travaille maintenant comme serveuse dans le bar
d'un hôtel très chic, et souvent elle ne peut demeurer
en place et s'y ennuie. Elle ne tire ses satisfactions que de
deux sources : préparer ses vacances, qu'elle passe avec des
amis dans des endroits exotiques ; faire la fête en ville en
compagnie de sa bande de copains après le boulot. Ces
derniers temps, elle a suivi les enseignements d'un gourou
car elle cherche « les formes les plus hautes de la spiritualité », un domaine pour lequel elle se passionne. Elle affirme
que tout se mettra en place pour elle quand elle découvrira
la vérité authentique, le sens profond de la vie. Elle se
cherche, même si cette quête est mal définie. L'idée de poursuivre ses études ou d'avoir un emploi de bureau lui
répugne. À l'âge de vingt-cinq ans, elle informe ses parents
bouleversés et déconcertés qu'elle se sent dans la vie comme
si elle conduisait un dix-huit roues dans le noir et sur une
pente raide sans phares. Bien sûr, elle dut admettre qu'une
part d'elle-même adorait cette vie aventureuse et dangereuse
sans pour autant savoir où cette dernière l'entraînait. Récemment, Deanna a accumulé de lourdes dettes — les dettes
vont souvent de pair avec les déficits psychologiques —,
étant incapable de résister à la tentation de gaspiller. Le fait
de dépenser beaucoup d'argent a été l'un des remèdes
inconscients à son insatiabilité.

Comme Walker, Deanna n'est pas consciente de son problème d'insatiabilité et, jusqu'à ce jour, elle n'a pas eu la chance de contrôler ce trait de caractère.

Forces et affinités sous-alimentées

Les atouts négligés peuvent contribuer à diminuer un individu. Imaginez une personne qui ne peut pas payer ses factures parce qu'elle ignore combien d'argent elle a en banque. Tous les enfants possèdent de précieux atouts et des penchants naturels. Or, que se passera-t-il si un enfant ne cultive pas les forces neurodéveloppementales qu'il possède ? si un talent latent demeure à jamais inexploité ? si les centres d'intérêt qui sont naturellement forts chez un enfant sont étouffés, considérés comme illégitimes ou dévalués par le monde des adultes ? Le résultat sera probablement que la personne devra se résoudre à faire une entrée très tardive dans la vie adulte.

Prenons par exemple tous ces étudiants des écoles publiques qui ont des difficultés langagières et qui sont condamnés à faire d'importants efforts pour pouvoir lire couramment, épeler correctement et écrire sans faire trop de fautes. Plusieurs d'entre eux sont doués dans le champ de l'intelligence non verbale. Ils ont une perception visuelle exceptionnelle et peuvent découvrir une logique dans des rapports spatiaux qui sont apparemment chaotiques. Ils peuvent être des artistes compétents ou des artisans adroits, être doués pour la construction et la réparation de gadgets et d'appareils. Leurs résultats à l'école manquent habituellement d'éclat, et certains échouent. Plusieurs autres perdent confiance en leurs moyens, mais la plupart des étudiants qui éprouvent ce genre de difficultés sont, à tout le moins, privés de la possibilité de se développer en fonction de leur intelligence spatiale remarquable. Avant même d'entreprendre leurs premières années de vie active, un nombre alarmant de ces jeunes ont abandonné l'école, perdu toute motivation, dû revoir à la baisse leurs ambitions et, dans certains cas, se sont retrouvés en prison. Ces individus, qui ont souffert d'une forme de déficit psychologique, n'ont jamais pu se servir de leurs atouts. Ce genre de situation peut certainement être évité. Les écoles doivent connaître les profils neurodéveloppementaux de tous leurs étudiants et s'assurer que chacun d'eux ait la possibilité de construire sur ses propres forces et de tirer une fierté de l'utilisation de celles-ci. Actuellement, nous semblons de plus en plus nous éloigner de cet objectif.

Pendant que les jeunes grandissent, nous devons prendre très sérieusement en compte leurs intérêts émergents, ce que j'appelle les passions à contenu. Les centres d'intérêt doivent être cultivés. C'est une partie essentielle du parentage et de l'enseignement de répondre positivement à un enfant qui manifeste à maintes reprises un fort intérêt pour un domaine en particulier, qu'il s'agisse de camionnettes, de chats, d'oiseaux aquatiques, de vêtements, de design ou de théâtre. Les centres d'intérêt devraient se développer dans les domaines où les individus ont une expertise et des passions. Ils peuvent donner aux jeunes un sentiment d'identité et une orientation pendant que ces derniers progressent vers l'âge adulte. Ils peuvent aussi accroître les compétences ; la meilleure façon d'apprendre à lire et à écrire est de lire et d'écrire sur des choses que vous connaissez et pour lesquelles vous vous passionnez.

Trop souvent, les passions d'un enfant sont étouffées ou ignorées, surtout lorsque les préférences de ce dernier diffèrent résolument des goûts ou des valeurs de ses parents. Cependant, une mère ou un père ne peut pas programmer complètement les goûts d'un enfant. Les parents doivent répondre à ce qu'ils voient dans chacun de leurs enfants.

Je me rappelle d'un adolescent du nom de Bret qui avait toujours été passionné par les voitures. À seize ans, seuls semblaient l'intéresser les moteurs de voiture, particulièrement ceux qui avaient besoin de grosses réparations. Les week-ends, il peinait pendant des heures avec son voisin de dix-neuf ans pour remettre à neuf une Mustang qui avait perdu sa prime jeunesse. Le père de Bret était le PDG d'une entreprise de fabrication de meubles en Caroline du Nord et sa mère s'impliquait beaucoup dans des activités philanthropiques de la communauté. La plus jeune sœur de Bret était le prototype de la débutante. Bret était loin d'être un étudiant ou un athlète remarquable, et de correspondre à ce que son père attendait d'un fils unique. Son père aurait aimé l'asseoir fièrement sur le siège de sa Mercedes et l'emmener au club de loisirs pour le présenter à ses amis : malheureusement, la plupart du temps, Bret était barbouillé de graisse et avait à la main une clé recouverte d'huile.

Le père de Bret ne s'intéressait pas du tout aux voitures et semblait éviter son fils chaque fois que ce dernier essayait d'aborder le sujet. Bret fut sérieusement désenchanté lorsque son père acheta une nouvelle Mercedes sans même le consulter (un exemple d'insensibilité extrême, je pense). Autrement dit, ses parents n'ont jamais encouragé sa passion pour les voitures. Ils travaillèrent de concert pour décourager leur fils de devenir « un péquenot et un crétin ». Bret refusa de prendre des leçons de golf, de danse ou de saxophone. Il avait tendance à socialiser avec les garçons du coin qui partageaient sa passion pour les voitures. Tous ces garçons provenaient de familles défavorisées, ce qui embarrassait sans doute les parents de Bret.

Malgré les efforts énergiques de ses parents et l'intervention de deux psychiatres qui essayèrent de refaçonner sa personnalité à l'aide d'une médication, Bret abandonna l'école en douzième année. Le garçon était manifestement devenu indocile. Ce qu'il y avait d'encore plus tragique, c'est qu'il était sur le point d'entrer dans la vie active. Bret ne s'aimait pas beaucoup. Il avait une faible estime de lui-même. Il était débiteur sur le plan psychologique — la belle affaire. Privé de l'affection dont il avait tellement besoin pour se développer, d'une multiplicité d'expériences et, en fin de compte, de la possibilité de se servir dans la vie active des connaissances qu'il avait acquises, il vit sa passion pour les voitures s'estomper.

CONTINUER À AMÉLIORER SA SITUATION

Les déficits psychologiques ont un coût. Notre société dépense des sommes d'argent énormes sous forme d'allocations de chômage, de services de santé mentale, de services correctionnels, et de formation de personnel. Plusieurs de ces dépenses peuvent être vues comme un moyen de compenser les déficits psychologiques. Beaucoup d'adultes nécessitant un soutien coûteux sont des individus qui ne se sont pas bien adaptés à la société parce qu'ils ont été incapables de comprendre leurs propres dysfonctionnements et d'exploiter leurs forces de manière constructive. Ils peuvent n'avoir aucune prise sur leurs faiblesses ou sur la façon de composer avec elles. Ils peuvent ne pas voir tout le potentiel de leurs forces ou ignorer comment mettre ces dernières à contribution.

Tous les types de caractère individuel représentent des actifs au sens financier du terme. Chaque individu dispose de suffisamment de ressources en lui pour relever les premiers défis qui se présentent au début d'une vie active. Au moins la moitié de la bataille est gagnée lorsque nous connaissons le profil complet d'un enfant ou d'un adolescent et lorsque nous pouvons établir la démarche selon laquelle ses traits de personnalité se développeront probablement au cours des premières années de la vie active et par la suite. Ainsi, cet individu pourra vivre de manière authentique et se sentir à l'aise avec ce qu'il est en train de devenir.

DEUXIÈME PARTIE

LES FAÇONS
DE GRANDIR

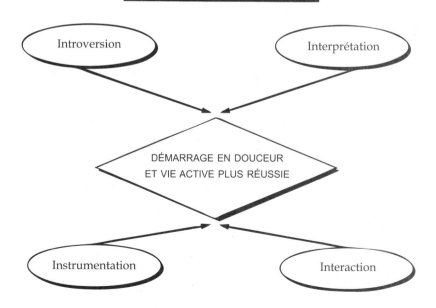

LES PROCESSUS
DE CROISSANCE :
LES QUATRE /

Introversion

Interprétation

DÉMARRAGE EN DOUCEUR
ET VIE ACTIVE PLUS RÉUSSIE

Instrumentation

Interaction

La deuxième partie de cet ouvrage est axée sur le développement psychologique pendant les années de formation qui précèdent la vie active et qui y préparent. Le chapitre 6 énumère plusieurs exemples de transition réussie de l'école à la vie active au cours des premières années de la vie adulte, suggérant ainsi des explications à l'excellente préparation de certains individus. Les quatre chapitres suivants examinent les douze processus de croissance. Chacun de ces chapitres traite de trois processus de croissance qui constituent l'un des quatre I — introversion, interprétation, instrumentation et interaction.

6

DÉBUTANTS DOUÉS

Prendre un bon départ

Si vous faites partie des quelques individus privilégiés qui savent dès leur enfance ce qu'ils veulent faire comme métier ou profession, une prise de conscience hâtive de cet état de fait et l'accès à des cours qui stimulent votre intérêt et qui vous apprennent en quoi consistera votre travail constituent des facteurs qui vous seront grandement bénéfiques. Cependant, cette affirmation touche moins de un pour cent des individus entre l'âge de seize et vingt-cinq ans.

D.M., 29 ans

Heureusement, bon nombre d'individus s'engagent dans la vie active en étant bien préparés, car ils ont su naviguer habilement pendant la période de transition de l'école au monde du travail, et ce, sans être dominés par leur ego. Comprendre comment ces jeunes ont réussi cette transition est d'une valeur inestimable lorsque vient le temps de songer aux façons d'améliorer le sort de ceux qui ne sont pas suffisamment préparés à entrer dans la vie active.

LES MULTIPLES FACETTES DE LA PRÉPARATION À LA VIE ACTIVE

Le fait d'être prêt à faire face aux exigences du monde du travail au début de l'âge adulte ne garantit aucunement des décennies de stabilité ou de navigation tranquille. Plusieurs individus changent d'emploi et modifient leur carrière au cours des premières années de leur vie active (et après aussi). Certains changent même totalement d'orientation ! Ces transitions ne sont pas toutes mauvaises. En fait, tant et aussi longtemps que ces changements stratégiques permettent à un individu de comprendre ce qu'il est et ce qu'il n'est pas, ils sont sains et constituent des expériences qui façonnent une vie. Un individu peut quitter un travail sans avoir à renier cette expérience ou à la dénigrer ; il s'agissait d'un apprentissage qui donne de l'intérêt et de la couleur à l'existence. Par ailleurs, un problème surgit lorsque le fait de quitter un travail se transforme en expérience traumatisante, ou si à chaque changement d'orientation on estime que l'on fuit une prison. Les premières années de vie active peuvent être également gâchées lorsqu'un individu refuse de faire les changements qui s'imposent pour améliorer son sort et qu'il se retrouve mécontent dans une position qui devient intenable ou si inconsciemment il a fait un mauvais choix de carrière qui inévitablement se soldera par une fin malheureuse.

Que faire alors pour connaître un bon démarrage dans la vie active, qu'on emprunte la ligne droite ou les méandres ? Examinons le cas de Benny, un jeune adulte dont les efforts pour bien réussir son départ sont méritoires.

Benny a toujours été un individu très actif. À l'école, il travaillait avec la ferveur d'une fourmi charpentière et semblait animé d'un puissant désir de plaire à ses parents, qui le couvraient d'éloges excessifs lorsqu'il réussissait un examen. Enthousiastes, ses parents étaient ses premiers supporteurs. Benny ne parlait pas beaucoup et n'était pas un étudiant remarquable mais, pendant toute son enfance, il fut consciencieux et résilient. Il aimait se donner à fond. Il continuait d'éprouver certains problèmes de lecture et d'orthographe en raison d'un léger problème de phonologie — traitement des sons de la langue — et certaines difficultés à acquérir du vocabulaire, mais il avait de solides résultats en maths. Lorsqu'il éprouvait des difficultés en anglais, en histoire ou dans d'autres matières nécessitant des aptitudes verbales importantes, il demandait toujours de l'aide. Il savait comment obtenir de ses professeurs appréciation et soutien. Benny était très populaire auprès des adultes et il aimait les fréquenter. Il avait toujours une foule d'amis, mais il semblait aussi capable de les choisir ; il était également heureux quand il s'amusait tout seul.

Le garçon était un brillant bédéiste et, dès l'âge de onze ans, il créait ses propres livres. Il pratiquait les sports avec modération, mais il était un bon athlète. Il pouvait aussi réparer à peu près tout ce qui fonctionnait mal à l'intérieur et à l'extérieur de la maison. Ses aptitudes spatiales et mécaniques étaient également remarquables. Le père de Benny, un mécanicien automobile, alimentait les goûts de son fils : ainsi les bandes dessinées de Benny tapissaient les murs de leur grande maison modulaire située dans une région rurale de l'Alabama. Le week-end, le père et le fils se retrouvaient avec bonheur à travailler sur un vieux tacot que le père de Benny remettait en état.

Benny avait des parents dévoués qui jamais n'avaient cessé de croire en lui et qui encourageaient sans répit ses passions pour l'art et la mécanique. Bien que leurs moyens aient été modestes, pendant plusieurs années ils inscrivirent Benny à des cours d'expression artistique pendant les week-ends.

À l'âge de quatorze ans, en partie sur l'insistance de ses parents, Benny travailla après l'école dans un domaine lié à la construction ; il économisa la plus grande partie de ce qu'il gagnait et acheta la camionnette GMC qu'il convoitait. Il admirait son oncle Bert, un entrepreneur qui avait réussi (et qui possédait une puissante et belle camionnette turbo GMC de 375 chevaux-vapeur à quatre roues motrices). Bert, qui était célibataire, prit Benny sous son aile, et le garçon travailla avec son oncle sur des chantiers de construction. Benny était manifestement impressionné lorsqu'il regardait les bâtiments sortir de terre. Le père de Benny disait fréquemment à Bert de faire travailler durement son fils, insistant sur le fait que dans la vie on n'a rien pour rien.

Benny n'est jamais allé à l'université ; il suivit plutôt des cours de plomberie et réussit à passer l'examen de certification de son État à la première tentative. Maintenant âgé de vingt-trois ans, Benny est un gagnant. Après avoir travaillé pour son oncle Bert, il possède sa propre entreprise de plomberie qui emploie trois personnes et qui œuvre dans la construction commerciale. Benny lit et écrit toujours avec difficulté, mais cela ne l'empêche pas d'installer de la plomberie dans de nouveaux immeubles à bureaux et d'être à la tête d'une affaire florissante. Au cours de ses études, Benny a eu des difficultés avec la lecture, l'écriture et l'arithmétique, mais il a réussi à acquérir des « savoirs comportementaux ». Il est un individu responsable et capable de prendre des décisions (page 243), un collaborateur efficace, un dur à la tâche et un vrai leader. D'accord, il aurait très probablement eu des difficultés à passer ses examens de fin d'études dans un bon nombre d'États ! Mais bon !

Au cours de son enfance, Benny était un rêveur qui aimait spéculer au sujet de son avenir. Ses parents l'aimaient, mais ils étaient stricts et très exigeants. Benny a vu ses rêves de jeunesse et son ambition se transformer en esprit d'entreprise. Il aime toujours concevoir des bandes dessinées pendant ses temps libres et il va bientôt se marier avec une fille qu'il a rencontrée à l'école secondaire. Bref, Benny était plus que prêt à faire face aux exigences des premières années de la vie active.

Tout au long de sa vie, Benny a fait beaucoup de bonnes choses ; tout comme ses parents et ses professeurs. Ces gens connaissaient les forces et les faiblesses de l'enfant, et ils se sont assurés que ses dysfonctionnements ne détruisent pas l'estime qu'il avait de lui-même et ne lui enlèvent pas sa motivation. Ils ont cultivé ses forces et ses passions. Ils l'ont aidé à développer sa capacité de travail. Ils étaient ses premiers supporteurs, et Benny a saisi toutes les occasions qui se présentaient sur son chemin pour les rendre fiers de lui. Benny est un individu résilient. Il a compris ses problèmes d'apprentissage et les a attaqués de front et de la bonne façon. Il n'a pas eu honte de demander de l'aide et il s'est débrouillé pour obtenir du soutien. Bien qu'il ait eu des amis et qu'il était un bon sportif, il ne s'est jamais laissé détourner de son objectif. Pendant toute sa jeunesse, Benny a continué à explorer les possibilités qui s'offraient à lui et a tissé de nombreux liens constructifs avec le monde des adultes.

PRENDRE DES DÉCISIONS ADAPTÉES AUX RÉALITÉS DE LA VIE ACTIVE

Décider ce que vous allez faire de votre vie exige que vous assembliez un casse-tête avec un tas de pièces aux formes étranges. Tout d'abord, une personne doit se décider à décider. J'ai connu des jeunes qui renoncent à prendre cette décision. Ils veulent suivre le mouvement. Ils peuvent tirer la plus grande partie de leur plaisir et de leur satisfaction de leurs loisirs. Les types attendent avec impatience le moment où ils pourront jouer au golf, regarder le football du dimanche après-midi, sortir prendre un verre après le travail et goûter aux joies du mariage. Les filles peuvent penser exclusivement à entretenir leurs relations avec leurs proches amis, à élever des enfants proprets et très sympathiques, à avoir une maison immaculée et à faire des économies afin d'envoyer leurs enfants à l'université. Ces gens s'attendent à trouver du travail, et prennent ce qui se présente sur leur route. Ils veulent disposer de suffisamment d'argent pour vivre et élever convenablement une famille. Ils n'ont aucune prétention à la richesse, au pouvoir ou à la célébrité. Je demande habituellement à mes patients adolescents (non pas à un échantillon au hasard, puisque tous ces jeunes ont des difficultés à l'école) : « Êtes-vous ambitieux ? » La majorité d'entre eux hurlent presque avec fierté qu'ils ne le sont pas. Si c'est ce que ces jeunes veulent vraiment dire, ils seront plutôt opportunistes que réfléchis dans leur choix de carrière. D'autres estiment qu'ils doivent libérer davantage de temps afin de réfléchir sur ce qu'ils sont et de faire des choix touchant leur avenir. Ils peuvent voir les premières années de leur vie active comme une étape, un temps de réflexion et de ressourcement qui leur permet d'évaluer les possibilités qui s'offrent à eux. Certains d'entre eux ne sont pas préparés à s'engager dans la vie active et ne s'écartent jamais de ce modèle d'inertie.

Lorsqu'un individu décide de s'engager dans une carrière ou un travail qu'il a choisi en connaissance de cause, il s'engage dans un processus compliqué d'adaptation au monde du travail. Certains jeunes s'engagent dans ce processus à un âge très précoce et certains autres ne le font jamais. J'ai décidé de devenir médecin à l'âge de huit ans, après une période de deux années pendant laquelle je voulais devenir vétérinaire. Choisir une carrière très tôt présente à la fois des avantages et des inconvénients. Lorsque vous vous décidez à un jeune âge, vous avez de plus en plus de difficulté à vous imaginer faire autre chose ; ainsi s'envole votre liberté de choisir ! Par ailleurs, il est plutôt réconfortant quand vous avez neuf ans de savoir ce que vous ferez à trente-neuf.

Goûts, passions et vocations

D'abord, et bien que ce soit banal à dire, les gens devraient vivre leurs passions afin de pouvoir ressentir pendant les premières années de leur vie active qu'ils font quelque chose d'excitant ou qu'ils sont sur le point de le faire. C'est peut-être plus facile à dire qu'à faire, car ce n'est pas tout le monde qui a une idée précise de ce qui l'intéresse. Certains adolescents développent une nouvelle passion tous les cinq jours. D'autres n'ont pas montré le moindre intérêt pour quoi que ce soit en cinq ans. D'autres encore ne s'intéressent qu'au sexe (il n'est pas facile de gagner sa vie en comptant uniquement là-dessus).

Dans son livre *What Should I Do with My Life ?*, Po Bronson affirme : « La véritable recherche est celle qui relève de vos croyances. Lorsque vous vous engagez de tout cœur, les inévitables maux de tête et les difficultés de la vie quotidienne deviennent supportables et ne vous font pas vous détourner de votre engagement. Laissez votre cerveau être le soldat de votre cœur. » En d'autres mots, lorsqu'on est attiré par une cause, on se sent forcé de faire quelque chose, ce qui est sain. Il peut s'agir d'améliorer l'état de l'économie, de construire des automobiles plus économiques, de vaincre l'obésité, de lutter contre la criminalité, ou de découvrir un traitement contre le sida. Avoir une cause à cœur donne l'élan nécessaire pendant les premières années de la vie active, particulièrement lorsque s'ajoutent à cet élan un peu de discipline et de bonnes habitudes de travail. Malheureusement, certains adultes qui s'engagent dans la vie active sont convaincus que le fait de se préoccuper énormément d'un sujet ou de prendre fortement parti en faveur d'une cause est tout ce qu'il faut pour devenir une autorité en la matière. Je me rappelle un garçon de vingt-deux ans qui portait de grosses chaussures de marche. Il était peu vêtu et en sueur, comme peut l'être un randonneur en montagne en pleine activité, et traînait sur ses épaules un sac à dos de trente-cinq kilos qui, selon lui, contenait des articles qui posaient un « grave problème pour l'environnement — la belle affaire ! » J'ai exprimé mon admiration sans réserve pour sa cause, mais j'ai eu l'audace de lui demander s'il avait étudié l'écologie, la géologie ou peut-être l'océanographie. Sur son visage, je pus lire une expression embarrassée. Il semblait perturbé. Je crois qu'il a pensé que je n'étais pas vraiment dans le coup. Il n'avait rien étudié d'autre que la guitare et le culturisme. Il se croyait qualifié pour sauver nos ressources naturelles parce qu'il se sentait interpellé par les problèmes environnementaux et qu'il éprouvait une indignation légitime à l'égard du comportement des hommes. Il manquait des connaissances de base, des compétences et de la crédibilité qui autorisent un individu à contribuer aux changements auxquels il croit. Cette étape est souvent perçue comme ennuyeuse, longue et inutile. Certains jeunes adultes ne peuvent plus avancer dans la vie parce qu'ils décident de la sauter.

Découvrir ce que vous aimez ou ce que vous éprouvez avec force n'est pas toujours de la tarte. Certaines passions et causes sont plus remarquables que d'autres. J'ai encouragé beaucoup d'enfants à faire un retour en arrière et à découvrir les thèmes ou les modèles qui continuent à nourrir leurs intérêts : « Aussi loin que je me souvienne, j'ai toujours aimé les animaux », « Je suis le plus heureux des hommes lorsque je fais des choses au grand air », « La cruauté envers les animaux m'a toujours révolté », « Lorsque j'étais petit, les autres enfants avaient l'habitude de se tourner vers moi quand ils avaient un problème », « Depuis que je suis tout petit, je sens le besoin de m'exécuter devant un auditoire. Je suis un m'as-tu-vu de naissance ; j'ai toujours besoin de retenir toute l'attention. »

Qu'il s'agisse de poissons tropicaux, de céramique, de préparation de pâtisseries, de lecture des journaux, ou d'un coup de main dans un centre de jour, il y aura sûrement un ou plusieurs leitmotivs susceptibles de susciter votre intérêt. Je me souviens d'avoir suivi un cours de littérature américaine à l'université. Barry Marks, mon professeur, nous disait : « Si vous voulez vraiment savoir de quoi parle un roman, vous devez découvrir les thèmes récurrents dans chaque chapitre. Ces thèmes vous permettent de connaître l'intention de l'auteur. » Il en va de même lorsque vous êtes en quête d'une de vos passions : vous devez trouver les thèmes récurrents.

Valeurs au travail
Trouver un travail qui permet de marier passions et vocation n'est qu'une partie de la préparation à la vie active. Les chercheurs en éducation et en psychologie professionnelles ont étudié ce qu'ils appellent les valeurs au travail, c'est-à-dire les éléments qu'un individu aimerait de son travail. Voici certaines des valeurs au travail les plus courantes.

CERTAINES VALEURS AU TRAVAIL ESSENTIELLES

Image

Possibilités d'avancement
Climat qui permet d'être respecté au travail
Chance de pouvoir faire des choses prestigieuses

Indépendance

Probabilité de faire beaucoup d'argent
Être son propre patron
Établir son propre horaire

Qualités au travail

Faire un travail intéressant
Faire un bon usage de ses compétences
Voir les résultats de ses efforts
Faire un travail où ses compétences seront toujours actualisées
Apprendre continuellement de nouvelles choses
Être créatif

Assistance

Occasions de servir les autres et d'être utile
Possibilité de faire des choses utiles et significatives
Chance d'enseigner aux autres ou de les former

Aspects sociaux

Occasions de se faire de nouveaux amis
Rencontrer beaucoup de gens
Chance de travailler dans une atmosphère de compétition

Charge et type de travail

Travail où on n'a pas à s'éreinter
Possibilité de faire beaucoup de travail à la maison
Travail qu'on peut oublier les soirs et le week-end
Travail qui implique des déplacements
Travail qui n'exige pas de s'asseoir constamment à un bureau

À l'adolescence ou peut-être même plus tôt, un jeune peut examiner une liste comme celle-ci et se demander ce qui aura vraiment de l'importance pour lui une fois qu'il sera engagé dans la vie active, et ce, pour établir ses priorités.

L'analyse des valeurs au travail peut aider un adolescent ou un jeune adulte à assumer un aspect-clé du travail, à savoir la manière dont un individu donne un encadrement à sa carrière dans un domaine particulier. Si vous décidez d'étudier la pharmacologie, vous pourriez posséder votre propre commerce, tester des antibiotiques dans le laboratoire d'une société pharmaceutique, être pharmacien chez Wal-Mart, enseigner cette discipline, ajouter un MBA à vos qualifications et poursuivre sur votre lancée en joignant des entreprises pharmaceutiques comme Pfizer ou Merck. Comme je l'ai mentionné plus tôt, lorsque vous êtes jeune, vous pouvez étudier plusieurs sujets et vous intéresser à un éventail plus large de domaines, ce que ne peut faire un adulte. Or, une fois adulte, vous pouvez faire beaucoup de choses de façon consécutive. Par exemple, vous pouvez commencer votre carrière en enseignant la pharmacologie, puis acheter une pharmacie, la vendre un peu plus tard, travailler chez Wal-Mart tout en vous inscrivant à un programme de maîtrise en administration des affaires, pour enfin terminer votre parcours en dirigeant la division « antidépresseurs » d'un géant pharmaceutique.

Les adolescents ont besoin d'être éclairés sur le déroulement d'une carrière. Que leurs premiers engagements visant à donner un cadre à une carrière ne soient qu'un début peut les rassurer ; ces engagements peuvent également les aider à lutter contre les effets paralysants de l'ambivalence au moment du choix d'une carrière (page 24). Les jeunes ont habituellement une vision statique et absurde de ce qu'ils seront une fois adultes. Je me souviens de Beau, un adolescent dont la passion était les chevaux arabes. Étudiant décidément peu consciencieux, il passait tous ses temps libres en Caroline du Nord dans une écurie où il donnait un coup de main à un entraîneur. Ses parents enseignaient à l'université, l'un l'histoire, l'autre la sociologie. C'étaient des gens assez en vue dans leur communauté ; sa mère avait rempli plusieurs mandats à la commission scolaire. Comme cela se produit parfois, ces intellectuels, qui n'avaient jamais tenu une cravache ou pelleté du fumier, étaient ironiquement en décalage par rapport à leur fils, et ce n'était la faute de personne. Son père parla une fois de Beau en le décrivant comme le dernier représentant des garçons de ferme du XVIIIᵉ ou du XIXᵉ siècle, d'une époque révolue. Beau ne voulait rien d'autre que de travailler sur une ferme ou dans un ranch ; il aimait aussi manger dans d'excellents restaurants gastronomiques. Sur ce point, il était un peu en contradiction avec lui-même, mais il m'avoua : « Vous savez, docteur Levine, j'aime plus que tout travailler avec les chevaux, mais je ne veux pas nettoyer les écuries toute ma vie. » Je l'ai assuré qu'il pouvait et devait vivre sa passion sans avoir à passer sa vie entière à nettoyer le crottin de cheval sur ses bottes. Quelqu'un doit faire fonctionner les écuries — un autre être propriétaire de la franchise John Deere ou professeur à l'école d'agronomie de l'État. La vie est évolution, changement et adaptation.

PRÉVOIR CE QUI ARRIVERA

On peut diviser la trajectoire d'une carrière en six étapes distinctes auxquelles les jeunes doivent réfléchir avec soin avant d'entrer dans la vie active. Ces étapes sont génériques ; elles existent pour chaque occupation. Tous les jeunes doivent en apprendre davantage sur les quatre premières étapes et y réfléchir. Ils devraient apprendre comment se déroule chacune de ces étapes, et ce, quel que soit le domaine d'activité qu'ils croient choisir.

Les étapes d'une carrière
---

1. La préparation
2. Le démarrage

3. La mi-carrière
4. Le principal accomplissement
5. Le retrait progressif
6. La retraite

Les jeunes devraient se poser trois questions importantes à propos de chacune des quatre premières étapes : « Qu'exigeront-elles de moi ? Comment vais-je réagir ? Serai-je en mesure de franchir ces étapes ? » (Les cinquième et sixième étapes sont importantes pour beaucoup d'entre nous, mais ne concernent pas les adultes qui entrent dans la vie active.)

Première étape — La préparation

Il y a fort longtemps, avant que j'entreprenne mes études en médecine, alors que j'étais un étudiant très influençable, plusieurs de mes professeurs en science m'avertirent avec sévérité : « Si vous ne pouvez maîtriser la chimie organique, il n'y a aucune chance que vous deveniez médecin. D'abord, vous n'allez probablement pas être admis en médecine et, si vous y arrivez, vous détesterez le domaine. » Dans les faits, je n'ai pas aimé la chimie organique, mais j'adore mon travail en tant que médecin. Je suis très heureux d'avoir ignoré les sombres prédictions de ces messieurs. Je me souviens de plusieurs de mes camarades de classe qui seraient devenus d'excellents médecins pleins de compassion mais qui, malheureusement, ont abandonné leurs études en raison de tels avertissements. J'ai aussi connu plusieurs camarades de classe qui étaient fascinés par les acides, les bases, les esters et les isomères ; cependant, je ne pense pas qu'ils étaient particulièrement faits pour soigner des malades. Les spécialistes de la question qui ne voient pas plus loin que leur nez et qui font la promotion de cette fausse sagesse ignorent tout des étapes d'une carrière et de la façon dont celles-ci se déroulent vraiment. Qui dit que vous devez trouver une formation de base particulièrement agréable pour devenir un vaillant soldat ?

Avant d'entreprendre une vie active, les adolescents doivent avoir une vision suffisamment claire de l'étape préparatoire. Ils devraient réfléchir à cette étape en disposant d'informations de première main, lire à ce sujet, en parler et y réfléchir. Déjà, la moitié du chemin est parcourue ! Cependant, pour la majorité des carrières, il reste l'autre bout de chemin à parcourir. Si un étudiant rêve de devenir psychiatre, devrait-il renoncer à son rêve parce qu'il ne peut pas supporter l'idée de passer ses après-midi dans des laboratoires de biologie à l'université ? Et si un jeune de dix-neuf ans renonce à son rêve de conduire une semi-remorque de dix-huit roues d'est en ouest et d'ouest en est à travers le pays parce qu'il craint de ne pas pouvoir réussir le programme de formation de conducteur de camions ? C'est triste, mais un tel fatalisme est répandu. Les jeunes ont souvent des appréhensions extrêmes pour la première étape. Pour eux, c'est l'apocalypse. Les dures exigences du travail et les possibles échecs finissent par en rattraper certains. Les adultes devraient encourager ces jeunes, les aider à reconnaître que la première étape, contrairement à la vie professionnelle, dure très peu de temps. Cette étape devrait être conçue comme un rite d'initiation, un processus harassant ou un camp d'entraînement professionnel.

Deuxième étape — Le démarrage

Toutes les expériences de vie antérieures convergent vers l'étape du démarrage, la période qui constitue le cœur de ce livre. Le profil actualisé des forces et des faiblesses d'un individu, la formation académique, les dividendes des années d'expérience, les passions effrénées, les compétences acquises et la connaissance de soi sont des éléments qui s'amalgament au cours de cette période décisive de la vie. Les jeunes adultes sont alors contraints de soumettre leur préparation à l'épreuve de la vie active — qu'ils comprennent ou non ce qui se passe.

Les jeunes adultes qui prennent un départ fulgurant dans la vie active sont ceux qui comprennent le mieux ce qu'ils auront à faire pour se montrer à la hauteur, impressionner leurs supérieurs, progresser et trouver du plaisir à faire leur travail. Il a été dit que beaucoup d'étudiants qui réussissent à l'école secondaire ont obtenu du succès parce qu'ils ont maîtrisé le « programme d'études implicite ». Ils ont été en mesure « d'analyser » leurs professeurs, sachant ce qu'il fallait faire pour gagner leur respect et obtenir de bonnes notes. Comme à l'école, tout travail a indiscutablement un programme d'études implicite, certaines règles inexprimées qui concernent la façon de réussir.

Ceux qui se lancent dans une carrière et qui réussissent travaillent dur, communiquent bien, font preuve d'initiative, apprivoisent les politiques organisationnelles et manifestent de l'enthousiasme au travail. Ce sont des individus avec qui on voudrait travailler, et ce, à tous les échelons de la hiérarchie. De plus, ces individus semblent taillés sur mesure pour accomplir leurs tâches. Ils sont au bon endroit au bon moment, et font ce qu'ils ont à faire.

La deuxième étape requiert un peu de patience. Il est fort probable que les promotions en cours de carrière se fassent quelque peu attendre, et il y a des limites à vouloir précipiter les choses. Je rencontre un nombre toujours croissant de jeunes qui veulent sauter les trois premières étapes et arriver tout de suite au sommet de l'échelle. Ils ne sont pas disposés à commencer au bas de cette dernière et à grimper un barreau à la fois. Ils sont aussi présomptueux qu'ambitieux. À vingt et un ans, ils peuvent refuser des offres d'emploi parce que le travail ne semble pas à leur niveau, même si l'organisation pour laquelle ils travailleraient leur offre d'excitantes possibilités d'avancement — mais le temps venu. Ces jeunes ne sont pas conscients de tout ce qu'ils pourraient apprendre au sein d'une entreprise ou d'une institution en commençant au bas de l'échelle. Peut-être font-ils partie d'une génération habituée à la satisfaction instantanée. Peut-être encore se sont-ils préparés en prenant pour modèles des individus qui démarrent au sommet, comme ces chanteurs rock tatoués de signes de dollars et qui se vautrent dans leur gloire médiatique ou ces demis au foot-

ball qui n'ont que vingt-trois ans et qui sont multimillion-
naires. Dans les années 1990, pendant le boom d'Internet, de
jeunes adultes ont créé des entreprises en n'ayant pratiquement pas d'expérience en affaires. Or, la majorité d'entre eux
ont échoué. Le modèle de Bill Gates n'est pas facile à repro-
duire. La volonté de commencer au bas de l'échelle et
d'atteindre le sommet fait partie, bien sûr, du rêve américain.

Dans mon livre *Le mythe de la paresse*, j'ai relaté une
histoire authentique qui vaut la peine d'être reprise dans le
présent contexte. Elle concerne un homme du nom de Bill
Charette, un cameraman avec lequel j'ai travaillé lorsque, en
coopération avec la télévision publique WGBH de Boston,
j'ai créé une vidéothèque sur l'apprentissage. Pendant son
enfance, Bill était attiré par la télévision. Il abandonna l'école
hâtivement et travailla dans des magasins de chaussures,
mais sans beaucoup de satisfaction. Pourtant, il continuait à
aspirer à une carrière comme cameraman à la télévision, plus
particulièrement à la télévision publique. Il prit donc
quelques cours et obtint un diplôme. Hélas, il n'y avait
aucun emploi de cameraman. Un peu désillusionné, Bill
continua à garnir les étagères et à empiler les boîtes dans des
magasins de chaussures jusqu'au jour où un copain lui
montra une petite annonce dans le *Boston Globe*. WGBH
cherchait quelqu'un pour son service du courrier. Bill
postula et obtint ce travail mal payé et se situant à l'échelon
inférieur. Il travailla dur et devint l'employé le plus assidu,
le plus agréable et le plus débrouillard que toute entreprise
rêve d'avoir ! Environ six mois plus tard, WGBH avait un
poste de cameraman à pourvoir. Bill, apprécié de tous à la
station, postula pour le poste et l'obtint. Aujourd'hui, Bill est
l'un des cameramen les plus talentueux et les plus respectés
aux États-Unis dans le domaine du film documentaire. Bill a
accepté de commencer au bas de l'échelle. Il s'était préparé
à retarder le moment de la satisfaction, à supporter les
rigueurs de la deuxième étape.

Troisième étape — La mi-carrière

Beaucoup d'adultes qui s'engagent dans la vie active se mettent dans tous leurs états lorsqu'ils songent à ce que sera leur vie à mi-carrière : « Ne vais-je pas m'ennuyer à mourir ? Est-ce que je vais exécuter les mêmes tâches routinières et ennuyeuses jour après jour ? Une fois que je maîtriserai mon travail, aurai-je encore du plaisir à le faire ? Serai-je pris au piège derrière mon bureau ou dans la cabine de mon camion ? Vais-je travailler sous les ordres de gens qui ne sont pas aussi intelligents ou compétents que moi ? Serai-je perpétuellement sous-payé et sous-estimé ? Serai-je l'objet de discrimination en raison de mon sexe, de ma religion, de ma race ou de mon apparence physique ? » L'angoisse exprimée au sujet de telles perceptions peut être justifiée. Les crises liées à la mi-carrière sont très courantes. Au cours de cette longue étape, les gens sont désillusionnés, épuisés ou ont des sentiments à vif. Qui sait, peut-être est-ce un phénomène normal, un premier signal qu'il est temps de changer de travail.

Les adolescents et les adultes qui entrent dans la vie active doivent savoir que, après dix ou quinze ans, tout travail ou toute occupation peut perdre son attrait et sembler vide de sens. Ce n'est pas la fin du monde ! À mi-carrière, les ouvriers peuvent prendre et prennent souvent de grandes décisions, comme s'ils étaient de retour à l'école secondaire ou à l'université. La biographie d'un individu s'enrichit si elle contient plusieurs chapitres — les années à Dallas, les années dans la haute technologie, les années dans son entreprise, etc. Les adultes qui s'engagent dans la vie active ne devraient donc jamais craindre la troisième étape, mais plutôt être conscients des défis uniques et des occasions qu'elle apporte.

Quatrième étape — Le principal accomplissement

D'après vous, quel sera le niveau d'accomplissement le plus élevé dans votre vie ? À quoi verrez-vous que vous avez réussi et que vous êtes heureux ? Serez-vous en mesure de devenir riche, célèbre, d'être un leader, une personne charitable, un individu qui touchera ses semblables et nouera de solides liens avec eux ? À quoi ressemblera votre vie quotidienne au moment de votre principal accomplissement ? Pour entrevoir ce que sera leur existence une fois qu'ils seront engagés dans la vie active, les jeunes devraient se poser ce genre de questions. Ils devraient visualiser ce qu'il veulent accomplir et ce qu'ils espèrent en tirer. L'ambition se résume à visualiser ce que sera la quatrième étape.

Je crois que les gens sont en mesure de dire quand ils ont atteint la quatrième étape. L'auteur de ce livre en est à cette étape et il en a plein les bras. C'est une période de la vie où vous remplissez les promesses faites dans le passé. Vous accomplissez votre travail et allez aussi loin que vous le pouvez (ou le voulez). C'est votre dernière chance de montrer ce que vous pouvez faire. C'est souvent une période au cours de laquelle les ego sont hypertrophiés et fragiles. L'inquiétude quant au statut professionnel peut atteindre un sommet (de Botton, 2004a). Les jeunes adultes qui entrent dans la vie active doivent se montrer prudents à la quatrième étape et ne pas contrarier leurs patrons ou leurs supérieurs hiérarchiques, car ceux-ci détiennent le pouvoir et pourraient user de représailles. C'est souvent à cette étape qu'ils s'attirent des ennuis en faisant montre d'un orgueil déplacé, en mentant au fisc ou en trompant leur conjoint.

Tout comme les jeunes adultes ont avantage à prévoir les inquiétudes qui pourraient survenir durant la troisième étape, ils doivent regarder en direction de la quatrième étape avec optimisme et décider à quoi ressemblera cette période de leur existence. La décision ne les lie évidemment pas, mais il est toujours utile et sain d'avoir des objectifs. Regarder devant vous en direction de la quatrième étape revient à vous fixer des objectifs à long terme, à établir des priorités qui vous guideront pendant toute votre carrière, à poser une lumière au bout du tunnel. Cette démarche implique que les attentes vous semblent en valoir la peine. Une vision claire de cette étape peut vous propulser à travers les étapes 1 à 3.

UNE ÉTUDE DE CAS PERSONNEL

Dans cette deuxième partie, je voudrais me porter volontaire et présenter une étude de cas personnel, sous la forme d'une brève chronique de mon parcours de pédiatre. Pendant les premières années de ma vie, j'avais un amour profond, une véritable passion pour les animaux, et j'ai découvert que ces derniers étaient également attirés par moi. Ainsi, à six ans, j'ai décidé de devenir médecin pour les chiens une fois que je serais grand (le mot *vétérinaire* contenait une trop grande succession de syllabes pour l'élève moyen de première année que j'étais). Tous les jours, je rapportais à la maison des serpents domestiques, des tortues et d'autres patients blessés, et ma mère me chassait dans la rue. Je lui disais alors que, quand je serais grand, j'aurais tous les animaux que je voudrais, une affirmation à laquelle elle réagissait toujours avec scepticisme.

Quand j'eus presque neuf ans, ma sœur plus âgée rencontra Keith, en tomba amoureuse et l'épousa. Le jeune homme faisait des études en vue de devenir pédiatre et chirurgien. Je me suis accroché à mon nouveau beau-frère comme si j'étais un ruban adhésif ; j'adorais ce type. En conséquence, je décidai de renoncer à soigner les animaux et d'opter pour la médecine.

J'aimais lire des biographies. Comme un voyeur, j'étais fasciné par les gens, particulièrement par ce qui leur arrivait au fil du temps, par les intrigues de leur vie, pour ainsi dire. Je lisais toutes les biographies que je pouvais trouver. J'ai aussi découvert que j'aimais écrire et je suis finalement devenu rédacteur en chef de mon journal à l'école secondaire (en partie parce que j'étais épouvantable dans les sports). Avant de faire ma médecine, j'ai principalement suivi des cours en sciences humaines, en littérature et en philosophie... et le minimum de cours de sciences.

Pendant une bonne partie de mes années à l'école secondaire et à l'université, je passais mes étés à travailler comme conseiller dans un camp de vacances ; ma spécialité était d'emmener des garçons et des filles en expédition dans les montagnes du New Hampshire. La manière dont les individus faisaient face au stress physique et émotionnel lors de leurs randonnées au sommet me fascinait — je faisais pour la première fois l'expérience de la diversité humaine. À l'université, j'ai dirigé une grande organisation de service social appelée Brown Youth Guidance, et nous avons travaillé avec des jeunes dans un centre de services spécialisés du voisinage et dans un hôpital pour enfants perturbés émotionnellement. Nous sommes parfois allés à la montagne avec ces enfants défavorisés.

J'ai eu la chance d'obtenir une bourse Rhodes et, alors que je fréquentais Oxford, je me suis plongé dans l'étude de la philosophie — un sujet à la mode à l'époque. J'étais attiré par l'éthique et l'épistémologie (l'étude de la connaissance — comment nous savons que ce que nous savons est juste, par exemple). Lorsque je suis retourné à la faculté de médecine de Harvard, mon intérêt de longue date pour les enfants d'âge scolaire m'orienta vers la pédiatrie ; de graves problèmes chroniques de motricité fine excluaient toute possibilité de sous-spécialité chirurgicale. J'ai dû exploiter mes connaissances neurodéveloppementales dans le domaine langagier, un domaine où, pour l'essentiel, vous observez, parlez et écoutez. J'ai aussi constaté que j'étais beaucoup plus attiré par les gens qui se tenaient debout que par ceux qui étaient alités. Ainsi, j'ai eu beaucoup de plaisir à travailler avec les patients externes à l'École de médecine, et comme interne et médecin résident à Boston. J'étais davantage fasciné par les gens lorsque ces derniers étaient dans leur contexte familial, scolaire ou communautaire que par les personnes qui étaient allongées dans un lit d'hôpital.

Pendant la guerre du Vietnam, je fus contraint de servir dans la US Air Force en qualité de pédiatre, et je fus détaché sur la base aérienne de Clark dans les Philippines. Pendant que j'étais dans l'armée de l'air, je devins le médecin de l'école : je crois qu'il y avait presque 15 000 enfants sur la base de Clark. J'ai vraiment aimé travailler dans ce milieu et j'ai pu constater la nécessité d'une coopération beaucoup plus étroite entre les domaines de la pédiatrie et de l'éducation. Après deux ans d'affectation outre-mer (les gens appelaient notre bande de médecins conscrits « le secours de Noël »), je suis retourné au Children's Hospital de Boston, pour éventuellement devenir directeur du service des consultations externes. J'ai alors découvert que la plupart des cas qui représentaient les plus grands défis n'étaient pas ceux de jeunes souffrant de maladies courantes, mais ceux d'enfants et d'adolescents qui ne fonctionnaient pas bien, qui souffraient de dysfonctionnements plutôt que de maladies. Souvent, on accusait ces jeunes d'être paresseux ou peu motivés, ou on les étiquetait de lents ou dérangés. J'étais indigné par la manière dont on traitait ces enfants et par le fait que leurs parents étaient injustement blâmés pour ce que vivaient ces jeunes, que je voyais tous comme des victimes innocentes. Je découvrais ma vocation. Cette découverte ressemblait à un merveilleux lever de soleil.

À peu près à cette période, on m'a demandé de contribuer à la rédaction et à la mise en œuvre d'une loi d'enseignement spéciale (chapitre 766) dans le Massachusetts. Plus tard, cette occasion m'a permis de m'impliquer dans le milieu scolaire, ma première passion. Entre autres, la loi interdit d'étiqueter les enfants souffrant de problèmes liés au développement et exige que ces jeunes soient décrits en fonction de leurs besoins plutôt que d'être classifiés dans une catégorie réductrice. Le reste fait partie de l'histoire : je me suis intéressé de plus en plus profondément aux questions touchant à la fois l'éducation et la pédiatrie. J'ai suivi ma passion et, au fil du temps, cette dernière est devenue de plus en plus intéressante !

Qu'y a-t-il à apprendre de l'étude de cas Mel Levine ? Premièrement, elle nous révèle que plusieurs fils tissent la toile d'une vie satisfaisante et bien remplie. Mon intérêt pour les biographies évolua vers une grande préoccupation pour l'étude du développement psychologique des enfants. En fait, chaque fois que j'évalue un jeune, je me sens comme si j'exerçais une certaine influence sur le deuxième chapitre de sa biographie (« Les années scolaires »). Comme pédiatre, j'ai eu tendance à me concentrer sur des enfants d'âge scolaire plutôt que sur des bébés et de jeunes enfants. En d'autres mots, compte tenu de mon parcours, je suis devenu un conseiller dans un camp où j'étais très bien payé ! Comme j'avais de plus en plus affaire à des jeunes qui avaient des problèmes d'apprentissage, j'ai réalisé mon rêve qui consistait à apporter mon aide pour combler le fossé existant entre la médecine et le monde de l'éducation. Aussi, mon intérêt pour la philosophie s'est avéré entièrement pertinent ; les enfants que je rencontre posent beaucoup de questions morales et épistémologiques complexes, y compris celles-ci : « Est-il juste d'étiqueter un individu ou est-ce un moyen non éthique de le dévaloriser ? Que signifient les étiquettes "normal" ou "anormal" ? Quand une variation devient-elle une déviation ? Un individu devrait-il être contraint de faire des choses qu'il ne peut accomplir ? Dans quelles circonstances peut-on punir quelqu'un pour des actes dont il n'est pas responsable en raison de son état ? » La liste de questions pourrait s'allonger indéfiniment. À ce jour, une bonne partie de mon activité pourrait être considérée comme de la philosophie clinique.

Ma carrière m'a aussi permis de nourrir ma passion pour l'écriture. J'ai découvert que celle-ci est mon moyen de penser et d'explorer.

Qu'est-il advenu de mon autre passion, les animaux ? Je vis maintenant à Sanctuary Farm en Caroline du Nord, où Bambi et moi sommes les parents de plus de deux cents oies, d'une douzaine de cygnes, d'une douzaine de paons, d'une vingtaine de faisans et d'espèces liées, de seize ânes géants, d'une mule, d'un cheval, de six chiens et de six chats. Je découvre que je m'intéresse davantage aux fonctions liées au comportement et au développement de toutes ces créatures. Je travaille vraiment à améliorer mes rapports avec ces animaux et à les aider à se développer en tant que membres de la ménagerie. J'ai découvert qu'aucune oie n'a le même profil neurodéveloppemental, et je ne m'attends donc pas à ce que mes oies s'épanouissent de la même façon.

LES RESSOURCES NATURELLES D'UNE GÉNÉRATION

Tout au long de ce livre, je décris les facteurs qui expliquent le manque de préparation à la vie active et ce qui peut être fait pour prévenir ou amoindrir les problèmes qui découlent de ce manque. Cependant, il est important de reconnaître qu'il y a de nombreux individus, comme Benny, dont les parcours sont des réussites. Les adultes de la nouvelle génération qui démarrent dans la vie active se targuent de posséder de nombreux atouts. Plusieurs de ces jeunes maîtrisent parfaitement les nouvelles technologies, ont une grande facilité à utiliser les ordinateurs et les technologies qui y sont associées, lesquels d'ailleurs appartiennent à des secteurs d'activité où la demande de travail est très forte. De plus, de nos jours, les étudiants universitaires et collégiaux montrent une fidélité et un profond respect les uns pour les autres. La majorité d'entre eux ont des valeurs parfaitement éthiques et sont résolument engagés dans la défense des droits de l'homme et le respect des différences. J'ai remarqué à quel point plusieurs nouent entre eux de solides alliances ; ils deviendront sans doute très efficaces lorsque viendra le temps de collaborer au sein d'un groupe pour atteindre d'importants objectifs. Le monde du travail, de plus en plus orienté par l'approche projet, a un besoin urgent de vrais joueurs d'équipe. Cette génération a tant à donner à la société.

Il doit exister un moyen de préparer les enfants et les adolescents afin qu'ils ne souffrent pas à la fin de leurs études d'un manque de préparation à la vie active, et que leur vie professionnelle soit productive et satisfaisante dans un domaine qui leur permette de se réaliser. Personne ne s'attend à ce que les premières années de vie active soient une période de joies et de triomphes sans entraves. Les petites déceptions sont inévitables, mais elles peuvent devenir une source où puiser force et résilience ; cependant, durant ces années, les jeunes adultes ne devraient pas souffrir inutilement ou s'engager sur un chemin susceptible de les conduire à une forme d'autodestruction qui pourrait s'avérer irréversible. Comment maximisons-nous la probabilité qu'une entrée dans la vie active soit réussie ? Dans les chapitres qui suivent, j'explorerai les processus de croissance qui doivent être mis en action bien avant que les jeunes ne parviennent au seuil de la vie active.

7

ÉCOUTER SA VOIX INTÉRIEURE

Approfondir la connaissance de soi

J'aimerais mieux mesurer mon succès par rapport à mes objectifs personnels que par rapport aux réalisations de mes pairs.
C.T., 24 ans

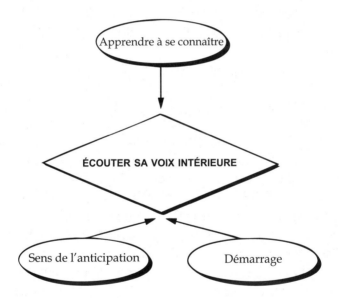

« **Q**ui suis-je ? Que suis-je en train de devenir ? Vers
où je me dirige ? » Ces questions pénétrantes méritent d'être
pondérées, même si on peut y répondre avec beaucoup de
conviction. Il y a encore trop peu d'individus qui se posent
de telles questions avant d'entrer dans la vie active. Un
patient âgé de seize ans m'a dit un jour : « Vous savez,

docteur, je crois que peux dire que je me connais vraiment. »
Après avoir discuté avec lui pendant quelques minutes, j'ai
pu constater à quel point Carson se trompait. Il pensait qu'il
avait de bonnes habiletés sociales alors que, dans les faits, il
était un être très solitaire, et régulièrement exclu des activités
scolaires par ses camarades de classe. De plus, il s'accrochait
à la croyance qu'il excellait en science, ce qui était également
faux. Il avait une moyenne peu impressionnante de soixante-
douze pour cent en biologie.

Le sociologue David Riesman a un jour défini une partie
de notre société comme étant composée de gens « orientés
vers eux-mêmes ». Ces individus possèdent un gyroscope
interne ; ils regardent en eux afin de s'orienter dans la vie. Ils
fondent une bonne partie de leur jugement et de leur orientation sur la connaissance qu'ils ont d'eux-mêmes et sur
leurs valeurs personnelles plutôt que de chercher à imiter
leurs pairs ou à plaire à ces derniers, un comportement que
Riesman qualifie d'« orienté vers les autres ».

Personne n'est totalement orienté vers les autres ou
orienté vers soi ; la plupart des individus utilisent ces deux
points de repère pour prendre des décisions qui influen-
ceront le cours de leur existence. Cependant, je connais
beaucoup de jeunes dont la principale motivation est
d'impressionner les autres. Dans ce processus, ils peuvent
échouer à découvrir leur propre identité et, de ce fait, à
mener une existence qui soit authentique à leurs propres
yeux. Ainsi, la découverte des valeurs qui ont une influence
sur la possibilité de se prendre en main et le peaufinage de
ces dernières constituent les ingrédients nécessaires pour
grandir. La construction d'un système de valeurs personnelles
repose sur trois processus de croissance : apprendre à se
connaître, prévoir et s'outiller pour prendre un bon démarrage.

APPRENDRE À SE CONNAÎTRE

Rien n'est plus difficile que de parvenir à se connaître. Le
travail de la découverte de soi n'est jamais tout à fait achevé ;

une personne se doit de toujours apprendre de nouvelles choses sur son compte. Certains jeunes adultes — les idoles déchues et ceux qui sont pris au piège de l'adolescence — savent à peine qui ils sont. Lorsque j'ai demandé à un étudiant de vingt ans en deuxième année à l'université ce qu'il pensait pouvoir faire le mieux dans sa vie, il m'a répondu : « Pour vous dire la vérité, je n'y ai pas trop pensé. » Alors, je lui ai poliment posé cette question : « Tom, pensez-vous que vous devez y réfléchir ? » Sa réponse fut : « Ouais, probablement, un jour ou l'autre, je suppose. » Cet étudiant avait mené une vie centrée sur les autres et n'avait presque jamais pris le temps de s'analyser. C'était comme s'il avait craint d'être seul avec ses pensées, et il s'arrangeait toujours pour se tenir occupé. Pendant les rares moments qu'il se réservait, il mettait immédiatement la sono à fond et se mettait à danser, comme si la musique lui permettait d'échapper aux tensions et à la possible souffrance de regarder en lui-même, de penser à ce qu'il était et où il allait dans la vie. La musique continue de jouer ; elle a une direction et une structure, même lorsque la vie ne semble mener nulle part. Je vois plusieurs adolescents comme Tom. C'est un modèle répandu dans une culture préoccupée par l'apparence et par le divertissement qui vient combler le vide entre les apparitions sociales — pas de temps, pas de lieu, pas de désir pour l'introspection.

De nombreux jeunes non préparés à entrer dans la vie adulte traînent avec eux une image incomplète, fragmentaire ou fantaisiste d'eux-mêmes, des évaluations peu réalistes de ce qu'ils peuvent ou non accomplir, compte tenu de leurs capacités, de leurs compétences et de leurs traits de caractère dominants.

Prendre conscience d'un profil évolutif
La compréhension qu'un enfant a de lui-même dépend de sa conscience des multiples facettes de son être. L'expérience scolaire devrait être utilisée comme un moyen pour comprendre quelles sont ses forces et ses faiblesses. Le bulletin

scolaire, les examens et les commentaires des enseignants peuvent être des miroirs révélateurs. On devrait aider un étudiant à analyser ses résultats en fonction des forces et des faiblesses que révèlent ces derniers, et ce, dans le cadre d'un profil neurodéveloppemental : « Eva, tu réussis très bien en anglais et en histoire, alors que tu as de la difficulté en science et en maths. Il semble certain que tu relèves mieux les défis dans des matières où la langue et l'écriture tiennent une grande place. »

Demeurer en contact avec ses sentiments et ses humeurs
Les jeunes devraient aussi évaluer leurs humeurs et leurs sentiments. Un adolescent pourrait faire remarquer, par exemple : « Je pense que je réagis de manière excessive à beaucoup de choses », « Je suis un véritable guerrier », « Je suis terriblement désagréable quand je me lève le matin », « Je suis du genre à plaindre les autres — ou même tout animal qui souffre », ou, plus tragique, « Je continue à me demander si ma vie vaut la peine d'être vécue. » Se connaître exige que l'on soit capable de faire son autocritique. La capacité de parler des différents modèles peut aider les jeunes à décider lesquels ils veulent préserver et lesquels ils doivent changer. La chose importante dans tout cela, c'est qu'un jeune ait l'occasion de discuter de ces questions plutôt que de les éviter ou de les garder pour lui.

Percevoir les influences de l'environnement et des valeurs personnelles
Un jeune en développement doit prendre conscience de l'influence continue qu'exerce son entourage sur lui : « Comment ma famille et mon voisinage affectent-ils l'individu que je suis en train de devenir ? », « Quelles sont les valeurs de ma famille et comment influencent-elles la formation de mes propres valeurs ? » Les jeunes devraient se rendre compte que ces influences peuvent être négatives ou positives. Comme un étudiant me l'a dit : « Mes parents ne se soucient que de leur argent et de leur statut social. Rien de

tout ça ne m'intéresse ; j'aime jouer de la musique et rendre les autres heureux. C'est ce que je valorise le plus. » Une fille m'a appris que la dévotion religieuse de sa famille était l'influence la plus importante dans sa vie. Elle m'a dit que de fortes valeurs religieuses joueront un rôle central dans tout ce qu'elle décidera de faire dans la vie. Un enfant parvient à se connaître en étant en osmose avec ses expériences quotidiennes, grâce aux enseignements directs ou indirects qu'il reçoit de ses parents, et en réalisant à quel point il se compare aux autres ou s'en distingue.

Autoévaluation active

Connaître les antécédents ou la toile de fond d'un individu, ses forces, ses faiblesses, ses goûts, et ce qui l'intéresse moins, est d'un grand secours pour tracer un parcours menant vers les premières années de la vie active. Lorsque vous savez ce que vous êtes, il est plus facile et plus réconfortant de savoir ce que vous devez faire. Il est important que la compréhension de sa véritable nature soit explicite et acceptée, plutôt qu'enfouie au fond de soi ou demi-consciente. Les parents et les enseignants doivent encourager cette manière de penser et de discuter, car beaucoup de jeunes n'en font jamais l'expérience. Les discussions en classe, les conversations en voiture et les bavardages à l'heure du coucher peuvent révéler ce qu'un enfant ou un adolescent apprend sur lui-même et ce que cela peut signifier pour l'avenir. Au Highland Park School, à Austin, au Texas, chaque élève de troisième et de quatrième années crée une affiche de son profil neurodéveloppemental et participe à une exposition des réalisations du groupe. Les enfants illustrent leurs présentations avec des images où s'expriment leurs forces, leurs passions et ce qu'ils appellent leurs « défis » ; ils y incluent les domaines où ils ont des faiblesses. Je crois que des activités de ce type devraient avoir lieu dans les écoles sur une base régulière.

Tout comme ces enfants d'Austin, les élèves de la sixième à la neuvième année, et ceux du deuxième cycle du secondaire devraient entamer ce travail d'une vie qui consiste à se construire une conscience de soi en réfléchissant à ses forces, à ses faiblesses, à ses préférences, et à ce que ces caractéristiques peuvent avoir en commun. De plus, ils devraient être éveillés aux tendances qui naissent en eux, par exemple : « Je semble de plus en plus intéressé par la façon dont les gens traitent les autres. » Ce processus de penser peut être mis en branle sans que les jeunes soient soumis à des tests d'aptitude. La compréhension qu'a un jeune de lui-même devrait être sujette à révision tout au cours de l'adolescence. L'objectif est simple : « Je dois arriver à me connaître, en arriver à tout connaître de moi. » Avec une compréhension intérieure accrue, beaucoup moins de jeunes adultes prendront le mauvais chemin. J'engagerais tous les enfants dans un processus informel d'autodescription dès l'élémentaire, bien que certains enseignants préfèrent qu'une telle exploration se fasse plus tôt.

Je crois qu'un inventaire devrait être revu deux ou trois fois par an, particulièrement lorsqu'un étudiant passe au deuxième cycle du secondaire ou au collégial. Un tel inventaire pourrait contenir une liste des forces et des centres d'intérêts pouvant mener à une meilleure compréhension de soi : les domaines où l'enfant ou l'adolescent éprouve le plus de difficultés ; les intérêts qu'il a autant dans le domaine récréatif que dans (intérêts persistants ou récurrents) ; ses traits de caractère et ses valeurs personnelles.Un parent ou un enseignant peut aider un enfant ou un adolescent à s'engager dans la recherche de thèmes récurrents, les tendances biographiques dont j'ai parlé plus tôt. En agissant ainsi, il est important de ne pas étiqueter un individu ; il est plus utile de décrire une personne de façon imagée que de l'enfermer dans une classification contraignante (comme « apprenant visuel » ou « jeune souffrant du syndrome d'Asperger »). Il faut chercher à savoir ce que le jeune tente de communiquer par rapport à lui-même.

Lors de cet inventaire, il est important de faire la distinction entre les centres d'intérêt qui se rapportent aux loisirs et ceux qui touchent les domaines de connaissances ; tous les jeunes devraient être encouragés à cultiver tant les premiers que les seconds. Un intérêt pour les loisirs pourrait se traduire par une passion pour l'acrobatie, les jeux vidéo ou la natation, alors qu'un intérêt pour un domaine de la connaissance pourrait se traduire par une collection de roches et de minéraux, l'étude des reptiles ou des avions. Ce dernier genre d'intérêt peut s'exprimer par la collection de choses et la documentation à l'égard de ces dernières ou le simple plaisir à faire des activités particulières, comme l'aménagement d'un jardin ou l'observation des planètes. Chaque fois que la chose est possible, ces intérêts devraient évoluer et devenir des domaines d'expertise et de passion. Tous les enfants devraient cultiver un ou plusieurs intérêts pour des domaines de la connaissance, s'intéresser à des thèmes ou à des domaines récurrents et apprendre continuellement. De nos jours, lorsqu'on demande à un enfant ce qui l'intéresse, trop souvent ce dernier ne cite qu'une forme de divertissement. Cet enfant peut accumuler certains déficits psychologiques importants (chapitre 5), négliger de développer ses facultés intellectuelles par la collecte de bonnes connaissances dans un domaine où son intérêt est soutenu. Un individu en développement devrait avoir des intérêts à la fois pour les activités de loisirs et les domaines de la connaissance. Bien sûr, dans la recherche de ces centres d'intérêt, il est important que les aspirations des individus évoluent et que, au fil du temps, elles se construisent en fonction des préférences et des sources de plaisir. Cependant, pour beaucoup d'individus très créatifs, les centres d'intérêt demeurent plutôt stables et, au fil du temps, ont une singulière façon de se transformer en passions.

PRÉVOIR

Dans quelle mesure les pensées d'un enfant qui réfléchit à propos de son avenir devraient-elles être présentes dans sa vie ? Y a-t-il un danger à faire des plans pour l'avenir, à trop mettre l'accent sur les études et la carrière aux dépens du plaisir et de la satisfaction personnelle que l'on éprouve comme enfant ? Tout le monde reconnaît que l'enfance doit apporter son lot de joies, que l'enfance et les années d'adolescence devraient être beaucoup plus qu'une simple préparation à l'âge adulte. Néanmoins, les jeunes devraient développer un certain sens de la direction, et avoir un avant-goût de ce qui les attend dans la vie. Le sens de l'anticipation constitue un élément important lorsque vient le moment de décider quel est le bon chemin à prendre dans la vie. À défaut de faire preuve du sens de l'anticipation, les jeunes courent un grand risque d'être mal préparés à la vie active.

Savoir s'orienter

À l'instar d'un capitaine consciencieux qui prend des repères pour conduire son navire lors de la traversée d'un fleuve, nous devrions nous assurer que les jeunes examinent régulièrement les orientations qu'ils prennent. La destination que vous avez choisie reflète ce que vous croyez être. Lorsque les jeunes s'examinent entre eux, ils ont trop souvent une image très déformée d'eux-mêmes. Généralement, l'idée qu'ils se font de leur personne naît d'une comparaison biaisée avec le monde extérieur. Il se comparent à leurs amis, à leurs frères et sœur. En fait, plusieurs influences dans notre société peuvent fortement conditionner les jeunes à vivre entièrement dans le présent. Parmi ces influences, on note les facteurs suivants :

- Les jeunes prennent tant de plaisir à la pratique des sports, à écumer les centres commerciaux, aux vidéos clips et aux jeux qu'ils espèrent que la fête ne se terminera jamais. « J'ai tant de plaisir aujourd'hui, pourquoi devrais-je me préoccuper de l'avenir ? »

- Les biens matériels procurent des plaisirs si intenses que leur acquisition peut devenir le but essentiel de la vie. En pareil cas, l'avenir est perçu purement et simplement comme une chasse à l'argent, comme une chasse pour se procurer les ressources nécessaires à l'acquisition de ce flot continu de nouveaux biens.

- Entrer à l'université peut être une si grande source de stress que les jeunes peuvent commencer à percevoir ce rite de passage comme une fin en soi ; ils n'ont pas besoin de voir plus loin que ce précieux moment où ils ouvrent leur lettre d'acceptation à la faculté. Et bien sûr, il n'est pas nécessaire de bien se connaître pour entrer à l'université.

- Les jeunes peuvent avoir une terrible peur de se démarquer des autres. Les médias les bombardent d'images où on leur montre ce qui est *cool* et ce qui est ringard. Dans leur désir d'adopter une attitude *cool*, les jeunes peuvent ne jamais entrer en eux-mêmes. Ils peuvent s'inquiéter que leurs traits de caractère les empêchent d'être acceptés par leurs pairs, et pour plusieurs d'entre eux rien n'est plus important que d'être accepté par les pairs.

On devrait encourager les enfants et les adolescents à jeter un regard sur leur avenir afin qu'ils puissent se rendre compte qu'il est amusant et utile d'anticiper sur ce que seront les prochaines décennies. Ils devraient comprendre qu'en jouant bien leurs cartes ils pourront, le moment venu, être payés pour faire des choses amusantes !

Une fois que les jeunes ont affiné leur compréhension de ce qu'ils sont, les discussions peuvent se concentrer sur ce que prévoit l'autodescription. Cette discussion peut avoir lieu à l'école ou à la maison — idéalement aux deux endroits. Bien sûr, personne n'engage quelqu'un dans un choix de carrière définitif ; la poursuite de ses propres inclinations ne devrait pas être conçue comme une autoroute sans sorties. À tout moment, les jeunes peuvent bifurquer vers une direction différente, répondant peut-être ainsi à une nouvelle passion. Faire le point est une opération qui permet aux jeunes de se familiariser avec une pratique consistant à regarder devant soi en s'appuyant sur une solide connais-sance de soi : « Voici ce que je suis et voilà la direction vers laquelle je semble me diriger — du moins, pour le moment. »

J'ai vu quelques bons exemples de jeunes qui ont été encouragés à se connaître et à poursuivre des activités qui correspondaient à leurs goûts et à leurs capacités. Un garçon du nom de Tyrone faisait toujours le pitre et, pour cette raison, s'attirait les pires ennuis à l'école. Or, une professeure de septième année a estimé que les bouffonneries que faisait le garçon en classe constituaient en réalité une force. Elle l'a aidé à créer un magazine d'humour et à développer un numéro pour le spectacle annuel de l'école. Quand j'ai rencontré Tyrone, il était en huitième année et m'a expliqué qu'il songeait sérieusement à devenir fantaisiste. Une fille prénommée Kate était, comme beaucoup de préadolescentes de onze ans, préoccupée par ses amis et son corps, mais il s'agissait d'un cas extrême ; elle ne pouvait penser qu'à ces choses-là. À l'école, elle était à son mieux dans les cours en art. Sa mère fit en sorte qu'elle s'intéresse à la conception de robes, et Kate s'y mit vraiment. Deux ou trois années plus tard, lorsque j'ai rencontré Kate, elle m'a dit qu'elle étudiait beaucoup plus sérieusement afin d'être admise dans une école des beaux-arts pour y apprendre à concevoir des vêtements pour femmes. Kate et Tyrone ont tous les deux acquis le sens de l'anticipation, ce qui les motivera même s'ils terminent leurs études dans des domaines qui diffèrent de leurs représentations actuelles. Ils ont développé une vision de l'avenir et du domaine dans lequel ils pourront se réaliser.

J'ai un jour suggéré à une professeure d'anglais de demander à ses étudiants de neuvième année de composer une dissertation intitulée : « Comment ce que je suis et ce que j'ai été peuvent m'apprendre ce que je deviendrai. » Il s'agit là d'une dissertation que tous les étudiants devraient rédiger de temps à autre. Le passage « ce que j'ai été » devrait se composer d'une combinaison d'événements déterminants, d'intérêts constants, de forces (et de lacunes) et de priorités personnelles. La recherche des thèmes récurrents et la réflexion sur leur signification présente et à venir peuvent contribuer à accélérer la préparation à la vie active. Il est utile pour les jeunes de ne pas seulement découvrir les thèmes récurrents, mais aussi d'établir dans leurs propres mots les liens possibles entre le passé, le présent et l'avenir. Comme me l'a confié une fille de treize ans : « J'avais l'habitude d'aimer surtout les chats ; puis ce fut les chevaux. J'aime vraiment les chevaux. J'aime aussi aider ma mère qui a un jardin où elle fait pousser des légumes et des choses comme ça. Et j'aime vraiment, vraiment, notre cours de science cette année. Nous avons étudié la vie des insectes. En y pensant bien, je crois que je m'intéresse réellement à la nature. Peut-être que j'enseignerai la biologie un jour. Autrement, j'aimerais bien travailler dans un zoo ou entraîner des chevaux. »

Un processus cérébral appelé « visualisation » joue ici un rôle essentiel en établissant un lien entre le type d'individu que vous êtes et le travail que vous pourriez effectuer. Les lobes préfrontaux du cerveau sont le quartier général principal de la visualisation (page 252). Connaissant un développement très rapide pendant l'adolescence et les premières années de la vie adulte, ils permettent à l'individu de visualiser, de bien réfléchir et d'anticiper, de regarder en avant, de prévoir les résultats et les conséquences probables, y compris, ce qui est d'une importance cruciale, les conséquences possibles de ses choix. La visualisation vous aide à répondre aux importantes questions commençant par « Et si ». « Et si je dis ceci, qu'est-ce que les gens vont penser de moi ? », « Et si j'agis comme cela, est-ce que j'aurai des ennuis ? », « Et si j'étais chimiste, à quoi ressemblerait ma vie ? » Beaucoup de jeunes adultes n'ont jamais fait preuve de réalisme dans la prévision des conséquences de leurs choix de carrière et ont fini par faire fausse route.

Aligner les forces sur les intérêts

Au chapitre 4, j'ai décrit de jeunes adultes qui peuvent s'être engagés sur de mauvais chemins en raison de l'important fossé qui existe entre leurs capacités et leurs intérêts. Et si un enfant ou un adolescent aime s'engager dans des activités où il n'a aucun don ou s'il est doué dans des domaines pour lesquels il n'éprouve aucun intérêt ? Si une personne mène une carrière qui la passionne mais pour laquelle elle n'a aucune compétence, elle courra droit au désastre. Un mauvais alignement des inclinations et des capacités n'est pas inhabituel. J'ai vu d'innombrables jeunes dont les habiletés motrices n'étaient que peu développées, mais qui aimaient le sport et qui rêvaient de décrocher un contrat dans une ligue professionnelle. J'en ai vu d'autres qui étaient des auteurs extrêmement créatifs, mais qui détestaient l'écriture.

Tout au cours de leur adolescence, les jeunes éprouveront de grandes satisfactions et jouiront d'un bon sens de la direction s'ils parviennent à faire des tentatives visant à accorder leurs compétences et leurs désirs ou leurs goûts. Bien sûr, vous pouvez aimer le sport sans être une étoile au football ou taper sur des tambours sans être avidement recherché par un orchestre local. Idéalement, vous devriez développer certaines passions qui vous attirent et où vous excellez. Et certaines activités devraient comporter quelques options qui permettent à un jeune de mieux se définir, afin de lui signifier que ce serait une bonne chose si certains de ses efforts avaient des conséquences positives sur son orientation.

Découvrir et planifier l'utilisation de ses avantages concurrentiels

Les adolescents ressentent le besoin de se comparer aux autres, particulièrement aux autres adolescents. Ces comparaisons leur permettent souvent de s'adapter parfaitement à leurs pairs. Mais, plus important, les adolescents devraient se poser cette question de fond : « Quels sont les avantages concurrentiels dont je dispose ? » Ils doivent considérer ce qu'ils seront capables de faire ou d'offrir et que la plupart de leurs pairs ne seront pas en mesure de faire ou d'offrir. Vous trouverez ci-après un inventaire type complété par un étudiant qui explore ses avantages concurrentiels et leurs applications dans l'avenir. Le simple fait de créer un tel inventaire peut profiter à tous les jeunes, et ce, à tous les âges.

Mes avantages concurrentiels et comment je pourrais les utiliser

Je suis meilleur que la plupart des jeunes de mon âge :

1) pour m'entendre avec beaucoup de gens différents ;
2) pour bien m'exprimer et faire valoir mes idées ;
3) pour pratiquer presque tous les sports ;
4) en science ;
5) pour enseigner aux gens comment faire les choses.

Je m'intéresse davantage que la plupart de mes pairs :
1) aux jeunes enfants ;
2) aux gens qui ont des handicaps ou d'autres problèmes ;
3) à la biologie et à la santé ;
4) aux sports.

Je pourrais être en mesure d'utiliser mes avantages concurrentiels :
1) en devenant un entraîneur et un enseignant dans le domaine de la santé ;
2) en devenant un professeur d'éducation physique dans une université ;
3) en me spécialisant en médecine sportive ou en devenant un formateur dans ce domaine ;
4) en enseignant le sport aux enfants handicapés ;
5) en créant une école pour les jeunes enfants qui ont des problèmes physiques.

J'ai récemment lu l'histoire de Jackson Stone, un homme qui dirigeait une pépinière rentable. Lorsqu'il était adolescent, Jackson jardinait avec son père qui était paysagiste. Il a découvert qu'il était fasciné par les êtres vivants, qu'il était attiré d'une façon romantique par les vivaces de sa mère qui chaque année se métamorphosaient de façon éclatante dans le jardin. À l'âge de seize ans, grâce à ses capacités, à ses solides connaissances et à son expérience de première ligne, il crut qu'il pouvait battre la concurrence à titre d'architecte-paysagiste, de botaniste, de gérant d'un jardin botanique ou de pépiniériste. Il était conscient qu'il disposait d'un avantage concurrentiel. Il savait qu'aucun autre jeune n'avait reçu la même formation, ce qui l'amena finalement à croire qu'il pouvait diriger une pépinière mieux qu'aucun autre en ville, ce qui en conclusion était en partie de l'orgueil (ce qui n'est pas mauvais en soi), en partie de l'ambition et en partie la réalité — un mélange d'ingrédients gagnants dans une carrière. M. Stone, en passant, était prêt à s'engager dans la vie active. Il s'est spécialisé en horticulture, a obtenu son MBA et est devenu directeur adjoint d'une pépinière qu'il a finalement achetée et développée.

Peu de jeunes s'arrêtent à déterminer leurs avantages concurrentiels, mais ils se doivent tous de le faire. Dès l'école élémentaire, ils devraient commencer à explorer les domaines potentiels dans lesquels ils pourraient probablement exceller et apporter une contribution. Découvrir un avantage concurrentiel peut sembler difficile, mais un tel exercice peut créer une habitude d'autoanalyse qui saura peut être immuniser une personne contre la non-préparation à la vie active. Tôt ou tard, un tel examen doit avoir lieu, et mieux vaut qu'il ait cours à dix-sept ans qu'à vingt-trois ou vingt-quatre ans.

Avoir certains objectifs à court terme

Le sens de l'anticipation ne concerne pas uniquement les aspirations à long terme. Je pense que les jeunes doivent aussi prendre l'habitude de se fixer des buts et des objectifs à court terme. L'atteinte d'un résultat précis durant une période déterminée est une pratique fort utile pour tout adulte prenant part à la vie active. Que ce soit au sein d'une équipe de football, comme membre de l'orchestre de l'école ou à l'intérieur de tel ou tel cours, les étudiants devraient s'engager de temps à autre à atteindre un objectif précis à court terme. Il serait réconfortant d'entendre un jeune de onzième année dire : « L'écriture n'est pas ma force mais, au cours de ce semestre, j'ai comme objectif de m'améliorer. Je veux me sentir fier lorsque je comparerai mes textes de février avec ceux que j'ai écrits en octobre. Je prévois constater une réelle différence. » Le fait d'établir et d'atteindre des objectifs à court terme réalistes augmente l'estime qu'un individu a de lui-même tout en l'aidant à mieux contrôler sa destinée. Cet exercice peut apprendre aux adolescents et aux jeunes adultes la valeur des gains cumulatifs, et leur montrer que, bien qu'ils ne puissent réaliser maintenant tout ce qu'ils souhaitent, ils pourront y arriver grâce à la patience et à la persistance.

S'OUTILLER POUR PRENDRE UN BON DÉMARRAGE

Inévitablement, la vie est faite de plusieurs démarrages. Un nouveau travail, se marier, donner naissance à un enfant ou ouvrir un petit commerce en sont des exemples courants. Un démarrage ouvre un nouveau chapitre d'une existence. Il s'agit d'un processus qui nous permet de rassembler les outils dont nous avons besoin et que, le cas échéant, nous pourrons utiliser afin d'accomplir quelque chose de manière autonome. Aucune période de l'existence n'exige un effort plus grand que les premières années de la vie active. Comment nous assurer que les capacités nécessaires pour démarrer un projet sont en place au bon moment ?

Pour étudier le processus de croissance au démarrage, nous devons définir quels en sont les principaux ingrédients : la motivation, les aspirations, l'optimisme et l'allumage.

Trouver la motivation

Voici une plainte que l'on entend trop souvent chez les parents : « Mon enfant n'est tout simplement pas motivé. Si seulement il commençait à se soucier de ce qu'il a à faire et s'il déployait des efforts, il pourrait découvrir son véritable potentiel. Nous ne savons tout simplement pas comment le motiver. » Se motiver prend du courage, et le courage nécessite qu'un jeune reçoive des encouragements. Tous les jeunes ont besoin de soutien, de sentir que les autres sont des alliés et des partenaires plutôt que de sévères juges.

Il a été démontré que la motivation est plus susceptible de voir le jour lorsque trois conditions sont réunies : lorsque le but est suffisamment attrayant, qu'il est accessible et qu'il peut être atteint sans effort démesuré. Si vous voulez plus que tout devenir actrice, que vous croyez que vous avez le talent pour devenir une étoile d'une revue musicale à Broadway, et que vous pensez atteindre votre objectif sans vous épuiser totalement, la motivation apparaîtra en vous et vous foncerez vers la réalisation de votre rêve. Si, d'autre part, vous désirez obtenir un B en espagnol pour plaire à vos parents, mais que vous croyez que cet objectif ne peut pas être atteint parce que la matière est trop ardue ou que rien ne semble satisfaire vos parents depuis longtemps, ou si vous croyez que cet objectif est trop difficile à atteindre et que de tels efforts peuvent ruiner votre vie sociale, vous perdrez toute motivation.

De nombreux adolescents et jeunes adultes perdent leur motivation par peur de l'échec. Tous les individus, particulièrement les jeunes, ont une faible tolérance à l'échec et, de ce fait, empruntent une autre voie afin d'éviter d'échouer. Chaque fois que nous sommes tentés d'affirmer que quelqu'un obtiendrait du succès si seulement il essayait, nous devons considérer la possibilité qu'il n'essaie pas parce qu'il se sent incapable de réussir. Lorsque nous essayons d'encourager un jeune plutôt passif, nous devons tempérer nos attentes et définir quels sont les objectifs qui sont à sa portée, même si ceux-ci sont modestes. Heureusement, la motivation peut faire boule de neige ; lorsque vous êtes stimulé et que vous réussissez, vous devenez de plus en plus motivé. De modestes triomphes peuvent paver la voie à de grandes victoires.

Une mère a dit un jour à son fils de treize ans : « Notre premier objectif pendant cette période si cruciale est que tu fasses sur papier tous tes devoirs en anglais et en sciences sociales, ce qui améliorera tes compétences en écriture. » Elle a offert à son fils une modeste récompense pour ses efforts — nous ne devrions jamais sous-estimer la valeur des incitatifs — et a acclamé sa réussite. Son fils a atteint le but fixé, puis elle a progressivement élevé la barre avec pour objectif d'obtenir des réactions positives de la part des enseignants quant à la qualité des résultats scolaires de son adolescent. Ce jeune avait beaucoup de difficulté à écrire et, dans son cas, la lisibilité n'avait jamais été un objectif ; il rédigeait ses dissertations à l'aide d'un ordinateur.

Être motivé et accomplir de petits exploits est une partie essentielle de la préparation à la vie active. Tôt dans une carrière, les grandes réussites sont moins probables que les plus modestes. Être motivé à obtenir de petites victoires est un ingrédient de base du succès, un ingrédient qui ne peut être écarté du revers de la main par un jeune adulte. Ces petits bénéfices mènent à des réalisations plus importantes et plus satisfaisantes.

Calibrer les niveaux d'aspiration
Les aspirations d'un individu soulèvent certaines questions difficiles, par exemple « Que voulez-vous devenir ? Êtes-vous ambitieux ? Que voudriez-vous faire dans dix ans ? Avez-vous le désir d'être puissant, riche, un leader, une personne dominante dans votre domaine, ou avez-vous d'autres aspirations ? »

Voici certaines réponses habituellement recueillies auprès de certains de mes patients adolescents :

- « Je n'éprouve pas le besoin de réussir de manière exceptionnelle dans la vie. Je veux juste m'en tirer. Je veux être heureuse, que ma famille le soit aussi. Je veux être une bonne mère, et ça me suffit. »

- « J'ignore pourquoi mes parents continuent à m'embêter à cause de mes notes. Je ne vois pas ce qu'il y a de mal à obtenir des C. C'est tout ce que je veux. Pourvu que j'aie la note de passage, ça me convient. »

- « Il y a beaucoup de gens qui sont vraiment ambitieux, qui ont des masses d'argent mais qui ne sont jamais heureux. Et il y a des gens qui sont très célèbres mais qui sont misérables. Je veux avoir de beaux enfants et faire juste assez d'argent pour bien vivre ; ça, ce serait *cool*. »

À quelle hauteur un jeune devrait-il placer la barre ? Est-ce bien de vivre au jour le jour, de profiter des occasions qui se présentent en cours de route et de ne pas avoir de plus grandes aspirations ? Qu'un adolescent ait de grandes aspirations ou non, il devrait bien réfléchir aux choix qu'il fait et à leurs conséquences. Ces questions importantes méritent une réponse, et elles doivent être abordées tant à l'école qu'à la maison.

Lorsqu'un adolescent proclame : « Je veux seulement m'en tirer dans la vie », il y a au moins deux explications plausibles à cette modeste déclaration d'intention. Premièrement, cet adolescent exprime une valeur qu'il ressent réellement. Il veut vraiment très peu de chose en ce qui concerne le succès professionnel et l'adulation de ses pairs. Il estime qu'il peut être heureux sans avoir beaucoup de retour sur son investissement, et peut-être sans avoir à trop investir ! Il peut croire que le bonheur et une vigoureuse quête pour le succès sont deux choses incompatibles dans la vie. Il dit honnêtement comment il se voit et quelles sont ses espérances à l'égard de la vie qu'il entend mener. Une vie modeste et calme peut représenter son idée de la réussite. Y a-t-il quelque chose de mal à cela ? Probablement pas.

Une seconde possibilité, c'est qu'un jeune qui a connu beaucoup de frustrations, particulièrement à l'école, devienne conservateur dans ses choix et qu'il ne prenne aucun risque. C'est ce qui s'est produit avec Omar au chapitre 4 (page 89). Un individu qui a échoué trop souvent par le passé abaisse son niveau d'aspiration parce qu'il ne veut tout simplement pas connaître de nouveau des échecs ou des rechutes. Il peut renoncer à certaines aspirations personnelles qui nourriraient son ambition, mais sa vie s'accompagne alors d'un sentiment de futilité. Beaucoup d'adolescents qui se retrouvent dans cette situation sont en fait déprimés et connaissent une baisse de l'estime qu'ils ont d'eux-mêmes. Lorsque vous ne vous sentez pas très bien avec vous-même, il vous est difficile de viser haut ou de prendre des risques.

J'ai constaté que les jeunes qui sont conservateurs et qui ne prennent aucun risque sont souvent issus de familles où les histoires de réussite sont légion. Leurs parents, grands-parents, ou leurs frères et sœurs ont réussi de manière éclatante. Pouvez-vous avoir de grandes aspirations lorsque votre père a été le fondateur d'une société inscrite à la Bourse de New York ou lorsque votre mère est la directrice de l'école secondaire que vous fréquentez ? Ce sera difficile à égaler ! Allez-vous tenter de réussir à votre façon, entrer dans votre coquille ou mener une vie faite de petits plaisirs et de multiples rencontres sociales ? Et que dire de ces jeunes dont les frères ou sœurs réussissent exceptionnellement bien dans les études, le sport ou en société ? Dans un trop grand nombre de cas, ces jeunes décident de viser bas pour qu'on ne les compare pas avec leurs frères et sœurs dont la réussite est éclatante. Dans tous ces scénarios, les jeunes doivent trouver des façons constructives d'élever leur niveau d'aspiration, parce que développer, exploiter et comprendre ses aspirations est un processus de croissance essentiel. Tout jeune a besoin de se spécialiser, de trouver une niche potentielle où il se sentira justifié de viser haut. Je crois que les jeunes doivent avoir de grandes aspirations, et que certains d'entre eux ont besoin d'une aide continuelle pour définir ces dernières.

Lorsque la quête du bonheur devient l'aspiration principale d'un adolescent ou d'un adulte qui s'engage dans la vie active, ce dernier n'est pas disposé à supporter une période où il sera relativement insatisfait pour parvenir à un état de bonheur stable dans sa vie professionnelle. Un jeune peut ainsi décider de ne pas aller dans une école de métiers ou de ne pas obtenir son diplôme ou refuser de commencer au bas de l'échelle dans une entreprise parce que cela « ressemble à une vraie course de dragsters ». Lorsqu'au cours de l'adolescence vous avez l'habitude d'avoir une vie divertissante et remplie de satisfactions immédiates, vous pouvez abaisser votre niveau d'aspiration, abandonner votre préparation et continuer à vivre comme un adolescent dans la vingtaine (comme il est décrit au chapitre 2). Je pense que de nombreux jeunes qui ont aujourd'hui adopté ce modèle ont besoin d'une discussion franche et sincère avec quelqu'un qui n'est pas de la famille ; ils ont besoin de se faire dire qu'un compromis peut être trouvé entre le plaisir immédiat et le bonheur à long terme. Ces jeunes doivent savoir ce qui est en jeu lorsqu'ils décident de choisir une route plutôt qu'une autre.

L'écrivain Alain de Botton, dans son livre *Du statut social*, décrit ce qu'il désigne comme une tendance relativement nouvelle dans l'histoire de l'humanité. Il dépeint notre méritocratie moderne comme un milieu dans lequel les gens sont de manière obsessionnelle engagés dans un combat afin d'atteindre un statut privilégié dans la société et parmi leurs pairs. Comme il le fait remarquer, « bien que l'anxiété par rapport au statut ne soit pas particulièrement un sentiment agréable, il est difficile d'imaginer une existence intéressante qui en soit complètement exempte, car la peur d'échouer et de tomber en disgrâce aux yeux des autres est une conséquence inévitable de l'ambition ». L'anxiété à l'égard du statut est probablement contagieuse. En particulier, elle peut être transmise des parents à leurs enfants, de sorte que certains de ces derniers, devant la possibilité d'échec, peuvent craindre de prendre les risques qui vont de pair avec l'ambition. Certains jeunes réduisent leurs aspirations parce qu'ils éprouvent de l'anxiété par rapport au statut.

En tant que finissant à l'université, j'ai appris une leçon essentielle au sujet des aspirations. Tôt au cours du premier semestre, le doyen Charles Watts m'a appelé à son bureau pour me faire savoir que l'université Brown était sur le point de proposer ma candidature pour une bourse Rhodes. J'ai souri gentiment, puis j'ai informé le doyen que, puisque je n'étais pas un athlète avéré, je n'avais pas la moindre chance d'obtenir cette bourse. Il m'a dit : « Mel, si vous continuez à essayer d'obtenir des choses que vous n'aurez probablement pas, vous obtiendrez soixante ou soixante-dix pour cent d'entre elles. Vous savez pourquoi ? C'est que la plupart des gens ont peur d'essayer. » Aussi, que diable, avec rien d'autre à perdre que ma fierté, j'ai essayé et j'ai gagné. Je n'ai jamais oublié cette leçon. Le plus souvent, lorsque vous visez haut, il y a moins à perdre que vous ne le croyez.

Qu'en est-il si les attentes d'un individu sont clairement irréalistes ? Dans la majorité des cas, c'est sans gravité, particulièrement si l'individu en question sait qu'il n'a que très peu de chances de gagner et qu'il a de solides solutions de rechange sur lesquelles il peut se rabattre. Ainsi, lorsqu'un garçon de treize ans vraiment petit m'a fait savoir qu'il avait l'intention de jouer dans la NBA, je n'ai pas étouffé cette aspiration. Je plutôt discuté avec lui de ses chances et des merveilleuses solutions de rechange qu'il avait. Je lui ai dit : « Tu pourrais toujours devenir un entraîneur de basket-ball ou un rédacteur sportif, posséder un magasin d'articles de sport ou diriger un camp de basket-ball pour des jeunes. » Je pense qu'il est plus sain d'avoir de grandes aspirations irréalistes (avec des solutions de rechange) que de n'en avoir aucune.

Nourrir l'optimisme

Les enfants et les adolescents montrent de grandes variations dans leur degré d'optimisme face à l'avenir, ce qui se traduit régulièrement par des phrases comme les suivantes : « Je suis un perdant né et mon père dit que je n'arriverai jamais à rien » et « Je peux réussir tout ce que j'entreprends. » Les deux extrêmes peuvent être des pièges et mener à la déception et à l'échec.

Comme clinicien, je dois souvent essayer de remonter le moral de jeunes qui ont connu plus que leur part d'échecs personnels, ce qui se produit fréquemment avec les étudiants qui ont des problèmes scolaires. J'essaie de les aider à avoir une meilleure estime d'eux-mêmes en discutant avec eux de leurs forces et en leur présentant l'éventail de possibilités qui s'offrent à eux. Je peux leur dire quelque chose comme : « Vous savez, avec vos grandes habiletés sociales, votre grande créativité et votre passion pour les voyages, vous feriez un merveilleux guide touristique. Vous pourriez emmener les gens faire des safaris en Afrique, et planifier de nouveaux voyages que les gens apprécieraient. » Les jeunes qui sont opprimés, en particulier, doivent savoir que nombre d'adultes constatent qu'il est plus facile d'être un adulte qu'il ne l'était d'être un enfant. Comme je l'ai mentionné, lorsque vous devenez un adulte, on ne s'attend pas à ce que vous excelliez dans tous les domaines ; on vous permet de pratiquer une spécialité. Vous pouvez même être payé pour cela !

Chaque fois que la chose est possible, les parents devraient faire part à leurs enfants des expériences qu'ils ont vécues et où l'optimisme s'est avéré payant. Un père m'a dit un jour : « Chaque fois que je fais un bon investissement à la Bourse, je décortique cette transaction en compagnie de ma fille, Ann. Je veux qu'elle voie comment quelqu'un peut réussir en se servant de son propre jugement. Et je veux qu'elle apprenne comment une attitude optimiste face à l'avenir peut rapporter des dividendes. Je souhaite qu'elle ne soit jamais inhibée par des sentiments pessimistes. Mes investissements ont été un excellent moyen de lui apprendre cette leçon. » Les enseignants devraient aussi mettre l'accent sur une attitude optimiste face à l'avenir. Les entraîneurs font souvent un excellent travail à cet égard en encourageant leurs joueurs à croire en eux et à leurs chances de gagner un grand tournoi.

Comme je l'ai mentionné précédemment, le fait de se montrer trop optimiste face à l'avenir peut devenir un problème aussi épineux que celui du pessimisme. Si des jeunes en viennent à se sentir invincibles, ils pourront devenir des idoles déchues comme ceux décrits au chapitre 3. Lorsqu'ils réussissent à connaître du succès avec peu d'efforts et en ne rencontrant pratiquement pas d'obstacles, ces jeunes développent une croyance malsaine en devenant convaincus qu'ils sont destinés à connaître une vie de rêve, que les souffrances qui affectent les autres ne les toucheront jamais. Ces individus sont en danger parce qu'ils n'arrivent pas à développer les habiletés qui leur permettraient de vaincre les obstacles de la vie. Je me rappelle un garçon à qui presque tout était venu facilement. Lorsqu'il a obtenu son permis de conduire, son sentiment d'invulnérabilité est devenu excessif. Il avait le sentiment que les lois n'étaient pas faites pour lui, qu'il était un être à part. Il a reçu plusieurs contraventions pour excès de vitesse et pour conduite négligente. À dix-neuf ans, il a bousillé la familiale Volvo de ses parents. Sa petite amie a péri dans l'accident et il a passé plusieurs mois à l'hôpital en traction. Il marche encore en boitant. Ce garçon représente l'idole déchue classique.

Donner le rythme

Les parents doivent être les stimulateurs ou les instigateurs d'un bon démarrage. Encourager un jeune qui aime la photographie à se remuer et à prendre des images dans son voisinage, inciter un enfant à tenir un comptoir de limonade, suggérer à un jeune de livrer les journaux ou de tondre des pelouses pour gagner de l'argent sont quelques exemples de petites coups de pouce que les parents peuvent donner à leurs enfants pour les aider à se fixer des aspirations lors-qu'ils s'engageront dans la vie active. Si les jeunes ne démar-rent jamais de projets, il leur sera presque impossible de savoir comment démarrer une carrière ou un projet impor-tant. L'esprit d'entreprise pendant l'enfance peut être l'un des indicateurs les plus fiables de la productivité à l'âge adulte. Certains enfants démarrent des projets de façon toute naturelle ; d'autres ont besoin d'être un peu poussés. Un parent a tous les droits de demander à un jeune quelles activités ou quels projets il a lancés de lui-même au cours des douze derniers mois.

Une mère observait ceci : « Jessica semble avoir toujours besoin d'être aidée quand vient le temps de démarrer quelque chose. Elle ne peut pas déterminer le moment où elle commencera à faire ses devoirs. Elle a de la difficulté à sortir du lit le matin. Lorsqu'elle a un compte rendu à faire ou un projet à réaliser à l'école, elle est paralysée. Si vous n'aidez pas Jessica à démarrer, elle n'avancera pas, mais il n'est jamais facile de la faire bouger. » J'ai suggéré à la mère de continuer à aider Jessica et de progressivement encourager son adolescente à faire « les premiers pas », puis à la consulter au besoin.

Nous rencontrons plusieurs étudiants comme Jessica. Les difficultés d'allumage doivent être abordées explicite-ment. On doit aider ces jeunes à s'arrêter et à réfléchir, puis à concevoir un plan comportant plusieurs étapes avant qu'ils ne s'engagent dans une activité complexe ou prolongée. Très souvent, les étudiants ont des difficultés à savoir où et comment commencer parce qu'ils ne semblent pas être en mesure de prévoir les étapes suivantes. Ils ont des difficultés avec un processus que je nomme « étape de la sagesse ». Ces jeunes ont besoin d'un mentor ou d'un entraîneur pour les aider à mettre au point un plan stratégique, un ensemble d'étapes ou de phases qu'ils pourront maîtriser et qui leur permettront d'atteindre un objectif important. La capacité de découper les étapes d'une tâche à accomplir constitue un aspect important du processus de démarrage. Les jeunes auront besoin de beaucoup de rigueur pour passer à travers les étapes décrites au tableau 9.4.

Si une jeune fille aime les chèvres et les moutons et qu'elle veut désespérément devenir vétérinaire et soigner les animaux, comment entamera-t-elle sa carrière de la bonne façon ? Prêcher à cette fille qu'elle doit beaucoup étudier, obtenir les meilleures notes afin de pouvoir être admise dans une université prestigieuse et une école vétérinaire renommée, et lui parler de la vieille approche pyramidale de motivation en éducation (bonnes notes → bonne université → bon diplôme → bon travail) ne serviront à rien d'autre qu'à créer de l'inquiétude chez elle. D'ailleurs, ce raisonnement n'est pas rigoureusement exact et il est surtout inutile. Il serait beaucoup plus stimulant de fortifier le désir de cette fille de mieux connaître les animaux, d'être de plus en plus compétente grâce à des expériences sur le terrain. Elle pourrait travailler pendant l'été dans un zoo ou un hôpital pour animaux. Elle pourrait devenir assistante de recherche dans un laboratoire de biologie. Se concentrer uniquement sur ses notes pourrait transformer ses années à l'école en une expérience terriblement traumatisante. Vous déclenchez le goût d'une carrière chez un jeune en l'aidant à se donner une expertise, à nourrir son enthousiasme et en favorisant les expériences sur le terrain — non en le menaçant. À l'université, on aide certains étudiants à trouver leur voie grâce à des stages d'été.

La première étincelle implique souvent la volonté de commencer au bas de l'échelle et de travailler. Comme je l'ai mentionné au chapitre 3, beaucoup trop de jeunes adultes qui s'engagent dans la vie active ont des difficultés à démarrer parce qu'ils veulent tout de suite se retrouver au sommet. Les idoles déchues qui ont longtemps été des leaders, des premiers de classe et des athlètes adulés peuvent croire qu'il est presque impossible pour eux de commencer au bas de l'échelle dans une entreprise, dans l'armée ou dans le milieu universitaire. Les adolescents habitués à se divertir continuellement peuvent avoir de la difficulté à s'adapter au mode de vie d'un travailleur qui commence au bas de l'échelle. Le fait d'avoir été surexposé à des individus dans la vingtaine qui sont des icônes de la musique, des étoiles du sport et des millionnaires instantanés peut donner l'impression que le succès instantané et sans effort est accessible à n'importe quel jeune de vingt-trois ans qui est impatient de réussir. Les personnes qui souffrent de déficits psychologiques peuvent croire que leurs faiblesses deviendront apparentes dans le monde du travail lorsque leurs comportements seront scrutés à la loupe par un supérieur. Par crainte d'être ainsi exposés au regard d'autrui, ces individus peuvent s'aventurer hors de leur propre voie — avec des résultats désastreux. Les jeunes ont besoin de développer un bon sens de l'anticipation et d'être bien préparés pour cette modeste phase de leur existence. Ils peuvent y arriver grâce à une meilleure sensibilisation lors du choix d'une carrière (voir le chapitre 12), incluant la lecture de biographies de personnes qui ont trouvé leur voie.

Se frotter à la réalité

Au cours de la période de démarrage, les jeunes ont, de temps à autre, à se frotter à la réalité et doivent se demander si leurs objectifs sont réalistes ou impossibles. Néanmoins, nombre d'individus dont la contribution à la société a été très importante ont démarré dans la vie avec des buts apparemment peu réalistes et ont fait face à l'adversité avec un courage remarquable. Sachant cela, devrions-nous étirer les limites du réalisme en ce qui concerne nos jeunes ? Je le crois. Il y a beaucoup à dire sur le fait d'être très idéaliste, voire extravagant, à propos de l'avenir d'un individu. En fait, lorsqu'un adolescent ou un adulte qui s'engage dans la vie active se sent trop pris par des considérations terre à terre, nous devrions faire ce qui est en notre pouvoir pour élever le niveau de ses attentes en l'aidant à dresser la liste de ses véritables possibilités. Puis, nous devrions l'aider à se préparer pour le démarrage et ce qui s'ensuit.

S'orienter grâce aux valeurs intériorisées

Les valeurs d'un individu et leurs composantes ont été intériorisées grâce à une opération qui comporte trois étapes et qui s'appuie sur l'identité propre et en développement de l'enfant, et ce, afin d'aider ce dernier à aborder les premières années de la vie active et à s'y engager. Ces étapes sont récapitulées ci-après :

ÉTABLIR ET MOBILISER LES VALEURS INTÉRIORISÉES

Apprendre à se connaître

Utiliser l'autoévaluation active et la discussion afin de comprendre :
- les forces et les faiblesses en évolution ;
- les modèles des sentiments et des caractères ;
- les influences de l'environnement, de la famille, et des valeurs ;
- les intérêts constants — fondés sur les activités récréatives et le savoir.

Développer le sens de l'anticipation

Réfléchir à l'orientation que prend l'existence d'un individu et en discuter :
- en traçant des orientations ;
- en visualisant à l'avance les bonnes orientations ;
- en alignant les forces sur les intérêts ;
- en prévoyant les moyens d'utiliser les avantages concurrentiels ;
- en se fixant des objectifs à court terme afin de pouvoir atteindre des objectifs à long terme.

Bien démarrer

Se mettre en marche :
- en se motivant ;
- en établissant des niveaux d'aspiration ;
- en étant optimiste face à l'avenir ;
- en s'engageant dans la vie active avec détermination ;
- en se frottant régulièrement à la réalité.

8
INTERPRÉTATION

Affiner sa compréhension du monde

Je découvre que je me compare à mes anciens camarades de classe et à mes amis, même si j'essaie de ne pas le faire. Je tente de prendre du recul et je réalise que nous avons emprunté des routes différentes. J'ai fait des choix qui m'ont éloigné du chemin que prennent habituellement les gens de mon âge. Il m'est donc difficile de me comparer aux autres, car la plupart ont déjà une carrière bien établie et un parcours professionnel plus impressionnant que le mien.

S.R., 27 ans

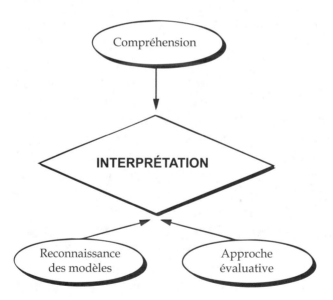

Au dernier chapitre, nous avons traité de la conscience de soi, des valeurs qui habitent une personne. La connaissance du monde extérieur est également essentielle dans la planification d'une carrière. Un jeune doit non seulement se connaître intimement, mais aussi devenir un fin observateur du monde extérieur et apprendre à l'interpréter. Il doit tirer les bonnes conclusions de ses observations, en interprétant avec précision les idées, les enjeux, les motifs et les questions qui en découlent. Trois processus de croissance favorisent une bonne interprétation du monde extérieur : la compréhension, la reconnaissance des modèles et l'approche évaluative.

COMPRÉHENSION

Voici les confidences d'un individu de vingt-quatre ans, dépassé par les événements : « J'étais vraiment convaincu que je pouvais passer au travers mes études en me contentant de mémoriser la matière et en imitant les autres. Je faisais semblant d'avoir compris. Je me suis abusé moi-même en me disant que je maîtrisais tout. En fait, je ne me suis jamais vraiment donné la peine de comprendre ce que je faisais ou ce que mes professeurs essayaient de m'apprendre. Heureusement, je n'avais aucun ennui à me rappeler les choses en détail — au moins lors des examens. Maintenant, chez IBM, les gens supposent que je comprends totalement ce que je fais et ce que je dis, et il y a des personnes très intelligentes qui m'observent et qui m'écoutent. Ces personnes lisent en moi et je peux dire qu'elles me posent des questions difficiles. Je dois vraiment savoir de quoi je parle. C'est plus difficile, beaucoup plus difficile que de régurgiter un ensemble de faits lors d'un examen d'histoire européenne à l'université. Je croyais être très intelligent mais maintenant, franchement, je découvre que je ne suis pas très compétent pour comprendre les choses en profondeur. C'est comme si j'étais obligé d'utiliser certains muscles de mon cerveau que je n'ai jamais employés auparavant ! »

Plus que de se souvenir

Obtenir la note de passage ou même de bonnes notes à l'école n'est pas une garantie que vous savez comment comprendre. Il est courant que des étudiants obtiennent des diplômes et de bonnes notes en utilisant principalement leur mémoire et en apprenant par cœur la matière sans trop en saisir le contenu.

Il existe différents canaux de compréhension et un individu va probablement mieux comprendre ce qu'il apprend en utilisant un ou plusieurs de ces canaux. Certaines personnes comprennent bien les informations visuelles (par exemple, un schéma complexe de câblages), tandis que d'autres ont davantage d'aptitude pour comprendre la signification d'un langage (le symbolisme dans un poème ou des instructions verbales). Il existe aussi des différences quant à la rapidité avec laquelle une personne peut comprendre un sujet et dans quelle mesure elle peut assimiler les informations lorsque celles-ci sont très nombreuses (par exemple, lors d'un cours ou d'une longue explication). Le degré de compréhension peut aussi varier selon la nature des sujets abordés ; un jeune peut ne pas avoir de difficulté à comprendre comment fonctionne un moteur à réaction, mais avoir toutes les peines du monde avec l'algèbre. N'importe laquelle des forces potentielles ou des faiblesses liées à la compréhension peut jouer un rôle crucial dans la réussite d'un individu au cours de ses premières années de vie active.

Au travail, la compréhension suppose que l'on saisisse les exigences ou les attentes, les justifications et les concepts. Au chapitre 10, nous aborderons une facette liée à la compréhension, celle qui traite de la compréhension des autres.

Décoder les attentes

Au chapitre 4, j'ai décrit certaines erreurs commises par des individus tôt dans leur vie active parce qu'ils n'ont pas réussi à comprendre ce qu'on attendait d'eux. Un nouvel employé doit penser non seulement à la description de la tâche qu'il a à effectuer, mais aussi à toutes les attentes inexprimées et codées. S'il peut décoder celles-ci, il sera probablement plus apte à toucher la cible et à satisfaire en tous points son employeur. Apprendre à comprendre ce qu'on attend vraiment de vous constitue un processus de croissance qui devrait commencer tôt dans la vie.

Certaines attentes inexprimées sont génériques ; elles pourraient appartenir à n'importe quel type de travail. Et certaines autres s'appliquent à un travail précis. Voici quelques exemples d'attentes inexprimées qui sont courantes dans le monde du travail.

CERTAINES ATTENTES INEXPRIMÉES COURANTES

Vous ferez montre d'optimisme au travail.

Vous ferez des heures supplémentaires lorsque ce sera nécessaire.

Vous vous assurerez que votre travail est fait à fond et avec soin.

Vous vous investirez et travaillerez bien avec vos collègues.

Vous montrerez du respect et de l'admiration pour votre supérieur.

Vous chercherez à acquérir de nouvelles compétences et connaissances.

Vous maintiendrez des relations harmonieuses avec vos collègues de travail.

Vous poserez de bonnes questions.

Vous proposerez des suggestions et des solutions.

Les attentes inexprimées relativement à un travail déterminé sont facilement négligées. Le docteur Jack Gable était un interne remarquable et, au cours de sa formation spécialisée en maladies infectieuses, il avait fait beaucoup de travail clinique en consultant les patients hospitalisés et souffrant de diverses infections. De plus, il avait participé à des recherches et enseigné à des étudiants en médecine. Lorsqu'il eut terminé ses études postdoctorales en maladies infectieuses, Jack est demeuré à l'hôpital où il avait été formé, et on faisait appel à ses services lorsque des patients souffraient de fièvres d'origine inconnue ou d'autres maladies qui laissaient la plupart des médecins perplexes.

Après environ trois ans, le directeur du département informa Jack, qui pensait avoir fait sa niche et être devenu indispensable dans cet hôpital à l'enseignement très dynamique, qu'il aurait à se départir de ses services. La nouvelle eut sur Jack l'effet d'un électrochoc. Le directeur du département reconnut que Jack était un clinicien de premier ordre, mais lui fit remarquer qu'il n'avait mené aucune recherche, qu'il n'avait demandé aucune subvention et qu'il ne pouvait demeurer à l'hôpital « uniquement comme clinicien ». Jack n'avait jamais compris cela par lui-même. Il effectuait son travail sans se donner la peine d'analyser ce qu'il lui fallait faire pour survivre à long terme dans ce milieu qu'il adorait. Le département, en fait, avait besoin du salaire de Jack pour financer le travail d'un autre médecin qui pourrait s'avérer un « triple régal » pour l'hôpital : un jeune professeur qui mènerait des recherches, enseignerait et ferait du travail clinique. En fait, la direction de l'hôpital avait déjà un tel candidat en tête. Jack n'a jamais compris quelles étaient les attentes spécifiques à son travail, et celles-ci sont devenues une triple menace. Bientôt, Jack se retrouva dans un cul-de-sac, au chômage, et sombra dans la dépression pendant des mois. Excellent étudiant à l'école secondaire, un diplômé *cum laude* d'une université prestigieuse, un des meilleurs étudiants de sa promotion en médecine, il avait toujours fait la fierté et la joie de ses parents. Maintenant âgé de vingt-neuf ans, il sentait qu'il ne valait rien. En outre, il était le père d'un enfant de deux ans et sa femme, Susan, était enceinte ; de plus, il avait des prêts à rembourser à la faculté de médecine. Finalement, il a trouvé un emploi dans une organisation de soins de santé à titre de pédiatre. Il pouvait payer ses factures, mais il était profondément déçu et la stimulation intellectuelle que lui avait procurée son travail de spécialiste lorsqu'il traitait des cas complexes lui manquait énormément. Il se sentait triste et insatisfait.

Natalie était une séduisante jeune femme célibataire de vingt-quatre ans le jour où elle perdit son travail de gérante adjointe des ventes chez un distributeur de chaussures de prestige. Elle avait obtenu ce poste grâce à des relations de sa famille et se montrait enthousiaste envers sa carrière. Après deux années et demie à occuper cette fonction, elle croyait que tout le monde au travail l'adorait. C'était vrai, car Natalie avait vraiment tout pour réussir. Elle avait toujours le sourire aux lèvres et savait mettre les autres à l'aise. Bien qu'elle était une employée toujours à son poste de « neuf à cinq », elle passait de longues heures au téléphone à socialiser avec les clients en place (et avec d'autres personnes) et négligeait d'en recruter de nouveaux. Lorsque l'entreprise connut un trimestre décevant, Natalie fut brutalement licenciée ; l'incapacité dont elle avait fait montre à trouver de nouveaux débouchés pour le compte de l'entreprise avait fait en sorte que ses employeurs se décident à se passer de ses services. L'entreprise avait besoin d'une employée reconnue pour sa productivité, non pour ses habiletés sociales ! En fait, Natalie a cru qu'elle pouvait s'en tirer grâce à sa seule personnalité. Elle avait mal interprété les attentes ; elle n'avait pas réfléchi à ce qu'il lui fallait faire pour réussir.

Les jeunes grandissent aujourd'hui dans une culture qui les prive d'occasions de comprendre leurs attentes. Les parents qui ont peur de leurs enfants (page 76) ont des attentes minimales et parfaitement évidentes à leur égard (réussis à l'école et évite les ennuis). Lorsque les jeunes ont peu de responsabilités, il n'ont pas vraiment besoin d'apprendre à bien faire leur travail. Et lorsqu'ils peuvent se divertir ou se satisfaire quand ils en ont envie, il n'ont pas vraiment besoin de rencontrer des attentes pour obtenir ce qu'ils désirent. Les enfants qui n'ont aucun désir ou aucune occasion « d'étudier » les adultes (page 56) peuvent éprouver des difficultés à décoder les priorités d'un patron ou d'un client.

Qui apprend aux étudiants comment découvrir les attentes inexprimées ? Presque personne. Un tel enseignement est pratiquement inexistant. Comment, alors, les étudiants sont-ils censés comprendre les attentes qui ne sont pas exprimées de façon explicite ? Certains peuvent le faire intuitivement, mais la plupart auront besoin d'une formation. Tous les jeunes devraient être engagés dans un tel processus de croissance avant d'avoir atteint la vingtaine. On devrait, au cours des premier et deuxième cycles à l'école secondaire, encourager et aider les étudiants à analyser les attentes qu'on a à leur égard. Périodiquement, on devrait leur demander de soumettre ce que j'appelle des « analyses de leurs attentes ». Voici un exemple d'un paragraphe rédigé par un étudiant de neuvième année.

ANALYSE DE MON COURS D'HISTOIRE
par Susan Heartwood

M. George est un enseignant très strict, mais je pense qu'il est juste. Il s'attend à ce que vous étudiiez beaucoup et vous pose une multitude de questions. Lors des examens, il ne veut pas vraiment connaître le nombre de choses que vous vous rappelez avoir lues dans le livre, mais il tient à connaître votre opinion. Et il vaut mieux que vous soyez capable de défendre ce que vous dites ou écrivez parce que M. George aime argumenter avec les jeunes, non pour leur donner du fil à retordre, mais pour s'assurer qu'ils ont bien réfléchi à ce qu'ils disent. Les étudiants qui ne font que mémoriser des faits n'impressionnent pas cet enseignant. M. George vous donne une bonne note si vous avez des idées intéressantes et que vous pouvez les défendre. Je pense que c'est ce qui explique pourquoi j'ai obtenu un A dans ses cours. Et je pense que c'est aussi la raison pour laquelle j'aime maintenant l'histoire ; auparavant, je croyais que l'étude de cette matière reposait uniquement sur la mémorisation des faits.

Tant les jeunes que les adultes doivent apprendre à faire des pauses assez longues pour analyser les attentes inexprimées et en dresser une liste — à la fois les attentes courantes et les attentes spécifiques au travail, des clés de la réussite. Voici certaines mesures que vous pouvez prendre.

1. Dressez une liste des exigences les plus évidentes au travail ou en classe.

2. Pour chaque exigence, inscrivez les moyens de vous assurer que le travail est bien fait (par exemple, avoir quelqu'un qui vérifie les tâches exécutées, faire quelques heures supplémentaires, faire le travail par étapes plutôt que procéder impulsivement ou d'une seule traite).

3. Mettez-vous dans la peau du patron ou de l'enseignant et dressez une liste de ce qui vous plairait, de ce que seraient vos exigences inexprimées si vous étiez cette personne (par exemple, montrer de l'enthousiasme pour la tâche, demander qu'on vous fasse des suggestions, faire un peu plus que ce qui est demandé).

4. Parlez à certaines personnes que vous respectez et qui ont travaillé ou travaillent avec votre supérieur immédiat (le patron, l'enseignant) ou dans le même milieu afin d'obtenir leurs idées sur les priorités et les valeurs importantes (par exemple, « Elle voudrait que vous fournissiez des statistiques dans vos travaux » ou « Elle aime vraiment que vous ameniez des idées ou des suggestions novatrices »).

5. Discutez avec quelqu'un qui a réussi dans une telle position et découvrez ce qui faisait, selon lui, une différence (par exemple, « Je le visitais sur une base régulière et j'ai compris qu'il aimait vraiment les relations un à un avec vous, mais vous devez prendre l'initiative »).

6. Traduisez les étapes 3, 4 et 5 en un plan d'action pouvant faire l'objet d'un examen et d'une révision périodique

basés sur vos propres analyses en cours de ce qui est nécessaire.

Dès le premier cycle du secondaire, les étudiants devraient être encouragés à questionner les jeunes qui ont pris un cours précis l'année précédente. Les étudiants qui ont obtenu du succès devraient expliquer comment ils s'y sont pris pour comprendre et articuler les exigences de leur professeur. Tôt pendant l'année scolaire, les jeunes devraient remettre le plan qu'ils se proposent pour réussir. S'ils apprennent à vraiment découvrir ce qu'on attend d'eux, ils seront mieux préparés à déterminer ce qu'ils ont à faire pour ne pas être pris au dépourvu comme le docteur Gable ou Natalie.

J'ai rencontré beaucoup d'étudiants qui, de manière chronique, interprètent mal ce qu'on attend d'eux. Ils ont une étrange capacité à étudier les mauvaises choses en vue d'un examen, à toujours mal interpréter les consignes, et à se lamenter que quoi qu'ils fassent ils ne parviennent pas à satisfaire les attentes des adultes.

Carl, un agréable jeune homme de seize ans, était un individu dynamique, un type consciencieux qui ne voulait que réussir à l'école et récolter les éloges de ses parents et de ses professeurs. Malheureusement, sa vie à l'école était une suite interrompue de mauvaises passes parce que, toujours optimiste, il ne comprenait jamais tout à fait ce qu'il devait faire pour satisfaire aux exigences qui lui étaient imposées. De manière chronique, il interprétait mal les consignes, bûchait pour pondre en série des dissertations où il traitait avec éloquence des mauvais sujets et étudiait en vue de ses examens sans être en mesure de prévoir quelles seraient les questions qui seraient posées. Il ne lui est jamais arrivé de mettre une chemise propre et de raser sa barbe de plusieurs jours avant d'aller à un entretien d'embauche pour un emploi d'été. Le pauvre Carl semblait toujours rater l'objectif, faute de pouvoir évaluer exactement ce que les autres attendaient de lui. Il souffrait d'une faible compréhension des attentes d'autrui à son égard.

Je pense que tous les jeunes, et probablement la plupart des adultes, ont besoin de discuter abondamment des questions qui commencent par « Que me faut-il faire pour… ? » Que me faut-il faire pour obtenir un A en anglais ? Que me faut-il faire pour que mon équipe gagne la partie de football de samedi ? Que me faut-il faire pour recevoir une augmentation de salaire importante au cours de l'année ? Que me faut-il faire pour impressionner mon patron, mon professeur de chimie ou ma petite amie ?

Idéalement, une personne devrait réfléchir aux attentes de la façon suivante : « Pour obtenir un A en anglais, je devrai produire tous les rapports de lecture sur les cinq livres à l'étude durant le semestre. Je devrai consacrer plus de temps à ces livres. Je sais que mon professeur apprécie que je compare mon point de vue avec celui de l'auteur lorsque je rédige un rapport. C'est un exercice qui est long à faire ; je dois donc prévoir réserver plus de temps pour rédiger ces rapports. Mme Morrison apprécie également que je participe aux discussions en classe. Chaque soir, je devrai songer à quelques commentaires que je pourrais faire à propos des textes que nous sommes en train d'étudier. Lorsque Mme Morrison posera des questions sur un sujet que je connais, je me porterai volontaire pour répondre afin qu'elle ne me questionne pas sur un sujet que j'ignore. Si j'ai le temps, je pourrai aussi lire un autre livre : mon enseignante aime vraiment les jeunes qui travaillent fort et qui manifestent de l'intérêt en classe. » La même analyse au sujet des attentes peut être utilisée afin d'obtenir une promotion au travail ou pour vendre une police d'assurances qui rapportera gros.

Comprendre les concepts

À l'école et au travail, il est possible de mener son petit train-train quotidien sans nécessairement se servir du moindre concept-clé ; cette faible emprise sur les idées maîtresses peut conduire à une performance médiocre et ultimement à l'échec. Un étudiant peut répondre à des questions sur l'énergie cinétique, les liaisons chimiques ou l'équilibre écologique tout en n'ayant qu'une connaissance assez floue de ce que signifient ces concepts. Il peut répéter des définitions qu'il a mémorisées et faire écho aux explications que le professeur a données en classe sans vraiment savoir de quoi il parle. Il est un excellent imitateur plutôt qu'un véritable apprenant. Le même scénario peut se répéter au travail, particulièrement lorsqu'un étudiant n'a jamais appris à conceptualiser l'école. Pendant les premières années de la vie active, une faible aptitude à la conceptualisation représente un déficit psychologique courant.

Hank a été licencié récemment. Il occupait un emploi qu'il appréciait à la réception d'un hôtel de la ville où il habitait, un hôtel qui faisait partie d'une chaîne internationale. Les horaires lui plaisaient, le travail le valorisait, la tâche n'était pas trop fatigante, et il pouvait lire lorsqu'il y avait peu de clients. De plus, il aimait beaucoup voyager et songeait que son travail lui permettrait de faire une carrière dans le secteur de l'hôtellerie. Au cours d'une série de sessions de formation à l'intention des nouveaux employés de l'hôtel, on enseigna à Hank divers concepts de l'industrie concernant l'hospitalité, comme la flexibilité, le dynamisme, l'image à projeter, le service à la clientèle, le contact visuel et la courtoisie. Hank répondit à un questionnaire sur ces sujets et obtint la note de cent pour cent. Au travail, il s'avéra qu'il n'avait pas vraiment compris ces concepts et que, de ce fait, il ne pouvait pas les intégrer à ses tâches quotidiennes. Il regardait rarement les clients dans les yeux lorsque ces derniers signaient le registre de l'hôtel à leur arrivée. Les clients se plaignaient de façon répétée qu'Hank se montrait peu serviable lorsqu'on lui demandait un changement de chambre. Hank ne comprenait pas ce qu'était le service à la clientèle. Il pouvait exprimer ces concepts, mais non les intérioriser. Le meilleur test pour savoir si quelqu'un comprend un concept consiste à voir s'il peut l'appliquer systématiquement dans toutes sortes de situations. Hank en était incapable, ce qui lui a coûté son travail. Le patron a dit à un des collègues d'Hank « Ce jeune ne l'a tout simplement pas. » Incidemment, à l'école, les choses s'étaient mal passées pour lui dans des cours comme la religion, les sciences politiques et la littérature, des domaines où les concepts tiennent une grande place.

Bethany a vécu une expérience similaire. Elle avait toujours apprécié travailler auprès des enfants et avait toujours désiré plus que toute autre chose œuvrer dans une école primaire. Ayant réussi assez bien à l'université, et comme enseignante stagiaire, elle fut embauchée pour enseigner en troisième année dans une école privée. Son travail lui procurait enthousiasme et bonheur. Les jeunes adoraient tous Mlle Dean. Or, les parents se faisaient du souci, de même que le directeur de l'école. Les jeunes semblaient s'ennuyer et n'apprenaient pas bien en maths et en sciences. Il s'avéra que Bethany était très rigide, et qu'elle appliquait à la lettre le programme d'études. En fait, elle avait certaines difficultés avec les concepts qu'elle essayait de transmettre à ses élèves, tels la valeur de l'endroit où le chiffre est dans le nombre, les entiers relatifs et la combustion interne. Elle faisait apprendre des définitions par cœur aux étudiants, mais ne pouvait jamais les expliquer et fournir des exemples en utilisant ses propres mots. Finalement, le directeur a compris cette carence et a fourni à Bethany des diagrammes de concepts, ce qui lui a rendu un fier service, et son enseignement s'est énormément amélioré.

Les carrières sont saturées de concepts et, pour compliquer les choses, ces derniers sont en constante évolution. De nouveaux concepts s'ajoutent ; d'anciens se modifient au fil du temps. Si la conceptualisation ne vous vient pas naturellement et qu'on ne vous a jamais appris à former un système de concepts, vous pourriez éprouver des difficultés au cours de vos études et travailler sans comprendre ce que vous faites.

Je demande souvent aux étudiants du secondaire de me dire ce qu'est un concept. J'entends rarement une réponse pertinente. La réponse est habituellement vague, du genre « Je pense que c'est une sorte d'idée. » Même les enseignants peuvent ne pas avoir une compréhension claire de ce qu'est un concept. Il leur est alors difficile d'aider leurs étudiants à conceptualiser.

J'ai passé beaucoup de temps à étudier la formation de concept, et voici ce que j'en pense. C'est beaucoup plus facile que cela semble l'être au départ : un concept est un ensemble de caractéristiques essentielles qui apparaissent simultanément pour établir des attentes par défaut, des caractéristiques qui peuvent être résumées par un terme précis. C'est du charabia, j'en conviens. Prenez le concept de fruit, un fruit possédant les caractéristiques essentielles suivantes :

> Il appartient au règne végétal (par opposition au règne animal).
> Il pousse dans les arbres.
> Vous pouvez le manger.
> Il pousse souvent dans des vergers.
> Il provient d'une fleur.
> Vous pouvez l'acheter au supermarché.
> Beaucoup d'espèces du règne animal le mangent.
> Il contient des graines (noyaux).

Étant donné ce qui précède, si vous me dites qu'un objet est un fruit, mon attente par défaut sera qu'il possède toutes les caractéristiques essentielles énumérées précédemment. Effectivement, une pomme a ces caractéristiques. Cependant, un certain fruit peut posséder certaines mais non l'ensemble de ces dernières. Par exemple, certains fruits sont toxiques ; ils se méritent l'appellation de fruit, mais ils ne rencontrent pas chacune des caractéristiques énumérées. Et la pastèque ne pousse pas dans un arbre. Voilà pourquoi nous parlons d'un ensemble de caractéristiques qui établissent des attentes par *défaut* ; nous assumons que ces caractéristiques s'appliquent à un exemple spécifique jusqu'à preuve du contraire. C'est ainsi que nous avons des exemples parfaits (des prototypes) de fondamentalistes religieux, des femmes ou des hommes qui possèdent tous les attributs (toutes les croyances) ou tous les traits de base des fondamentalistes, mais il y a aussi ceux qui ne possèdent que certaines tendances ou certains apprentissages. Dans ce dernier cas, quelques-unes des caractéristiques essentielles sont absentes. Si vous me dites qu'une espèce particulière correspond au concept d'oiseau, je supposerai au départ que cette espèce a des plumes et qu'elle est capable de voler. J'aurai quelques ennuis avec les pingouins, mais ces derniers mériteront encore l'appellation d'oiseau, même s'ils n'en sont pas de parfaits exemples comme les cardinaux, des prototypes qui possèdent toutes les caractéristiques essentielles de l'oiseau.

Pour qu'un individu comprenne un concept, il doit en maîtriser les caractéristiques essentielles. Il doit alors réfléchir à des exemples possibles et décider lesquels sont des prototypes parfaits et lesquels ne comblent que partiellement les attentes par défaut.

D'innombrables jeunes adultes qui ne sont pas préparés à s'engager dans la vie active ont de graves déficits psychologiques parce qu'ils n'ont jamais appris à former des concepts avec rigueur. Les jeunes devraient avoir une multitude d'occasions d'analyser et d'appliquer les concepts qu'ils rencontrent sur leur route (page 325). Il y a beaucoup à dire quant à l'établissement de la base conceptuelle qui, au cours des premières années de la vie active, vous servira à accomplir votre travail. L'improvisation est un petit jeu dangereux lorsque vous avez le fusil sur la tempe et que vous devez prouver, tant à vous-même qu'aux autres, que vous savez vraiment ce que vous faites (et dites). Vous devez avoir formé de solides concepts — non seulement avoir mémorisé les faits et les procédures.

Traitement actif

À une conférence où se trouvaient réunis des enseignants de mathématiques du premier cycle du secondaire, j'ai demandé à certains d'entre eux s'ils étaient capables de déterminer ce qui caractérisait le mieux leurs meilleurs étudiants. Plusieurs m'ont indiqué que les étudiants qui réussissaient le mieux étaient des jeunes qui, presque aussitôt qu'ils avaient appris une chose nouvelle, étaient en mesure de trouver des applications. Ces jeunes n'assimilaient pas seulement avec obédience les notions d'algèbre ; ils pouvaient trouver des applications de ces nouvelles compétences dans la vie de tous les jours. Cet état de fait contraste avec ce qu'on entend fréquemment et de façon répétitive dans cette tranche d'âge : « Pourquoi devons-nous apprendre ceci ? Ça ne nous servira jamais dans la vraie vie. »

Savoir une chose, c'est différent que de savoir appliquer cette connaissance en conservant en mémoire le résultat de ses expériences. Apprendre à appliquer ce que vous savez commence par une compréhension en profondeur de ce savoir, une compréhension plus susceptible de se produire lorsqu'un cerveau est en pleine activité. Un étudiant très réceptif accueille avec joie toute nouvelle information ; cette dernière suscite sa curiosité, et résonne à travers les différentes régions de son cerveau. Par exemple, un enseignant fait des remarques sur un personnage malhonnête dans une nouvelle. Ce commentaire active alors les circuits internes d'un étudiant qui écoute : « Oh ouais, ça me rappelle le jour où ma sœur Emily a été punie pour un tel comportement. Ça me rappelle aussi la fois où je me suis mis dans le pétrin pour la même raison. Mon père et moi avons alors parlé de la façon dont les politiciens qui mentent se font prendre et de leur embarras à ce moment-là, et je suppose que cela veut dire que vous ne devez pas mentir lorsqu'on vous demande si vous avez fait vos devoirs. » Une telle chaîne d'associations, faite de liens privilégiés avec les expériences antérieures, et d'implications futures constitue un apprentissage actif. Le phénomène opposé, à savoir l'apprentissage inactif, est trop répandu. Un enseignant expose devant la classe une idée importante, mais cette dernière demeure dans le vestibule du cerveau, et y stagne.

Certains jeunes sont chroniquement passifs dans leur apprentissage et face aux processus de pensée, et le système éducatif peut être partiellement à blâmer car il encourage et même récompense l'apprentissage passif. Comme un jeune adulte frustré qui s'engageait dans la vie active le disait, « Quand j'étais plus jeune, je faisais ce qu'on me demandait — sans vraiment trop réfléchir. Maintenant, à l'école de commerce, j'ai des difficultés avec les travaux que j'ai à rédiger. Avant, au collégial et à l'école secondaire, je lisais pour pouvoir répondre aux questions lors des examens. L'autre jour, nous devions rédiger un contrat de vente complexe, et démontrer que nous avions compris toutes les implications et tous les problèmes qu'il pouvait soulever. J'avais vraiment à mettre en application ce que je lisais. Ça m'a pris un temps fou à faire ce travail et j'ai senti que mes études ne m'avaient pas bien préparé. Je ne pense pas que j'ai jamais vraiment été forcé d'appliquer ce que je lisais — vous savez, comme utiliser ce que vous lisez pour résoudre des problèmes ou démêler des questions embrouillées. »

Dans le cadre d'un processus d'apprentissage actif, les écoles doivent amener les enfants à penser en fonction de la pertinence et des applications à long terme de la matière et des compétences qu'ils assimilent. « Je suis vraiment heureux de tout apprendre sur la musique classique. Pour le reste de mes jours, je pourrai assister à des concerts et comprendre les pièces musicales pour mieux les apprécier. » « En apprendre davantage sur le gouvernement me permettra de mieux comprendre ce que je lis dans les journaux et, de plus, cela m'aidera à décider pour quel parti je voterai aux prochaines élections. » « Tout apprendre sur l'anatomie humaine est vraiment amusant. Je pense que j'ai toujours été un peu curieux de découvrir quels sont les noms des différentes bosses qui apparaissent sur mes os et mes jointures. Maintenant, je le sais. C'est *cool* ! »

Les étudiants devraient essayer de trouver des applications immédiates lorsqu'ils songent à de possibles utilisations à long terme de leurs apprentissages. Et les enseignants devraient faire de même. Ils devraient constamment se poser ces questions : « Pourquoi j'enseigne cette matière ? Comment mes étudiants seront-ils capables de l'appliquer à court et à long terme ? Comment puis-je leur fournir un cadre pratique immédiat qui leur permettra d'utiliser ce qu'ils apprennent ? » Lorsque les membres du corps enseignant sont incapables de répondre à de telles questions, ils devraient sérieusement songer à réviser leur programme d'études. Si un enseignant exige de ses élèves de septième année qu'ils mémorisent une liste de fleuves africains, il pourrait par mégarde favoriser un apprentissage inactif en encourageant l'assimilation d'informations sans véritable pertinence apparente.

Les parents et les enseignants doivent aider les jeunes à s'engager dans un processus d'apprentissage actif. Le fait de poser de bonnes questions amène les étudiants à emmagasiner de nouvelles informations dans leur champ de conscience. La liste qui suit fournit quelques exemples de questions qui peuvent stimuler une activité cognitive valable. Les jeunes doivent comprendre que les excellents étudiants ne s'ennuient jamais à l'école ; ces derniers sont intéressés parce qu'ils ne cessent de se poser des questions et d'établir des liens entre ce qu'ils découvrent.

CERTAINES QUESTIONS QUI DÉCLENCHENT L'APPRENTISSAGE ACTIF

1. Comment ces faits ou ces idées correspondent-ils ou modifient-ils votre point de vue ou vos intérêts ?

2. Pouvez-vous relier ces faits ou ces idées à ce que vous avez appris récemment ?

3. Pouvez-vous donner quelques exemples de choses que vous avez vécues dans le passé et qui se rapportent à ces idées ou à ces faits ?

4. De quelles manières ces idées ou ces faits peuvent-ils vous aider à l'avenir ?

5. Comment ces idées ou ces faits modifient-ils votre façon de penser ou vous amènent-ils à penser quelque peu différemment ?

6. Comment expliqueriez-vous ces idées ou ces faits à un individu plus jeune ou moins expérimenté que vous ?

7. Comment ces idées ou ces faits peuvent-ils être utilisés pour gagner le respect des autres ?

L'apprentissage actif peut être très payant pendant les premières années de vie active. Voici un exemple : supposons que vous êtes un vendeur ambitieux de vingt-quatre ans qui travaille dans un magasin de matériel électronique. La dernière chaîne audiovisuelle domestique arrive en magasin et on vous donne les spécifications du nouveau produit. Vous pouvez décider de mémoriser les informations sur ce produit, la puissance en watts de l'amplificateur, le nombre de ohm des haut-parleurs, les couleurs et les tailles des écrans qui sont disponibles — ou choisir de faire une recherche lorsqu'un client vous demandera des informations. Un vendeur qui est en apprentissage actif assimile les informations et les transforme en un boniment efficace. Il pense aux types de clients qu'il pourrait intéresser à ce modèle. Il fait un lien entre le nouveau produit et différents contrats de service et plans de paiement que l'on pourrait offrir aux acheteurs potentiels. Il pense aux anciens clients, aux amis et aux parents qui pourraient être tentés de faire une folie et de claquer leur argent pour se procurer ce nouvel article de consommation ostentatoire. Vous pouvez entrer dans un magasin et remarquer presque immédiatement les vendeurs proactifs et ceux qui ne le sont pas. Ceux qui font toutes sortes de liens sont les plus susceptibles de réussir et de continuer sur la voie du succès. Bien sûr, une telle démarche est nécessaire dans n'importe quel domaine d'activité. Les jeunes qui sont habituellement des penseurs passifs sont enclins à démarrer avec un gros handicap, malgré le fait qu'ils ont parfois d'impressionnants résultats scolaires. Les parents peuvent encourager leurs jeunes à choisir des écoles qui voient l'apprentissage comme un processus actif de transmission et d'assimilation des connaissances plutôt que des écoles qui considèrent l'apprentissage comme un processus passif se résumant à la prise de notes.

RECONNAISSANCE DES MODÈLES

L'histoire se répète tout au long de notre vie. Les défis, les situations, les impasses et les occasions reviennent de manière presque aussi prévisible que les saisons. À l'école, nous sommes initiés aux mots ; ces derniers sont formés de lettres qui se répètent pour former des syllabes différentes (des modèles) selon leur emplacement dans les mots. En musique, il existe des thèmes et des variations. Dans un musée, nous pouvons identifier une toile de Picasso, de Pollock ou de Chagall, même si nous n'avons jamais vu cette œuvre auparavant ; nous reconnaissons un modèle sous-jacent qui révèle l'identité de l'artiste. Nous devons prendre conscience que les modèles se reproduisent si nous voulons acquérir la compréhension du monde extérieur et développer des comportements adéquats selon les circonstances. Si vous ne percevez pas les modèles, trop de choses que vous rencontrerez sur votre route vous sembleront des premières, et vous ne serez pas en mesure de puiser dans vos expériences antérieures pour rapidement faire face à ces nouvelles situations.

Certaines études ont mis en lumière la pertinence de la reconnaissance de modèles en comparant les novices aux experts dans un grand nombre d'activités pratiquées par les adultes. « Comment un expert diffère-t-il d'un débutant dans sa façon de comprendre les choses ? » Une découverte importante a été qu'un expert a la capacité de voir les similitudes malgré la présence de différences superficielles. Un joueur d'échecs expert peut percevoir un modèle qui se développe sur l'échiquier. Même s'il n'a jamais vu ce modèle auparavant, il pourra, en décortiquant certaines différences superficielles, reconnaître un modèle sous-jacent qu'il a rencontré lors de nombreuses parties précédentes.

Une étudiante qui a peu de compétences en mathématiques peut conclure qu'elle n'a jamais vu un problème comme celui qui se présente à elle sous la forme d'un énoncé simplement parce qu'il est question d'un cheval et d'une vache. Si elle pouvait saisir les détails superficiels, elle découvrirait un modèle sous-jacent (disons, comparer les vitesses relatives de deux objets qui se déplacent) sur lequel elle a travaillé à plusieurs reprises dans le passé. Un problème solutionné précédemment peut impliquer le même cheminement logique, mais traiter d'un furet et d'un chaton. Comme me l'a dit un jour un père frustré : « Jeremy traite chaque problème de mathématiques comme s'il le voyait pour la première fois, même lorsque son problème est presque identique à celui qu'il a résolu avec succès il y a dix minutes. »

Comment la détection et la reconnaissance d'un modèle entrent-elles en jeu au début de l'âge adulte ? Pendant les premières années de la vie active, une personne se familiarise avec des modèles récurrents qui exigeront une interprétation et une réponse efficaces au cours des années à venir. En tant que stagiaire en pédiatrie, vous devez vous sensibiliser à un large spectre de modèles cliniques. Par exemple, un nouveau-né qui est léthargique et qui a une très forte fièvre devrait vous amener à considérer qu'il souffre de la méningite. Un mécanicien peut reconnaître un modèle qui demande une réparation précise lorsqu'une voiture surchauffe et que le pot d'échappement émet d'épaisses vapeurs d'une couleur particulière. Au fil d'une carrière, les individus en arrivent à reconnaître un nombre toujours croissant de modèles, ce qui leur permet d'identifier les causes des phénomènes et d'établir un lien avec les solutions qui ont ou n'ont pas donné de résultats antérieurement. Cette reconnaissance accrue de modèles contribue de manière importante à ce que nous appelons le gros bon sens.

Au cours des premières années de la vie active, les gens devraient s'engager avec diligence dans la recherche de modèles. Quelle que soit votre profession, vous devez devenir un fin diagnostiqueur. Vous devenez habile à poser des diagnostics lorsque vous reconnaissez les modèles au moment où ils se présentent. Un après-midi, alors que j'écoutais à la radio l'émission de PBS, *Car Talk*, une femme a appelé pour se plaindre que de la nourriture pour chien sortait du système de chauffage de sa voiture chaque fois qu'elle le mettait en marche. Je n'en croyais pas mes oreilles. Cependant, les experts bien informés qui avaient été invités, Click et Clack, ont reconnu le modèle immédiatement. Ils ont demandé à cette femme si elle conservait de la nourriture pour chien dans son garage, ce qu'elle faisait effectivement. Ils lui ont alors dit que des souris ou des rats qui logeaient dans son garage se dissimulaient sous le capot de la voiture et qu'ils y conservaient là les boulettes tant convoitées. Les rongeurs avaient fait des trous dans le système de ventilation et un peu de leur réserve de nourriture était projeté vers l'habitacle chaque fois que la chaufferette était mise en marche. Quelle impressionnante reconnaissance d'un modèle — et aussi une reconnaissance parfaite des implications, ce qui a permis de corriger le problème !

Les jeunes qui ont beaucoup de difficulté à reconnaître un modèle peuvent échouer une fois qu'ils s'engagent dans la vie active. Je crois fermement que les enseignants devraient toujours encourager leurs étudiants à identifier les modèles sous-jacents explicites et leurs implications. Les parents peuvent également être utiles dans cette mission.

Voici quelques stratégies permettant de mieux favoriser la reconnaissance des modèles.

ÉTAPES POUR ENCOURAGER LA RECONNAISSANCE DES MODÈLES

- Dans toutes les classes, les enseignants devraient réguliè-rement poser aux étudiants cette question : « Quel est ici le modèle sous-jacent et où l'avons-nous vu auparavant ? »

- Lorsqu'ils sont à la recherche de modèles, les étudiants devraient discuter de la manière dont un modèle qu'ils ont vu dans le passé revient sous un nouvel emballage ou avec des différences.

- Les enfants et les adolescents devraient lier les modèles problématiques ou présentant des défis à des solutions qui ont fonctionné ou échoué en présence de tels modèles dans le passé. Les étudiants en histoire et en sciences sociales peuvent examiner les événements historiques qui ont des points de ressemblance avec des situations ou des dilemmes actuels. Ils peuvent considérer la réponse qui a été faite à ces modèles dans le passé et voir comment cette expérience pourrait orienter le processus décisionnel actuel.

- On peut mieux comprendre la littérature et la poésie en identifiant des symboles, des allusions ou des thèmes qui se reproduisent sous une forme ou une autre dans chaque chapitre ou strophe. Il s'agit là d'une forme de reconnaissance de modèles que les étudiants peuvent rechercher consciemment et explicitement. Le choix des caractères des personnages d'un roman a souvent pour but de faire ressortir des modèles de comportement ou des traits de personnalité qui se révèlent des modèles récurrents.

- La musique et les arts graphiques offrent d'excellentes occasions d'étudier des thèmes et des variations. Les étu-diants devraient être en mesure d'écouter une pièce musicale et d'identifier le thème de base et la façon dont celui-ci a été traité par le compositeur. Ils peuvent examiner des toiles et discuter des modèles qui suggèrent qu'une œuvre a été créée au XVIIIᵉ siècle ou qu'il s'agit du coup de pinceau caractéristique de Van Gogh.

Reconnaissance des modèles et règles

La reconnaissance des modèles joue un rôle central dans la résolution de toutes sortes de problèmes. Par exemple, le succès en mathématiques est dépendant de la capacité à lier la reconnaissance d'un modèle aux solutions. Un étudiant détecte un modèle, peut-être sous la forme d'un énoncé, puis opère un transfert, grâce à la mémoire à long terme, de la méthode qui a fonctionné antérieurement lorsque le modèle est apparu. Cette même opération, qui compte deux étapes — reconnaissance d'un modèle et transfert de méthode —, a un impact profond sur un très large éventail de problèmes existentiels. Si une personne habile en société et à l'aise dans son milieu de travail entre en conflit avec un collègue ou un supérieur, elle peut automatiquement se reporter à une expérience ou elle est entrée en conflit avec d'autres individus et l'invoquer, puis transférer la stratégie qui a le mieux fonctionné à ce moment-là. Si un ouvrier fait fonctionner chaque jour à l'usine une machine à moulurer et que celle-ci commence à mal fonctionner, il peut détecter un modèle en observant ce qui cloche dans la machine. Il peut alors se remettre en mémoire un problème qui est survenu auparavant, et se rappeler comment la machine a été réparée à ce moment-là. Cette façon de réagir ajoute à cette ressource essentielle que l'on appelle expérience cumulative.

Les modèles qui se répètent continuellement se traduisent aisément en règles. Les règles prennent la forme de « si... alors ». Ainsi, si vous êtes conscient d'un phénomène météorologique, vous pourriez trouver une règle qui établit que, « Si nous sommes au mois d'août, que le ciel devient sombre et qu'il vente en fin d'après-midi, il y a de fortes probabilités qu'il y ait un orage. » Les règles impliquent souvent la nécessité d'une action (c'est-à-dire un transfert de méthode), comme « Je préfère prendre mon imperméable. » Il a été démontré que plusieurs étudiants qui connaissent le succès parviennent particulièrement bien à comprendre les règles et à les appliquer. De plus, ils sont aptes à concevoir leurs propres règles lorsqu'ils prennent conscience de deux phénomènes ou plus, comme le ciel sombre et les orages, qui ont tendance à aller de pair.

La sensibilité aux modèles et aux règles permet à un étudiant ou à un adulte qui s'engage dans la vie active de détecter des irrégularités, telles les exceptions à la règle, et d'y répondre en conséquence. Voici une déclaration d'un vendeur de voitures qui a du succès dans son métier : « Généralement, j'observe comment les individus sont habillés. Je me concentre principalement sur les chaussures et la montre qu'ils portent. Si leurs chaussures semblent provenir d'un commerce du coin et que leur montre ressemble à une montre achetée par correspondance, je les dirige vers nos modèles économiques parce que je sais qu'ils cherchent la meilleure aubaine. Cependant, quand je vois une paire de chaussures italiennes chères ou des chaussures de sport de qualité supérieure, je dirige ces types vers les VUS tout équipés ou les berlines de luxe. Les chaussures sont toujours un indice fiable. Bien sûr, de temps à autre, quelqu'un entre dans la salle de montre habillé comme un clochard et semble démuni, puis il s'avère que sa cour recèle d'abondantes réserves de pétrole, et qu'il veut échanger sa Ferrari vieille de deux ans. Il m'arrive aussi de me fier à la façon dont il s'exprime ou aux commentaires de sa femme. C'est alors que j'oublie le livre de règlements pour lui montrer notre véhicule qui rapporte le plus, une édition limitée dont le prix est gonflé. Or, il s'agit de l'exception à la règle. » Comme ce vendeur l'a reconnu, les règles sont importantes pour aider à détecter des irrégularités, que ces dernières soient acceptables ou désirables.

Lorsque cela ne suffit pas, il faut tenir un carnet de bord
Au travail et à l'école, vous apprenez de vos expériences, en partie en parvenant à connaître tous les modèles récurrents partiellement inexprimés, dont vous convertissez automatiquement certains en règles. Ces dernières vous simplifient la vie ; nous les appelons parfois « règles du gros bon sens ». Il s'agit de mécanismes pratiques qui guident vos actions et vos prises de décisions et qui, fort probablement, vont donner de bons résultats. Cependant, que se produit-il lorsqu'un individu n'est pas conscient de l'existence de tels modèles ? Il est incapable de tirer avantage de ses expériences précédentes, et d'apprendre suffisamment d'elles, ce qui peut vouloir dire qu'il continuera à répéter des gestes qui ne l'ont jamais mené nulle part. Il est pris dans un engrenage.

L'exemple de Betsy illustre bien cette difficulté. La jeune femme n'était pas consciente des modèles récurrents dans son travail d'analyste du marché boursier. Elle possédait depuis peu sa maîtrise en administration des affaires lorsque son entreprise, située à Chicago, lui a confié la couverture de l'industrie des télécommunications. Après seulement huit mois, à sa grande surprise et sans aucun avertissement, Betsy fut licenciée. Son supérieur précisa qu'il pensait qu'elle n'était pas dans le bon domaine. Il fit remarquer que tous les rapports qu'elle avait écrits semblaient identiques, qu'ils reflétaient une incapacité à voir le tableau global de la situation, à reconnaître les modèles changeants de l'industrie et à faire des recommandations d'investissement basées sur ces nouveaux modèles. Par exemple, Betsy n'était pas en mesure de dire ce que les entreprises qui démarraient dans son secteur avaient en commun. Elle ne pouvait identifier les modèles de gestion ou les stratégies qui avaient donné de bons résultats. Betsy était au chômage parce qu'elle n'était pas parvenue à reconnaître les modèles.

Je me souviens de Pierre, un élève de onzième année qui avait connu toutes sortes de difficultés dans les classes où il était passé et où il y avait des règles d'apprentissage. Son

cerveau était allergique aux règles grammaticales. Ce phénomène se produisait également avec les mathématiques et les
langues étrangères. Pierre disait qu'il avait toujours eu du
plaisir à assister aux cours d'anglais, sauf lorsqu'il étudiait
la grammaire. Il faisait remarquer qu'il pouvait parler parfaitement l'anglais en respectant les règles grammaticales mais
que celles-ci « n'avaient aucun sens pour lui ». Nous avons
demandé à Pierre de tenir un carnet de bord où il pouvait
inscrire les règles et les modèles qui se reproduisaient dans
les domaines où il éprouvait de la frustration. Tous les
étudiants devraient faire de même, au moins périodiquement, car ils ont besoin de rappels constants lorsqu'ils
sont à la recherche de modèles et de règles implicites. Une
telle habitude les servira bien au cours de leur carrière.

APPROCHE ÉVALUATIVE

À l'école et dans la vie professionnelle, il faut sans cesse
évaluer les idées, les gens et les produits (ou les produits
proposés). Au travail et à l'école, les réactions d'un individu
sont souvent basées sur de telles évaluations. Par exemple,
vous agissez positivement envers les gens qui semblent
compétents et honnêtes : il s'agit d'une évaluation que vous
avez faite sur leur compte. Un individu s'engage à faire
partie d'un projet parce qu'il l'évalue comme ayant une
potentielle signification. Tant la capacité que la disposition
d'esprit pour devenir un évaluateur compétent varient
considérablement chez les adultes engagés dans la vie active
et chez les étudiants. Tôt ou tard, tout le monde se doit de
devenir un critique compétent.

Une mère bouleversée m'a décrit sa fille de vingt et un
ans comme étant « cent pour cent naïve, comme la bonne
poire parfaite ». Je connaissais Jessica depuis presque dix ans
pour l'avoir aidée à faire face à certains problèmes mineurs
d'apprentissage. Jessica était maintenant diplômée d'une
petite université de l'Ohio, et elle insistait pour déménager
à New York afin de poursuivre une carrière de danseuse à

Broadway. Ses parents étaient affolés parce que leur fille avait tendance à suivre n'importe qui et à faire presque tout ce qu'on lui demandait — pour plaire aux gens et se faire accepter. Elle avait aussi tendance à croire tout ce qu'on lui racontait. Jessica se faisait attraper par des publicités télé-visées absurdes et était victime de propositions ridicules de la part de ses amis à l'école. Dans le dernier cas, il en est résulté des problèmes de drogues et de tabagisme. Les parents de Jessica se sont inquiétés, et avec raison, du fait que leur fille puisse « être avalée » par n'importe quel beau parleur de la grande ville ou qu'elle se laisse entraîner par des trafiquants de drogue, des maîtres de l'arnaque et des soupirants éventuels. Bref, ils étaient bouleversés parce que Jessica n'avait pas les outils pour évaluer sa propre situation.

À l'autre extrême, on trouve des gens qui sont des cyniques endurcis. Je me rappelle un individu de dix-neuf ans qui cherchait du travail. Il semblait refuser tout emploi. Voici certaines de ses réponses typiques, chacune faisant référence à une offre d'emploi différente : « Je ne travaillerai pas pour ces rats. Tout ce qui les intéresse, c'est d'arnaquer ceux qui entrent dans leur commerce », « Je pourrais gagner plus d'argent en vivant de l'aide sociale qu'avec le salaire qu'ils me verseraient », « Pas question, les restaurants traitent leurs employés comme de la merde. » Les parents se rappelaient que leur fils s'était attaqué verbalement à ses professeurs, à d'autres jeunes, à eux et à leur Église. Il avait toujours quelque commentaire négatif à faire et voyait rarement le côté positif des choses. Comme Jessica, il avait peu de compétence évaluative, il était excessivement catégo-rique jusqu'à manifester un cynisme abject. Il ne s'est jamais arrêté suffisamment longtemps pour évaluer objectivement les avantages et les désavantages d'une occasion qui se présentait à lui. Maintenant, il était pratiquement paralysé par son cynisme. Son négativisme habituel était devenu une réponse réflexe. L'approche évaluative se situe entre les extrêmes représentés par ces deux jeunes adultes.

Tout d'abord, l'évaluation nécessite du temps. Nous sommes tous conscients des dangers de porter des jugements rapides, de prendre des décisions impétueuses et de poser des gestes irréfléchis. Heureusement, les lobes préfrontaux du cerveau (page 163), les régulateurs de notre esprit, nous permettent de nous arrêter et de bien réfléchir aux situations et aux actions possibles. L'approche évaluative implique les étapes suivantes :

DIX ÉTAPES VERS L'APPROCHE ÉVALUATIVE

1. *Entrer dans ses pensées* : faites une pause afin de bien réfléchir et de bien évaluer une situation plutôt que de sauter immédiatement aux conclusions ou d'y aller d'un jugement hâtif.
2. *Décrire la cible qui doit être évaluée* : décrivez objectivement ce que vous examinez — les faits à propos de l'individu, de l'idée ou du projet. Cette étape appelle temporairement la suspension de jugements afin d'empêcher tout préjugé.
3. *Décrire les revendications et les apparences extérieures* : déterminez le point de vue ou les biais de ce que vous évaluez — par exemple, ce qu'un vendeur veut que vous pensiez d'un produit pendant son boniment, ou une idée dans un éditorial.
4. *Déterminer les aspects qui sont discutables* : identifiez les éléments qui nécessitent une réflexion — par exemple, pendant le boniment d'un vendeur, le prix, les avantages, les aspects pratiques, les risques par rapport aux bénéfices potentiels d'un produit.
5. *Rechercher* : récoltez toutes les preuves ou données disponibles qui pourraient influencer l'évaluation.
6. *Consulter les autres* : prenez en compte les points de vue pertinents, participez aux discussions.
7. *Former ses jugements en fonction d'aspects précis* : utilisez les valeurs personnelles, les apports extérieurs et les expériences précédentes afin de vous former des

opinions préliminaires sur les éléments déterminés à l'étape 4.

8. *Peser le pour et le contre* : arrêtez-vous à un jugement et agissez en fonction de celui-ci.

9. *Affiner et transmettre l'évaluation* : formulez une évaluation en vos propres termes.

10. *Contrôler* : vérifiez par la suite si une évaluation s'est avérée juste (et ses implications majeures pour les prochaines évaluations par rapport aux réactions des individus, aux idées et aux produits).

Arlene, fraîchement diplômée de l'université et âgée de vingt-deux ans, vient de recevoir une offre d'emploi d'une entreprise de relations publiques et elle doit en faire l'évaluation. D'abord, elle a à lutter contre son caractère impulsif. Elle doit prendre une pause et réfléchir. Ensuite, elle pourra se demander : « En quoi serai-je avantagée si j'accepte cette offre ? » Alors, sur une feuille de papier, elle devrait récrire la description de travail ou l'offre dans ses propres mots et aussi exactement et complètement que possible. L'acte de transcrire plutôt que de lire passivement peut clarifier ou soulever des questions essentielles. Puis, Arlene doit considérer les déclarations de l'entreprise visant à rendre la proposition d'emploi attrayante. Est-ce qu'elles sont crédibles ? La jeune femme devrait alors dresser la liste de tous les aspects de cet emploi qui pourraient comporter des avantages ou des inconvénients. Elle pourrait ensuite en apprendre davantage sur l'entreprise en lisant des rapports concernant le secteur où œuvre celle-ci. Elle devrait rechercher les avis de quelques « experts » impartiaux au sujet de cette offre d'emploi, comme sa mère, son colocataire à l'université, des ex-employés de cette entreprise et son professeur de marketing. Maintenant prête à peser sérieusement le pour et le contre de cette offre d'emploi, Arlene devrait exprimer ses conclusions dans ses propres mots. Des mois et des années plus tard, Arlene pourra revenir sur sa propre évaluation de cette offre d'emploi et en mesurer l'exactitude.

RASSEMBLER TOUS LES ÉLÉMENTS

Nous avons vu comment les processus de croissance qui favorisent une interprétation précise jouent un rôle essentiel à l'école et plus tard au cours des premières années de la vie active. En combinant la compréhension des informations avec la reconnaissance des modèles et l'approche évaluative, un adulte qui s'engage résolument dans la vie active est en mesure de lancer sa carrière et de s'y épanouir avec d'excellentes chances de « connaître les ficelles ». Des interprétations précises mènent à de meilleures décisions et actions, et engendrent un sentiment justifié d'efficacité et des réactions positives qui peuvent inspirer un individu tout au cours de sa vie professionnelle. Il est impératif que nos écoles apprennent aux étudiants à être des interprètes efficaces.

DEVENIR UN INTERPRÈTE PRÉCIS

Comprendre

Apprendre au-delà de la mémorisation
Décoder les attentes
Former des concepts
Traiter les informations activement et efficacement

Reconnaître les modèles

Percevoir les modèles récurrents
Marier les modèles avec ce qui a fonctionné
Apprécier les règles existantes et en créer d'autres

Évaluer

Dépasser les extrêmes que sont la naïveté ou le cynisme
Évaluer point par point, de façon mûrement réfléchie
Juger les produits, les gens, les idées, les occasions

9

INSTRUMENTATION

Développer ses capacités intellectuelles

Pour moi, le travail idéal serait celui où je travaillerais de mes mains et où je ferais quelque chose qui serait aussi stimulant sur le plan intellectuel ; de plus, j'aimerais un travail où j'aurais la possibilité d'être en relation avec les gens. J'aimerais pouvoir démonter non seulement des choses mais aussi des idées que je pourrais remonter en les améliorant.

C.T., 24 ans

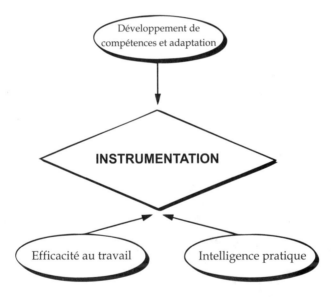

L'instrumentation nécessite l'assemblage d'une petite trousse portative d'outils professionnels. Tous les adultes qui quittent le cocon de l'adolescence auraient intérêt à considérer les importantes questions suivantes : « Quels sont les outils dont j'ai besoin dans le domaine d'activité que j'ai choisi (si je peux en identifier un) ? Est-ce que je sais comment et quand les utiliser ? Comment puis-je acquérir aisément des outils que je n'ai pas ? Plusieurs de ces outils ne sont pas des choses que vous pouvez brancher ou transporter dans un coffre à outils ; ils font partie de votre pensée. Sans l'outillage mental adéquat, vous pourriez devenir une idole déchue, prendre le mauvais chemin, demeurer un éternel adolescent ou souffrir de graves déficits sur le plan psychologique.

L'été dernier, j'ai épié l'équipe d'électriciens qui installaient un générateur sur ma ferme. J'ai été étonné de découvrir que chacun possédait son propre coffre à outils et j'ai été impressionné, et très jaloux, lorsque j'ai observé comment ces hommes décidaient quelle pince, quelle clé, ou quel diamètre de perceuse était adapté à chaque étape de l'installation. Les outils étaient comme les prolongements de leurs mains. Cela m'a permis de me rendre compte que les outils intellectuels sont aussi réels et pertinents dans ma vie au travail que les tournevis et les cisailles le sont chez un électricien.

Lorsque j'étais à la faculté de médecine, j'ai pu observer avec plusieurs camarades de classe un chirurgien renommé et quelque peu arrogant lors d'une intervention chirurgicale à la vésicule biliaire. Avant sa présentation haute en couleur, il nous a servi cet avertissement que je n'ai jamais oublié. Il a simplement dit : « Si ce que vous faites est trop difficile, cela signifie que vous n'utilisez pas le bon instrument. »

Des administrateurs et des décideurs du milieu de l'éducation doivent examiner les demandes des adultes engagés dans la vie active afin de déterminer quels instruments les étudiants d'aujourd'hui auront probablement besoin au cours des premières années de leur vie professionnelle. Bien que des outils très différents soient exigés dans les établissements spécialisés, tels un laboratoire de chimie, un salon de coiffure, une cour de justice, ou la cabine d'un dix-huit roues, il est possible d'identifier un certain outillage mental nécessaire pour les niveaux d'études et d'occupations : outils sur le plan des compétences, de l'efficacité au travail et de l'intelligence pratique.

D'une génération à l'autre, le répertoire des compétences pertinentes dans une carrière donnée change radicalement. Ceux d'entre nous qui sont concernés par l'avenir des enfants doivent examiner de près les capacités dont auront probablement besoin la prochaine vague de jeunes adultes qui s'engageront dans la vie active. Avec l'informatisation grandissante et le déclin constant des emplois offerts aux travailleurs non qualifiés, plusieurs entreprises doivent reconnaître non seulement le besoin croissant de bonnes compétences universitaires de base, mais aussi la nécessité d'un éventail de compétences techniques et intellectuelles spécifiques. Faisant état de leurs recherches sur le marché du travail, Frank Levy et Richard Murnane (2004) affirment ceci : « Ceux qui ont de fortes compétences ne doivent pas s'inquiéter du chômage massif ou du sous-emploi. Au contraire, le grand danger est le déclin constant des possibilités de revenus chez des individus manquant de compétences pour effectuer un travail nécessitant une *pensée experte* et une *communication complexe*. » Plusieurs compétences énumérées dans ce chapitre, comme le remue-méninges, l'approche évaluative, la créativité et l'organisation, appartiennent au domaine de la pensée experte. Un adulte qui s'engage dans la vie active doit se demander s'il développe une des compétences qui lui permettront d'utiliser la pensée experte. Les complexités de la communication seront vues en détail au chapitre 10.

DÉVELOPPEMENT DES COMPÉTENCES ET ADAPTATION

Voici une déclaration qui a été faite à propos d'un nouvel employé qui manquait des compétences dont il avait besoin pour conserver son travail : « Nous avons embauché Vernon pour qu'il fasse des collectes de fonds, mais il ne pouvait nous aider à organiser notre campagne actuelle. Bien que l'anglais était sa matière principale à l'université, il ne savait pas comment rédiger un mot de remerciement ou une lettre destinée à un donateur éventuel. Il ne pouvait pas faire les calculs requis pour mesurer la taille d'un don éventuel. Nous avons essayé de l'aider, mais il a insisté pour dire qu'il savait tout faire. Ses compétences n'étaient tout simplement pas adaptées à nos besoins. C'est tant pis ; il était agréable d'avoir ce type dans les parages. »

Personne n'est compétent à la naissance. La compétence congénitale est une chose qui n'existe pas. Les compétences sont des capacités qui sont développées au fil du temps. Bien qu'il puisse y avoir des talents innés ou certaines prédispositions congénitales qui puissent rendent la maîtrise de certaines habiletés aisée ou malaisée, toutes les compétences sont les produits ou des sous-produits de l'apprentissage. Une bonne partie de ces compétences sont enseignées par les enseignants ou les parents ; d'autres relèvent de l'autodidactisme. L'accumulation de compétences utiles et la capacité de mobiliser les bonnes compétences pour satisfaire à des exigences spécifiques sont à l'origine des réussites dans le sport, dans le milieu académique, et finalement du succès professionnel.

Nous pouvons diviser le développement des compétences en quatre opérations : détermination des besoins en matière de compétences, développement et application des compétences, renforcement des compétences et réévaluation des compétences.

Détermination des besoins en matière de compétences
Il n'est pas inhabituel que des adolescents et de jeunes adultes aient certaines aspirations sur le plan professionnel sans qu'ils n'aient la moindre idée des compétences qu'ils doivent posséder pour réaliser leurs rêves. Les jeunes doivent être conscients du fait incontestable que plusieurs des compétences

dont ils ont besoin à l'école peuvent être différentes de celles dont ils auront besoin dans la vie professionnelle (page 26). Comme je l'ai mentionné au chapitre 6, il est fréquent qu'un étudiant médiocre en droit ou en finances ou ayant reçu une formation minimale devienne néanmoins un brillant avocat, un dirigeant d'entreprise ou un soldat remarquable. De même, certains des meilleurs étudiants des écoles professionnelles déçoivent énormément une fois qu'ils sont sur le marché du travail.

Un de mes patients voulait désespérément être admis en médecine. Pendant quatre ans, il a fait demande sur demande, et a finalement été admis. Je lui ai dit que, si je me basais sur ses résultats scolaires antérieurs, je ne pouvais que constater que la faculté de médecine allait être une épreuve difficile pour son ego, mais je l'ai rassuré en lui disant qu'une fois qu'il aurait réussi sa formation globale il excellerait dans la spécialité qu'il aurait choisie. J'avais raison : il fit sa médecine non sans difficulté ; à trente-cinq ans, il dirige un département de médecine interne respecté. Il est important que les étudiants du secondaire et de l'université reconnaissent qu'ils n'ont pas nécessairement besoin d'avoir des résultats remarquables pendant leur formation pour obtenir du succès et s'épanouir sur le plan professionnel.

Lorsqu'un étudiant envisage le choix d'une carrière, on devrait l'aider à dresser une liste des compétences qui lui seront nécessaires au cours de sa formation et une autre de celles qui entreront en jeu au cours de sa carrière. Alors que peu d'adultes qui s'engagent dans la vie active connaissent à l'avance comment leur vie au travail sera en fin de compte structurée, il est utile de bien réfléchir aux options et d'extraire les compétences qui devront être intégrées à l'étape de la formation et celles qui continueront à entrer en jeu une fois que la carrière progressera. Un étudiant qui veut devenir professeur d'économie doit aiguiser ses compétences en calcul afin de pouvoir se livrer à des analyses financières. Il doit savoir qu'une fois membre d'un corps enseignant il devra développer une nouvelle compétence, qui n'était pas une priorité pendant sa formation mais qui est maintenant importante, à savoir la capacité de rédiger des demandes de subvention gagnantes.

Développement et application des compétences

Au fil du temps, tout individu qui réussit se sert d'un répertoire de compétences qui s'accroît sans cesse. Les compétences scolaires, les habiletés motrices, les habiletés sociales et les compétences techniques (spécialisées) sont quatre catégories de compétences courantes. Elles sont décrites au tableau 9.1.

Les compétences scolaires consistent à savoir lire, écrire et compter. De plus, des exigences variées entrent en jeu, par exemple savoir prendre des notes, résumer et interpréter les graphiques à barres. Les gens découvrent qu'ils ont des déficits psychologiques — peut-être même des pertes importantes — lorsque, pendant les premières années de leur vie active, ils réalisent que les compétences qu'ils ont acquises sont insuffisamment développées (chapitre 5). Les problèmes de lecture persistants qui hantent un adolescent peuvent étouffer ses aspirations sur le plan professionnel. J'ai reçu de nombreux appels d'étudiants en droit et en médecine qui risquaient d'échouer dans leurs études parce qu'ils lisaient trop lentement ou qu'ils avaient d'énormes difficultés à saisir ou à mémoriser la matière qu'ils avaient étudiée dans un livre ou un article. Beaucoup d'adultes qui ne sont pas préparés à s'engager dans la vie active ont dû faire face à des problèmes de lecture lorsqu'ils étaient à l'école. Ils ont une compréhension incomplète de ce qu'ils lisent, un rythme de lecture lent et laborieux et des problèmes de mémoire. Pour contrer ce phénomène, les étudiants peuvent pratiquer la lecture en suivant les étapes suivantes :

1. Lisez la matière afin d'avoir une vue d'ensemble, une « vision globale ».

2. Lisez de nouveau pour saisir les détails (surlignez les idées principales et les mots-clés, et rédigez de brèves remarques en marge).

3. Lisez rapidement ce que vous avez surligné.

4. Résumez ce que vous lisez — oralement ou par écrit.

5. Appliquez vos connaissances à accomplir une tâche.

6. Revoyez le résumé pour vous assurer qu'il correspond à ce que vous avez fait.

TABLEAU 9.1
CATÉGORIES DE COMPÉTENCES

Catégories de compétence	Description	Exemples
Scolaires	Compétences apprises à l'école	Savoir lire, écrire, compter, prendre des notes, utiliser la bibliothèque
Motrices	Capacités musculaires développées	Nager, danser, taper sur un clavier
De la vie quotidienne	Nécessités pratiques dans la vie de tous les jours	Se servir d'un carnet de chèques, faire des courses
Techniques	Capacités nécessaires pour remplir des tâches déterminées	Programmer du matériel informatique, faire de la menuiserie

Les adultes qui ont de faibles compétences en lecture peuvent avoir beaucoup de mal à décoder aisément et avec exactitude les mots pris isolément, à comprendre les idées et à se rappeler ce qu'ils doivent mémoriser immédiatement. La technique par étapes présentée précédemment peut les aider à tirer un plus grand profit de leurs lectures.

Les autres compétences énumérées au tableau 9.1 exigent aussi d'être consciemment cultivées et pratiquées. Les étudiants pourraient être appelés à devenir des experts en localisation des informations sur Internet, à se préparer à un événement important (par exemple, apprendre à bien se préparer à un examen), à prendre des notes ou à argumenter pour défendre un point de vue, ou encore à préparer un budget.

Chez les jeunes (et les adultes), le désir de maîtriser une forme quelconque d'habileté motrice est instinctif. Ainsi, idéalement, un jeune devrait s'efforcer d'acquérir une compétence dans un sport ou en musique, dans une discipline artistique, ou d'atteindre d'autres formes de performances sur le plan de la musculature. L'efficacité sur le plan moteur fait des merveilles sur l'estime de soi. De plus, un apprentissage rigoureux sur le plan moteur est une nécessité dans certaines carrières, comme la chirurgie orthopédique, le pilotage d'un avion à réaction ou la peinture figurative.

Beaucoup de jeunes dont les compétences sont sous-développées dans la vie quotidienne ont été privés d'expériences pratiques. Les parents peuvent s'inquiéter et se demander comment leur enfant pourra fonctionner de lui-même au milieu de la vingtaine, mais ils ne peuvent pas faire davantage. Certains peuvent se demander avec angoisse : « Comment pourra-t-il utiliser un chéquier, payer ses factures, faire sa lessive et s'alimenter sainement ? » Parfois, ils ne se posent ces questions que lorsque leur enfant a vingt-cinq ans et qu'il vit dans la misère noire en raison de son manque de compétences — un peu tard, n'est-ce pas ? Les parents peuvent éviter une telle situation en fournissant à leurs enfants un programme afin que ces derniers développent des compétences dans leur vie quotidienne. Ces compétences sont résumées dans les catégories du tableau 9.2.

Les jeunes devraient être encouragés ou incités à contribuer à la préparation du budget familial, à la planification des vacances, à faire des achats d'aliments sains et, bien sûr, à aider aux corvées domestiques.

Finalement, il y a les compétences techniques, la pensée experte liée à une carrière en particulier. Tous les enfants devraient savoir ce qu'on éprouve quand on a acquis une ou des compétences plus techniques, comme jouer de la batterie, dessiner en trois dimensions, utiliser un logiciel spécialisé ou déchiffrer un plan de construction.

TABLEAU 9.2
COMPÉTENCES DANS LA VIE

Catégories	Exemples
Finance	Faire un budget, utiliser un chéquier, épargner
Santé	Dormir suffisamment, faire de l'exercice, prendre des médicaments lorsque nécessaire, pratiquer l'hygiène
Nutrition	Acheter, préparer et consommer des aliments sains, avoir un régime alimentaire équilibré
Besoins personnels	Se procurer les bons vêtements, avoir un toit, se transporter, gérer son argent
Utilisation des ressources	Savoir avec qui communiquer pour des problèmes personnels, médicaux ou mécaniques
Protection personnelle	Refuser de se faire exploiter, résister à l'escroquerie, aux fausses promesses, à la publicité mensongère

Presque tous les adultes qui s'engagent dans la vie active et qui sont à la recherche d'un emploi vont être évalués afin de déterminer leurs compétences techniques. Trop souvent, les jeunes sont extraordinairement naïfs à l'égard des exigences techniques. Je me rappelle avoir demandé à un garçon de seize ans ce qu'il voulait faire dans la vie. Il m'a dit que pendant des années il avait voulu devenir un spécialiste de la biologie marine, qu'il aimait l'océan et « tout ce qui vit dans l'eau ». La plongée sous-marine était son passe-temps favori et il avait été très influencé par les documentaires de Jacques Cousteau. Au cours de notre discussion, j'ai mentionné le fait que, de nos jours, les mathématiques appliquées sont utilisées en biologie marine. Incrédule, le garçon a déclaré : « Je déteste les maths. J'ai toujours eu du mal dans cette matière. Cette année, je suis en train d'échouer en géométrie. » Un manque de conscience des formes de pensée experte requises est une facette fréquente de la naïveté chez les jeunes adultes. Ce garçon a besoin de réfléchir aux moyens de s'intéresser à la biologie marine sans être un mathématicien très compétent, ou il pourrait s'entêter et chercher à acquérir des compétences en mathématiques qui sont hors de sa portée.

Renforcement des compétences

Le vice-président d'un bureau de comptables écrivait ceci à propos d'une employée : « Sophie semble savoir tout faire, mais ses efforts manquent de lustre et ça lui prend un temps fou pour compléter un travail, ce qui lui enlève toute satisfaction du devoir accompli. Elle s'affaire à préparer les impôts et fait ce travail avec zèle. Cependant, lors de la période des déclarations fiscales, elle ne peut suivre le rythme. Il semble que rien ne se fasse naturellement chez elle ; Sophie doit s'arrêter constamment pour réfléchir à chaque petit détail, ce qui la rend totalement inefficace. »

Pendant leurs études, on conseille vivement aux jeunes de renforcer leurs compétences — en lecture, en écriture, en maths, en musique (en s'exerçant à la clarinette) ou en sport (en jouant une défensive un contre un au basket-ball). Au fil du temps, les compétences importantes qui sont exigées de façon répétitive doivent s'améliorer de deux façons : elles doivent se raffiner et s'automatiser. La précision permet à un individu d'atteindre les résultats ciblés, de telle sorte que les tâches sont effectuées correctement. Le rôle de l'automaticité est cependant moins évident. Lorsque les compétences deviennent automatisées, elles peuvent être utilisés sans effort et instantanément, permettant ainsi à un individu de penser ou d'exprimer des idées complexes tout en appliquant la compétence requise. Un étudiant peut écrire sur les droits de l'homme sans avoir à se demander comment on orthographie le mot « droits » ou avoir à se soucier de la règle de la majuscule et des règles de ponctuation. Pour lui, il s'agit d'automatismes. Malheureusement, il y a trop d'étudiants et quantité d'adultes engagés dans la vie active dont les compétences ne sont pas automatisées. Par conséquent, ils travaillent avec difficulté, lentement et inefficacement, et ce qu'ils produisent tend à être beaucoup moins sophistiqué que leurs propres processus de pensée.

Réévaluation des compétences

Les compétences ne devraient jamais demeurer statiques ou stagnantes. C'est une chose d'avoir un portefeuille diversifié de compétences, mais c'en est une autre que de posséder les bonnes et d'être en mesure de les modeler et de les remodeler afin de répondre aux attentes changeantes. Vous pouvez être un bon lecteur, mais pouvez-vous déchiffrer un nouveau manuel traitant de réparations mécaniques ? Vous pouvez être un bon apprenant, mais pouvez-vous montrer suffisamment de flexibilité pour utiliser de nouvelles technologies révolutionnaires ? Vous pouvez être un grand écrivain, mais pouvez-vous d'abord rédiger une publicité convaincante pour attirer des adolescents et passer ensuite à un texte qui vise les lecteurs dans la cinquantaine ?

La capacité de s'adapter au changement favorise le succès professionnel. Une grande partie de cette capacité consiste à adapter ses compétences aux nouveaux besoins. Au cours d'une carrière, les exigences, les marchés et les conditions changent ; même les descriptions de tâches évoluent. Un individu peut devoir ajuster ses compétences dans la vente afin de promouvoir une nouvelle gamme de produits, ou peut devoir modifier ses comptes rendus afin de satisfaire aux attentes particulières d'un nouveau gérant. Pendant que les enfants et les adolescents font l'acquisition de connaissances, on devrait leur apprendre à modifier leurs compétences afin qu'ils puissent aborder un éventail de plus en plus large d'exigences. Par exemple, des approches différentes sont nécessaires pour lire de la fiction, des éditoriaux, des manuels techniques, des contrats, des lois fiscales, des scénarios de film et de la poésie. Préparer les jeunes à se montrer flexibles lorsqu'ils utilisent leurs compétences leur rapportera des dividendes pendant les premières années de leur vie active et au-delà. Ils devraient pratiquer l'écriture sous diverses formes (lettres, scénarios, essais, chroniques, opinions), s'adresser à différents publics (jeunes enfants, nouveaux immigrants, clients éventuels) et discuter des différences formes d'écriture exigées dans chacune de ces circonstances.

EFFICACITÉ AU TRAVAIL

Il y a d'énormes différences entre les individus en ce qui concerne la capacité à effectuer un travail mental efficace ; certains individus semblent posséder une mécanique bien huilée ; pour d'autres, le travail mental nécessite un effort très pénible. Ceux qui s'engagent dans la vie active et qui ne sont pas compétents souffrent de véritables déficits psychologiques et vont probablement payer un prix élevé pour combler ces déficits — si jamais ils y parviennent. Trois processus de croissance jouent des rôles-clés dans le développement de l'efficacité : le contrôle de l'énergie mentale, l'organisation et la pensée stratégique.

Contrôle de l'énergie mentale
Un professeur donnant des leçons particulières et travaillant avec un étudiant de neuvième année observait ceci : « Buck ne termine presque jamais ce qu'il commence. Lorsqu'il doit préparer un examen, rédiger un rapport, s'exercer à la trompette ou se déplacer dans une feuille de travail en maths, il est tout simplement épuisé. Vous pouvez voir la qualité de son travail décliner et se détériorer au fil du temps. Puis il s'épuise, et tombe en panne. »

Dans mes livres *Le mythe de la paresse* et *À chacun sa façon d'apprendre*, j'ai souligné l'importance primordiale des quatorze mécanismes de maîtrise de l'attention qui règlent la pensée, le comportement et la productivité. À l'approche des premières années de vie active, ces mécanismes doivent fonctionner aussi efficacement que les boutons du tableau de bord dans la cabine d'un Boeing 777. Un ensemble de mécanismes est responsable de la régulation de l'énergie mentale, c'est-à-dire de l'énergie mobilisée lorsqu'une personne doit se concentrer. Certaines tâches demandant beaucoup de temps et ne sont pas particulièrement ou immédiatement agréables. Les parties du tronc cérébral de l'homme (le système d'activation réticulaire et le *locus cœruleus*), en collaboration avec d'autres parties du cerveau, sont affectées au travail de stimulation du cerveau, ce qui permet à un individu d'avoir suffisamment d'endurance pour lutter contre la fatigue mentale. Lorsque quelqu'un dit « Joe a de très bonnes idées et d'excellentes intentions, mais il ne livre jamais vraiment la marchandise », nous devons nous demander si cet individu ne manque pas d'énergie mentale. Les quatre mécanismes de base de la régulation de l'énergie mentale sont résumés au tableau 9.3.

TABLEAU 9.3
MÉCANISMES DE RÉGULATION DE L'ÉNERGIE MENTALE

Mécanismes	Description
Vivacité d'esprit	Capacité à mobiliser une énergie mentale suffisante pour se concentrer sur les informations qui arrivent au cerveau
Effort intellectuel	Capacité à produire et à canaliser l'énergie mentale pour la production au travail
Sommeil	Capacité à réduire l'énergie pour bien dormir et à l'augmenter par la suite pour le travail et la concentration
Consistance	Capacité à libérer un flux prévisible et fiable (régulier) d'énergie mentale

La capacité de réguler le flux d'énergie exigé pour effectuer un travail mental efficace varie remarquablement selon les gens. Certains individus semblent posséder énormément d'énergie mentale pour effectuer une tâche, tandis que d'autres trouvent la plupart des tâches intellectuelles très ardues. Certains constatent qu'ils ne peuvent contrôler leur réserve d'énergie qu'à certains moments du jour (ou de la nuit). D'autres semblent disposer d'une énergie intermittente ou capricieuse ; les patrons et les clients considèrent ces individus comme peu fiables. Dans certains cas, un individu a depuis longtemps des difficultés à se brancher à cette énergie, à amorcer un travail, ou à se concentrer pour comprendre les données qui parviennent à son cerveau. Ces jeunes et ces adultes ont fréquemment besoin d'un survoltage pour démarrer, comme si quelqu'un devait écrire la première ligne du rapport qu'il doivent remettre.

D'autres, dont l'énergie mentale est peu abondante, sont à court d'essence alors qu'ils font laborieusement un travail. Ils souffrent d'un manque chronique de constance et ont des difficultés à finir ce qu'ils entreprennent.

On pourrait décrire de tels individus en examinant le cas de cette jeune femme : « Je ne comprends pas Betsy. Lorsqu'elle est allumée, elle travaille mieux que tout autre ici. Elle est brillante. Cependant, vous ne savez jamais dans quel état elle se présentera, et certains jours son travail est ordinaire et peu satisfaisant. Vous ne pouvez vous fier à elle. » Habituellement, de tels comportements remontent aux années scolaires. Plus d'un des professeurs de Betsy peut avoir fait un jour des remarques du genre « Je sais qu'elle peut accomplir cette tâche. J'ai remarqué qu'elle faisait son travail avec zèle et avec une grande minutie lorsqu'elle était vraiment motivée. Cependant, il semble que la plupart du temps elle soit paresseuse et pas du tout intéressée à se forcer. » Beaucoup d'adolescents dont le travail est inégal en arrivent souvent à la conclusion que, une fois adultes, ils devront être leur propre patron parce qu'aucun employeur ne tolérera leur probable taux d'absentéisme et leur faible rendement au travail.

L'effort mental est plus sévèrement mis à l'épreuve au cours d'activités qui sont nécessaires mais pas particulièrement agréables. J'ai souvent entendu des mères faire des commentaires comme celui-ci : « Mon fils peut passer des heures assis devant son ordinateur à s'amuser avec des jeux électroniques, oubliant le monde autour de lui, avec les yeux complètement rivés au minuscule écran. Mais donnez-lui la liste des travaux qu'il a à effectuer en sciences sociales ou celle des devoirs qu'il a à faire en mathématiques et, dans moins de dix minutes, il sera épuisé. Et vous pouvez voir sa capacité de travail décliner sous vos yeux. »

Le travail mental exige du temps à se développer et à porter des fruits qui seront fort appréciés. Cependant, certains individus dont les mécanismes de régulation de l'énergie mentale sont faibles ont constamment soif de résultats immédiats. Ceux qui combinent un faible niveau d'énergie mentale ou une énergie irrégulière avec un profond désir de satisfaction immédiate courent le risque de devenir de perpétuels amateurs. Il se peut qu'ils ne soient jamais en mesure de poursuivre un objectif important et d'aller jusqu'au bout. Une carrière exige invariablement qu'on investisse des efforts qui ne rapporteront pas immédia-tement de dividendes. De jeunes adultes pour qui l'idée de ne pas pouvoir se satisfaire immédiatement est insuppor-table sont particulièrement à risque pendant les premières années de vie active, lesquelles exigent de la patience.

L'accomplissement passe habituellement par trois étapes : l'attirance initiale, le travail de longue haleine et l'épanouis-sement. La première étape pourrait ressembler à ceci : Ralph pense que « ce serait *cool* de jouer de la trompette ». Aussi, il loue une trompette rutilante et commence à prendre des cours.

La deuxième étape implique de pratiquer rigoureu-sement et religieusement les gammes, et ultimement de survivre à plusieurs années de pratiques disciplinées et de camps musicaux. Puis arrive la troisième étape tant attendue, celle où on s'amuse bien à jouer de la trompette dans un groupe de jazz *cool*. Or, il y a d'innombrables individus qui ne semblent jamais pouvoir franchir la deuxième étape dans quelque domaine que ce soit. Leur vie est parsemée d'épi-sodes d'engouement sans suite ou presque. Il faut se rappeler que, de nos jours, les enfants grandissent dans une culture qui cherche à minimiser tout retard de la satisfaction immé-diate. Internet offre un accès instantané aux informations. La musique populaire est faite de mélodies très brèves et d'un langage très peu élaboré. Plusieurs jeux pour enfants produisent des résultats rapides. Est-ce que le retard d'une satisfaction appartient à un autre âge ? La persistance est-elle une chose démodée ?

Je pense que les parents et les enseignants doivent faire pression sur les jeunes afin que ces derniers s'imposent une discipline et qu'ils ne lâchent pas prise lorsqu'ils font face aux exigences de la deuxième étape. Le tableau 9.4 fournit quelques indications à cet effet.

La maîtrise de l'énergie mentale est essentielle pour le développement d'une capacité de travail suffisante. J'en suis arrivé à croire que les écoles sont principalement responsables d'enseigner aux jeunes comment apprendre et que les parents devraient se donner pour mission d'apprendre à leurs enfants comment travailler. La capacité de travail ne peut être développée entièrement à l'école. La vie de famille doit comprendre des modèles d'émulation, des routines quotidiennes, un cadre et des attentes ; bref, elle doit être le terreau où peuvent être cultivées des habitudes intellectuelles de travail. Dans notre culture, il arrive fréquemment que les parents ne soient que des coordinateurs de loisirs et des amuseurs pour leurs enfants. Or, un parent doit assumer le rôle à temps partiel de tuteur qui impose des tâches ardues ou laborieuses, de dictateur bienveillant lorsque vient le temps de fixer des objectifs concernant les travaux scolaires et d'autres responsabilités. Ces objectifs doivent être établis à un âge précoce — à six ou sept ans. Il est très préjudiciable d'essayer d'instituer pour la première fois une politique de travail lorsque l'enfant est en huitième année ! Sont énumérées ci-après certaines mesures que peuvent prendre les parents pour développer les capacités mentales au travail de leurs enfants.

TABLEAU 9.4

AIDER LES JEUNES À SURVIVRE AUX TRAVAUX PROLONGÉS ET À RÉUSSIR DANS LA VIE

Mesures à prendre	Exemples
Réduire l'intensité ou la fréquence des pratiques ou des entraînements sans les abandonner pour autant.	Réduire temporairement le nombre de leçons et de pratiques (ce n'est pas tout le monde qui rêve de devenir un pianiste de concert).
Au cours de la deuxième étape, introduire certains plaisirs qu'on retrouve à la troisième étape.	Encadrer et exposer un dessin d'enfant au cours de la deuxième étape.
Rappeler aux jeunes tout le plaisir qu'ils auront à la troisième étape — mettre une lumière au bout du tunnel.	Dire à l'enfant à quel point ce serait *cool* s'il pouvait bien parler espagnol lors d'un voyage au Mexique.
Faire de la deuxième étape un jeu.	Continuer à noter la compétence, en récompensant les succès au cours de la pratique.
S'investir d'un mandat moral qui met l'accent sur la persistance et la persévérance.	Dire à l'enfant que l'abandon de son cours de danse pourrait constituer un fâcheux précédent.

RENFORCER LA CAPACITÉ DE TRAVAIL À LA MAISON

Fixez des heures régulières pour le travail intellectuel, que l'enfant ait des devoirs ou non (appelez ces moments « séances d'entraînement du mental »).

Aidez votre enfant à amorcer son travail.

Assignez-lui systématiquement quelques tâches ménagères.

Servez de conseiller à votre enfant, répondez à ses questions, mais ne faites surtout pas le travail à sa place.

Aidez votre enfant à mettre son bureau en ordre — à poser des étiquettes sur les boîtes, les tiroirs, les chemises, etc.

Montrez à votre enfant à organiser et à planifier son travail.

Établissez une zone de travail à la maison où il n'y a aucune distraction.

Aidez votre enfant à gérer son temps, à établir des priorités et des échéanciers.

Récompensez et félicitez votre enfant pour sa productivité plutôt que pour les notes de son bulletin scolaire.

Apprenez à votre enfant à découper les grandes tâches en
    étapes qu'il peut maîtriser.
Essayez d'empêcher votre enfant d'abandonner un
    travail lorsque ce dernier devient difficile ou ennuyeux.
Soyez un modèle ; faites un travail intellectuel pendant que
    votre enfant est engagé dans le même type d'activité.

Certains individus peuvent mieux mobiliser et supporter le
flux d'énergie mentale lorsqu'ils dépensent simultanément
beaucoup d'énergie physique. J'ai rencontré de nombreux
enfants et adolescents qui proclamaient qu'ils ne voudraient
jamais « se farcir un travail de bureau ». Ces individus,
conduits par leur énergie motrice, recherchent les expériences
physiques directes par opposition au travail mental pur, qui
est l'essence de la plupart des travaux scolaires. Ces expériences peuvent indiquer que leurs carrières impliqueront un
engagement important sur le plan des habiletés motrices, par
exemple un travail à l'extérieur ou un travail manuel.
D'autres jeunes trouvent un surcroît d'énergie en écoutant
de la musique tout en travaillant — cela mérite d'être essayé.

Le psychologue et éducateur Mihaly Csikszentmihalyi
a écrit à propos d'un processus qu'il appelle « flux »,
un processus qui contribue fortement à la production
(Csikszentmihalyi et Schneider, 2000). Le flux se produit
lorsqu'un individu s'engage dans des activités dans lesquelles
les objectifs sont clairs, où il y a des réactions immédiates
au cours du processus et où, « bien que la tâche soit difficile, il peut réussir ». L'auteur cite le cas d'un petit garçon qui
répare la chaîne de sa bicyclette. Le gamin sait ce qu'il doit
faire, obtient des réactions à savoir si la chaîne est suffisamment tendue ou pas, et sent qu'il doit relever le défi d'effectuer une tâche à la fois difficile et réalisable. Selon toute
probabilité, les jeunes peuvent tirer profit d'un large éventail d'expériences où le flux d'énergie conduit au succès.
Dans un autre passage de leur livre *Becoming Adult*,
Csikszentmihalyi et Barbara Schneider soulignent le besoin

des adolescents de manifester « une concentration intense dans toute activité qui exige une certaine compétence et de la discipline, et ce, indépendamment de son contenu ».

Le flux et une grande concentration renforcent la capacité de travail et améliorent grandement le rendement des individus. Les enseignants et les parents devraient assurer un volume stable de flux et d'activités qui permettent de développer la concentration et la productivité pendant les premières années de la vie active. Finalement, le fait de réussir des tâches où il y a présence d'un flux abondant et qui exigent une grande concentration permettra aux individus de s'épanouir au travail.

Un étudiant de dix-neuf ans, Ethan, en première année à l'université, a une fois avoué avec un petit sourire satisfait qu'il était décidé à choisir une carrière où il n'aurait jamais à travailler très dur. Comme il le disait : « Je n'ai jamais été très vaillant et je ne pense pas changer. Ouais, je veux réussir et tout ça, mais je préfère la voie de la facilité ; je vous assure que je ne veux pas me tuer au travail chaque jour. » Ethan a abandonné ses études au deuxième semestre à sa deuxième année à l'université. Je me demande ce qui lui est arrivé, s'il a réussi à connaître une vie satisfaisante. J'en doute, car les chances étaient contre lui.

Augmenter le rythme

Des nombreux adultes qui s'engagent dans la vie active échouent parce qu'ils font les choses trop lentement. Ils se décalent par rapport aux autres parce qu'ils prennent trop de temps pour achever leurs tâches. Afin d'aider un individu qui est lent, vous devez d'abord déterminer les raisons de sa lenteur. Plusieurs explications sont possibles à cet état de fait, et parmi celles-ci on note : la distraction, un manque de conscience du temps qui passe, une automaticité différée (page 222), une trop laborieuse récupération des informations et des compétences de la mémoire à long terme, une tendance à trop se concentrer et à accorder trop d'importance aux petits détails, de la difficulté à faire plusieurs tâches à la fois, à traduire des idées en langage clair, et un perfectionnisme extrême. Les problèmes d'organisation (traités plus tard dans ce chapitre) peuvent aussi radicalement réduire le rythme de travail d'un individu.

Le fait de prendre conscience de ce qui vous ralentit représente déjà un avantage. Un faible taux de rendement a des implications particulières sur l'augmentation du rythme du travail. Par exemple, un individu qui a des problèmes de mémoire devrait avoir à portée de main le matériel de référence approprié. Afin d'éviter de s'enliser, un individu qui se concentre sur des détails insignifiants ou qui perd la notion du temps devrait utiliser un chronomètre au cours des étapes spécifiques aux tâches qu'il est en train d'effectuer. Sinon, un individu lent peut vouloir trouver un travail où le respect des délais n'est pas essentiel, où les échéances sont flexibles et où le rythme n'est pas frénétique.

Motivation au travail

Au chapitre 7, nous avons vu comment la motivation affecte la manière dont un jeune voit ses perspectives d'avenir. Or, la motivation est un facteur contributif important à la capacité de travail, et elle exige d'être sans cesse cultivée. Les jeunes doivent avoir la preuve tangible que leurs efforts sont payants. Ils ont besoin de beaucoup d'encouragements et de reconnaissance tout au long de leur processus de développement.

Pendant les études, les devoirs sont l'épreuve de vérité quant à la motivation. Comme je l'ai mentionné, les jeunes doivent développer leurs capacités et leurs habitudes de travail en grande partie à la maison plutôt qu'à l'école. Cependant, les parents devraient manipuler avec soin leur progéniture. Les discussions au sujet des travaux scolaires à la maison peuvent trouver leur source dans l'embarras de l'enfant à propos d'une écriture négligée, d'un problème d'orthographe, d'un manque d'organisation, d'erreurs d'inattention en maths, et de l'habitude de lire trop rapidement les consignes relatives aux devoirs. Les parents doivent résister à la tentation d'être excessivement critiques, et ils devraient faire des remarques sur les aspects positifs du travail de leur enfant.

Lorsqu'un enfant estime qu'il n'existe aucun moyen de plaire aux adultes, sa réserve de motivation se tarit. Une complication fréquente survient lorsqu'un étudiant néglige toutes les autres priorités de sa vie pour se consacrer exclusivement à plaire aux autres jeunes et à se faire accepter d'eux. Alors, les processus de croissance essentiels risqueront de ne jamais porter leurs fruits, ce qui se traduira par un déficit psychologique. En l'absence de motivation, les processus d'apprentissage essentiels subissent ce que nous appelons en médecine l'atrophie par inaction.

Organisation

Au cours de sa première année de travail dans une entreprise publicitaire de Madison Avenue, un jeune responsable de comptes admettait ceci : « Je sais que ma vie irait beaucoup mieux si je pouvais me prendre en main. Lorsque j'essaie de respecter les délais, c'est un désastre, et je tourne en rond comme un zombie ; je suis dépassé et toujours à la traîne au travail. D'autres employés semblent tenir le rythme, mais je reste toujours derrière, parfois sans même m'en rendre compte — jusqu'à ce qu'il soit trop tard. Je pense que ma perception du temps est totalement déformée. »

L'organisation est la meilleure politique pour développer l'efficacité. Les gens désorganisés ont la réputation de se compliquer la tâche. Les jeunes doivent accroître leurs compétences dans leurs pratiques organisationnelles. Dans la préparation des tâches qu'il est inévitable d'accomplir au travail, quatre formes d'organisation doivent être cultivées : la gestion du temps, le gestion des objets, l'établissement de priorités et l'intégration des tâches. Si nous pouvons outiller les étudiants de cette manière, ils seront davantage productifs au début de leur vie active.

Gestion du temps

Certains enfants et certains adultes semblent relativement inconscients en ce qui concerne le passage du temps. Ils ignorent combien de temps leur sera nécessaire pour accomplir une tâche et il est probable qu'ils auront de la difficulté à respecter les échéances et à se rendre compte qu'ils prennent du retard. Beaucoup de personnes incapables de gérer leur temps devraient considérer les tâches à accomplir de façon progressive, ou comme étant composées d'une succession d'étapes ; elles auraient avantage à ne pas essayer de tout faire d'un seul coup. Melissa, une jeune fille de quinze ans, était toujours en retard dans ce qu'elle avait à faire. Sa famille attendait toujours qu'elle ait fini de s'habiller pour pouvoir aller au restaurant ou qu'elle cesse de parler au téléphone avant que le dîner ne refroidisse. Comme son père l'a rapporté : « Melissa n'a pas la moindre idée de la manière dont elle doit accomplir ses tâches par étapes. Lorsqu'elle se prépare à un examen, je dois l'aider à élaborer un plan de la matière qu'elle a à étudier et du moment où elle doit le faire. Autrement, elle en est au point mort ; elle ne peut même pas commencer sa préparation. » Le passage du temps, comme une douce brise sur ses épaules, ne semblait pas l'inquiéter. Elle n'avait aucune idée du temps qu'elle passait au téléphone et ne pouvait pas croire les gens qui lui disaient qu'elle avait pris plus d'une heure à se laver et à s'habiller. Les règles qui suivent peuvent aider les enfants d'âge scolaire et les Melissa adultes à adopter des approches étape par étape.

APPLIQUER UN PLAN ÉTAPE PAR ÉTAPE POUR S'ORGANISER

1. Définir clairement la tâche ou le projet.
2. Établir un échéancier final.
3. Estimer le temps nécessaire pour achever le travail (heures, jours, ou semaines).
4. Dresser la liste des tâches nécessaires pour achever le travail (à rebours, de la date d'échéance à la date du début du travail).

5. Classer les tâches dans le meilleur ordre possible.
6. Estimer le temps nécessaire pour chaque étape (minutes, heures, jours, ou semaines).
7. Insérer les pauses au bon moment (intervalles lorsque le travail est mis de côté).
8. Dresser une liste de l'heure ou de la date prévue pour l'achèvement de chaque étape.
9. Mesurer les progrès (cocher les étapes complétées et indiquer le temps effectivement pris pour les réaliser).
10. Après chaque étape, déterminer si l'activité rencontre les exigences de l'échéancier.
11. Après vérification de l'efficacité du plan, analyser l'échéancier.

Un plan par étapes peut être appliqué dans la vie active tout comme pendant les études. Dès l'école primaire, les enseignants devraient mettre l'accent sur la gestion du temps. Les jeunes devraient fréquemment être engagés dans des projets à long terme pour lesquels ils devraient soumettre des plans de travail qui suivraient plus ou moins l'échéancier approuvé. Ils devraient soumettre les travaux en cours et évaluer si une étape a pris plus ou moins de temps que prévu.

Tous les dimanches soirs, les parents devraient réviser avec leur enfant le programme pour la semaine à venir et par la suite dresser une liste de contrôle de ce que devra faire l'enfant, du moment de la journée où il devra y procéder et du temps qu'il devra se réserver pour réaliser chaque tâche. Puis chaque soir, avant d'aller se coucher, l'enfant pourrait cocher ce qu'il a accompli ce jour-là. Il pourrait aider ses parents à établir les itinéraires de vacances et concevoir des horaires pour son travail à l'extérieur et ses loisirs. Certains enfants gèrent leur temps de façon instinctive, alors que d'autres doivent apprendre ce qu'est le temps et comment le gérer.

L'approche temporelle est essentielle dans chaque domaine d'activité, et son absence est une raison fréquente d'échecs professionnels au cours des premières années de la vie active. Un pilote commercial doit arriver à l'aéroport à temps pour son vol régulier. Un conducteur de camion doit calculer quand il arrivera à Moline, dans l'Illinois, pour prendre possession de la cargaison qu'il doit transporter à Seattle. Un chirurgien doit prévoir le temps dont il aura besoin dans la salle d'opération ; pour ce faire, il doit pouvoir évaluer combien de temps lui sera nécessaire pour enlever la rate d'un patient. Un entrepreneur en bâtiments doit savoir exactement quand il doit programmer l'arrivée des poutres triangulées. Un journaliste de magazine doit savoir respecter la date de tombée pour le texte qu'il écrit et qui doit paraître dans le numéro d'août de *Good Housekeeping*. Il faut sans cesse gérer son temps. Préparons-nous bien les jeunes afin qu'ils relèvent les défis qu'ils rencontreront au cours des premières années de leur vie active en matière de gestion du temps ? Probablement pas.

Gestion des objets

La plupart des emplois font appel à un certain équipement. Lorsque vous êtes étudiant, vous êtes responsable de votre carnet, de vos manuels, de votre cahier d'exercices, de vos clés, de votre sac à dos, de vos gants et de vos chaussures de gymnastique, parmi d'autres articles. Certains jeunes et adultes sont accablés lorsque vient le temps de prendre soin de la multitude d'objets qui les aident à effectuer leur travail. Les individus dont les efforts méritoires sont perpétuellement sabotés en raison d'une désorganisation matérielle continuent à perdre des objets et à égarer des bouts de papier importants ; ils ont de la difficulté à maintenir de l'ordre (sur un bureau ou dans un casier ou un cabinet) et peuvent rarement trouver au moment opportun ce dont ils ont besoin. Je passe personnellement beaucoup de temps chaque jour à chercher des objets mal rangés, et ce problème ne fait que s'aggraver. Les gens qui ont le même problème que moi ne se souviennent pas où il ont abandonné ou vu un objet la dernière fois. Les jeunes qui ont des problèmes d'organisation et qui ne retrouvent pas les objets dont ils ont besoin ont des sacs à dos remplis d'objets hétéroclites, des classeurs qui débordent de feuilles de papier à trois trous, des crayons qui sortent de leurs poches et des feuilles de devoir qu'ils perdent sur le chemin de l'école. Imaginez un barman qui ne se rappellerait pas où il a mis l'eau de seltz, un chauffeur de taxi qui aurait égaré son permis, une personne qui voyage fréquemment et qui ne se rappellerait jamais où elle a garé sa voiture dans le stationnement de l'aéroport, ou un gardien de prison qui aurait perdu ses clés. De tels individus perdent beaucoup de temps et sont angoissés, et ce, aux dépens de l'efficacité et de la qualité de leur travail.

Nous devons aider les jeunes à développer des tactiques efficaces pour gérer les objets. Il s'agit surtout du travail des parents. Ces derniers peuvent s'assurer que le bureau de leur enfant a des chemises avec des codes de couleur, des boîtes avec des étiquettes, des endroits précis pour ranger chaque objet. Et trois soirs par semaine, un certain temps devrait être consacré à épurer les cahiers de notes, à restaurer l'ordre du bureau, des tiroirs, et d'autres rangements qui pourraient s'être détériorées. À ce sujet, les parents doivent prendre l'initiative, même lorsqu'il y a une résistance de la part du jeune. La plupart des enfants et des adolescents qui ont des problèmes à ranger leurs objets ne se sentent pas du tout concernés par le sujet ; en fait, ils sont probablement complètement inconscients du chaos dans lequel ils se trouvent. Nous devons les aider à cultiver le goût de l'ordre en créant de l'ordre autour d'eux lorsqu'ils semblent incapables de le faire par eux-mêmes. On devrait offrir cette aide sans brandir de menaces ou faire de déclarations comme : « Tu sais, je ne serai pas là toute ta vie. » La clé du succès réside dans la cohérence. Vous devez toujours ranger les objets au même endroit. Et à des moments de transition dans la journée, par exemple lorsque vous quittez la maison pour le travail ou l'école, vous devriez prendre une pause et vous demander : « Voyons, est-ce que j'ai tout ce dont j'ai besoin pour la journée ? »

Établissement de priorités

Voici l'essentiel de ce qu'un jeune étudiant à l'université m'avouait : « Je crois que je pourrais facilement écrire un manuel sur la meilleure façon de gaspiller son temps. Je peux passer des heures à faire des choses qui sont sans importance, et même pas vraiment amusantes. Alors, je n'ai jamais le temps de faire des choses que j'ai vraiment besoin de faire. » Une importante cohorte d'enfants et d'adultes manquent de circuits cérébraux pour établir des priorités et y donner suite. Ils sont désorganisés parce qu'ils ne déterminent pas ou sont incapables de déterminer l'importance relative des objets dans leur agenda quotidien. Ils investissent donc leur énergie mentale et d'autres ressources dans des entreprises qui ne les mènent nulle part et qui ne leur rapportent aucun dividende, au détriment d'activités qui pourraient vraiment avoir une importance dans leur vie.

J'ai un jour travaillé avec un jeune professeur adjoint prometteur, un homme qui ne manquait jamais un cours à l'université, quel qu'en soit le sujet (même un cours qui ne l'intéressait pas ou un cours dont il connaissait bien la matière). Il ressemblait à un fanatique religieux. Il assistait à toutes les conférences et à toutes les réunions, qu'elles soient pertinentes ou pas à ses études. Dans l'intervalle, il ne pouvait jamais arriver à trouver le temps nécessaire pour corriger les examens de ses étudiants, répondre à des lettres importantes, communiquer les notes ou rassembler des demandes de subvention. Divers articles qu'il avait été invité à rédiger reposaient au fond du dernier tiroir de son bureau. C'était un intellectuel doté d'une grande capacité d'analyse, un homme qui travaillait dur (et qui effectuait parfois des tâches dont on pouvait douter de l'utilité), un savant dans son domaine d'expertise. Cependant, ce génie consommé ne pouvait devenir professeur titulaire parce que sa production universitaire était trop maigre. Il ne disposait pas des outils nécessaires pour établir des priorités, car il consacrait une bonne partie de son temps dans des activités à faible rendement sur le plan professionnel. L'histoire de ce professeur d'université est aussi celle d'innombrables individus qui n'obtiennent pas les résultats qu'ils sont en mesure d'obtenir. Les gens échouent lorsqu'ils sont incapables d'établir des priorités et d'agir en fonction de celles-ci.

Les enseignants et les parents négligent trop souvent de montrer aux étudiants comment établir des priorités. Les jeunes ont besoin qu'on leur enseigne comment classer leurs activités en fonction des retombées probables. Ils doivent pouvoir faire la distinction entre les tâches primordiales qui rapportent des bénéfices importants (souvent à long terme et non immédiatement), les entreprises peu prioritaires qui sont amusantes, mais qui ne rapportent pas de dividendes, et les engagements qui ne constituent pas une priorité (faciles à omettre), c'est-à-dire les engagements qui ne sont ni amusants ni productifs. J'ai suggéré aux parents et aux enseignants d'utiliser un système de notation des priorités pour les jeunes, un système qu'ils peuvent également employer. Une ou deux fois par mois, diverses activités possibles sont évaluées en termes de priorités relatives, en définissant le niveau de priorité et le temps accordés à chacune. L'utilisation de ce système peut aider à prendre davantage conscience des priorités qui doivent être établies et permettre de déterminer le temps à consacrer à des tâches déterminées. Au fait, il n'y a rien de mal à se livrer à des activités frivoles et peu prioritaires, qui ne sont qu'amusantes et qui n'ont pour résultat qu'une satisfaction immédiate, même si celle-ci est passagère. Il s'agit d'équilibrer consciemment les véritables priorités et celles qui n'en sont pas.

Intégration des tâches

Lorsqu'une tâche a de nombreuses composantes, comme les engrenages d'une montre suisse, celles-ci doivent être coordonnées, calibrées et synchronisées. Chez certains étudiants, démarrer un projet en sciences naturelles, en art ou en sciences sociales, et mener à bien les tâches principales et secondaires qui le composent, peut s'avérer une véritable torture. Ces étudiants sont frustrés à l'idée de trouver un sujet, de décider des ressources dont ils auront besoin, de les localiser, d'en extraire les éléments requis, de les agencer, de faire valoir leur point de vue ou leur interprétation, de décider de la meilleure présentation des idées et des faits recueillis, etc. Et qu'en est-il si vous êtes engagé dans plusieurs projets simultanément ? Il s'agit d'une grande quantité de pièces pour un individu qui a des difficultés à intégrer. Et les opérations menant à l'intégration sont des défis fréquents au cours d'une vie.

Certains individus excellent à effectuer des tâches ne comptant qu'une seule composante (terminer une lecture imposée, remplir une feuille d'exercices en géographie, ou changer le pneu d'un tracteur), mais ils ne peuvent composer avec les exigences de projets complexes où ils doivent gérer plusieurs tâches à la fois. Voici l'exemple saisissant d'un individu prometteur mais incapable d'intégrer des tâches. Charles était un type de dix-sept ans manifestement ambitieux, un lecteur avide, un poète doué, un bon athlète et un gars apprécié de tous. Il avait des résultats remarquables lors des tests d'habileté scolaire et c'était un excellent candidat pour l'université. Cependant, le pauvre Charles prenait un temps fou à rassembler ses demandes d'admission à l'université. Il sentait qu'il était en train de s'enfoncer et s'adonnait à la procrastination. Il ne semblait pas pouvoir intégrer les tâches secondaires qu'il devait effectuer. Il ne pouvait à la fois remplir des formulaires, rédiger des dissertations, obtenir des lettres de recommandations, discuter du choix des universités avec son conseiller en orientation, faire une liste de ses centres d'intérêt et obtenir des rendez-vous pour des entrevues. Malgré les offres bienveillantes de ses parents pour l'aider, Charles se sentait dépassé par la perspective d'entreprendre les démarches nécessaires. Il y avait trop de morceaux à coller, et il était incapable de faire face à la situation.

L'intégration des composantes de tâches multiples constitue une grande partie de ce que j'aime appeler une « mentalité de projet », soit une disposition d'esprit qui devrait faire partie intégrante de l'éducation de tout enfant. À travers le programme d'études, nous pouvons préparer les jeunes à intégrer les tâches secondaires de façon lucide et explicite. Avant d'entreprendre un projet ou de se préparer à un examen important, les étudiants devraient être en mesure de déterminer quelles sont les tâches secondaires à effectuer. Ils peuvent disposer ces composantes d'une façon circulaire (voir la fiche d'exercices qui suit) et dresser une petite liste de choses à faire pour chacune des tâches secondaires.

Il n'est pas nécessaire de compléter toutes les tâches selon un ordre établi ; les jeunes peuvent revenir sur certaines

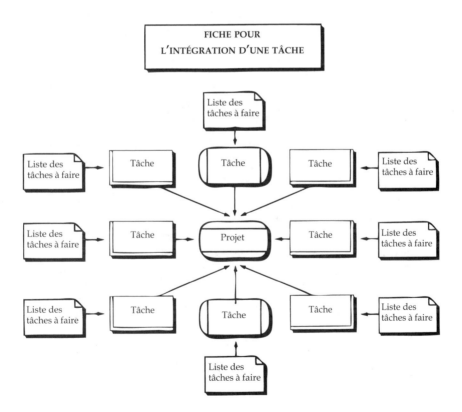

tâches secondaires afin de les réévaluer ou de les affiner, ou ils peuvent en ajouter de nouvelles. De cette façon, les étudiants développent l'agilité mentale nécessaire pour articuler toutes les parties du projet. La fiche d'exercices peut aider les enfants et les adultes à faire face aux tâches multiples présentes dans un projet complexe. De multiples projets peuvent exiger plusieurs grilles de ce type. Si vous êtes un adolescent, vous pouvez utiliser cette approche afin d'organiser une fête de remise de diplômes, de rédiger votre travail du trimestre en biologie sur les termites ou de postuler pour un emploi d'été. Par exemple, une mentalité de projets peut aider un adulte à écrire un livre remarquable, à concevoir et à mettre en œuvre un nouveau programme d'études en science ou à lancer un satellite habité.

Pensée stratégique

Voici l'observation stratégique d'une mère à propos de son enfant de treize ans : « Ma fille Lizzie fait tout pour se compliquer la tâche. Elle n'a aucune stratégie et, lorsqu'elle a de la difficulté à démarrer, elle jette tout simplement l'éponge. Lorsqu'elle est incapable de résoudre un problème en mathématiques, elle renonce complètement ou s'effondre. Lorsqu'elle a une prise de bec avec un autre jeune, elle perd le moral et ne sait pas comment composer avec le problème. C'est comme si elle ne disposait pas des outils nécessaires pour aplanir les obstacles de la vie courante, ceux-là mêmes que nous devons tous surmonter. »

Certaines personnes sont méthodiques dès la naissance. Elles sont intelligentes et ont de brillantes idées pour faire les choses ; elles disposent de techniques qu'elles appliquent de façon consciente pour effectuer leurs tâches efficacement. Leurs stratégies fonctionnent comme des fusées d'appoint pour augmenter leur production au travail et en améliorer la qualité totale. D'autres individus ne cessent jamais de se poser la question suivante : « Voyons maintenant quelle est la meilleure façon de faire ce travail ? » Ils le font — le plus souvent en se compliquant la tâche. J'appelle ces individus des « gens sans méthode ».

Tout au cours de leurs études, les jeunes ont besoin de se faire poser la question suivante : « Quelles stratégies pensez-vous utiliser pour réaliser cette tâche ? » Pendant qu'ils planifient leurs tâches (ce que trop peu d'entre eux font), on doit les inciter à articuler les stratégies qu'ils entendent utiliser. Par exemple, avant de passer un examen final en chimie, tous les étudiants devraient soumettre un plan stratégique d'études, un plan qui décrirait quelles stratégies ils utiliseront pour mémoriser l'information qui leur permettra de réussir l'examen. Un étudiant en onzième année pour-rait présenter la liste de stratégies suivante :

1. J'essaierai de comprendre ce qui est vraiment important, ce qu'on me demandera probablement lors de l'examen.
2. Je dresserai une liste des choses à apprendre.
3. Je relirai cette liste quelques fois.
4. Je tenterai de répondre à des questions types à la fin du chapitre.
5. J'essaierai d'inventer des questions et de deviner celles qui pourraient m'être posées lors de l'examen.
6. Je passerai en revue mes devoirs et balancerai certaines équations chimiques.
7. J'appellerai Fran, qui est bonne en chimie ; l'un et l'autre, nous pourrons nous poser des questions au téléphone.
8. J'étudierai beaucoup avant d'aller au lit et je réviserai rapidement au petit-déjeuner.

Ces stratégies d'étude sont dignes de mention. Peu importe ses performances à l'examen, ce jeune est en train de devenir un expert en méthodologie, un concepteur de planifications stratégiques. Il est vital que les écoles commencent à noter les étudiants autant sur leurs stratégies que sur leurs résul-tats scolaires. Les enseignants devraient évaluer et récom-penser les jeunes autant pour la façon dont ils s'attaquent à une tâche que pour une bonne réponse ou un essai brillant (ce qui se produit fréquemment dans les cours de mathématiques, mais rarement dans d'autres domaines). Les jeunes pourraient soumettre un document appelé « mon plan stratégique » pour un devoir ou un examen. Avant certains de leurs examens, les étudiants devraient soumettre leur plan d'étude et être notés sur le contenu de celui-ci — tout comme un pilote doit soumettre son plan de vol.

Plusieurs étudiants, lorsqu'on leur demande comment ils se préparent à un examen, répondent simplement « Je repasse la matière enseignée » ou quelque chose du genre. Ce n'est pas très stratégique. Comment ces jeunes arriveront-ils à démontrer des capacités de planification stratégique pendant leurs premières années de vie active, une période au cours de laquelle la pensée stratégique est cruciale ?

Nous devrions sensibiliser les étudiants à l'énorme éventail de défis et de postes où les stratégies peuvent leur venir en aide. Le tableau 9.6 dresse la liste de certains sous-types de stratégies courants.

Les jeunes devraient examiner les sous-types de stratégies, puis citer des exemples de chacun d'eux. Par la suite, ils pourraient écrire un court texte à propos des stratégies susceptibles d'être appliquées dans ces exemples ou discuter du sujet. Développer des habitudes liées à la pensée stratégique aide un enfant à se préparer à devenir un jeune adulte productif, et cette habileté fait des miracles pour le développement de la confiance en soi, la résistance au stress et la résilience.

INTELLIGENCE PRATIQUE

L'intelligence pratique est une démarche intellectuelle qui conduit à un résultat utile ou significatif. Le résultat peut être un produit, un concept innovateur ou une solution à un épineux dilemme. Nous pouvons diviser l'intelligence pratique en trois processus qui se chevauchent quelque peu : la prise de décisions compétente, la pensée créatrice et le remue-méninges.

TABLEAU 9.6
SOUS-TYPES DE STRATÉGIES

Sous-types de stratégies	Applications possibles
Promotion personnelle	Trouver la bonne manière de se comporter lors d'un entretien d'embauche.
Interpersonnel	Décider comment s'y prendre pour devenir ami avec quelqu'un qu'on admire.
Résolution de conflits	Régler à l'amiable une dispute avec un client mécontent.
Ventes	Trouver des façons de promouvoir des idées ou des produits.
Politique	« Faire campagne » pour être promu ou choisi pour un nouveau poste.
Réponse du sujet	Présenter des moyens de traiter le stress ou les revers personnels de la vie.
Centré sur les tâches	Concevoir les façons les plus efficaces de répondre aux exigences scolaires et professionnelles.

Prise de décisions compétente

Personne ne conteste le fait que nous aimerions outiller nos jeunes afin qu'ils deviennent d'excellents décideurs. Or, de nombreux jeunes et adultes prennent trop de décisions impulsives. Ils n'examinent pas de près les défis qu'ils doivent relever, ne les identifient pas pour ce qu'ils sont, et ne prennent pas la peine de considérer la meilleure façon de les aborder. Se dire « Oups, c'est une décision importante, et je dois vraiment y réfléchir » est le secret de la réussite.

Certains individus qui ne privilégient pas le recours à la raison optent parfois pour l'agressivité — verbale, physique, et parfois pour la rancune ou l'agressivité passive. Lorsqu'ils doivent prendre une décision difficile, ils peuvent se montrer désinvoltes et prétendre connaître la solution ou au contraire être paralysés. Il se peut que pour eux il n'y ait pas de voie médiane, de voix intérieure qui dit : « C'est difficile ; je ferais mieux de trouver la meilleure façon de prendre ma décision. » Chez les adultes qui s'engagent dans la vie active, un comportement impulsif et maladroit peut détruire les fondements d'une carrière.

Un décideur compétent sait comment et quand prendre une pause et réfléchir. Il procède selon une série d'étapes pour découvrir la bonne solution. Certaines de ces étapes peuvent se mettre en place automatiquement ; le décideur peut entendre une voix intérieure lui souffler les autres étapes à suivre. Les enfants devraient être incités à écouter la petite voix qui se fait entendre en eux afin de pouvoir naviguer dans le processus de la prise de décisions.

Les prises de décision compétentes sont inévitablement constituées d'un processus à plusieurs étapes. Elles impliquent une pensée très flexible où plusieurs solutions de rechange sont générées et considérées. Au cours de ce processus, un individu se réfère aux problèmes auxquels il a dû faire face antérieurement, afin que l'expérience et le précédent puissent être identifiés et avoir un effet sur la décision à prendre dans l'immédiat (voir la reconnaissance des modèles, page 199). Quand les enfants grandissent, les tactiques qu'ils emploient pour prendre des décisions devraient faire l'objet de discussions et être explicitées. Aussi, les jeunes doivent percevoir la prise de décisions comme un processus de résolution de problèmes avec un large éventail d'applications, que ce soit le règlement d'une dispute avec une petite amie, le choix du sujet d'un rapport, la politique des Nations Unies au Moyen-Orient ou la meilleure façon d'aborder un problème logique compliqué en maths. Au cours des premières années de la vie adulte, la prise de décisions compétente peut répondre à divers besoins, tels que décider s'il faut agir de façon sophistiquée ou naïve lors d'un entretien d'embauche, choisir entre un emploi et le retour aux études, opter pour les vêtements qui projettent la meilleure image de soi, ou déterminer quel style de vêtement irait bien avec la nouvelle cravate que vous êtes en train de dessiner. Apprendre à franchir les étapes décrites ci-après aidera un enfant ou un adulte à devenir un décideur compétent.

PRISE DE DÉCISIONS COMPÉTENTE

1. *Reconnaître qu'il y a une décision à prendre (ce qui signifie reconnaître une situation qui exige la prise d'une décision).* La première étape lorsque vous devez relever un défi est de prendre conscience qu'il vous faudra du temps et des efforts pour bien y réfléchir. Exemple (d'un ambitieux et jeune ingénieur en logiciels) : « Dois-je aller de l'avant et accepter l'offre d'emploi de l'entreprise que vient de fonder mon copain Virgil ? »

2. *Énoncer en détail la décision qui doit être prise.* Vous essayez de décrire la question et ses ramifications (souvent en utilisant la formule « si... alors »). Exemple : « L'occasion semble excitante. Virgil est vraiment intelligent et l'entreprise devrait bien faire. Si c'est le cas, je connaîtrai alors une période faste. Mais c'est risqué, et les dirigeants ne disposent pas des capitaux suffisants pour le moment. Au départ, mon salaire sera moins élevé, mais il y a de véritables possibilités d'avancement pour moi et, si je suis patient, je ferai beaucoup d'argent. Par ailleurs, j'aime mon travail actuel et mon patron pense que je suis formidable. Cependant, il y a un tas d'autres bons employés qui travaillent ici, et je devrai peut-être attendre un bon moment avant d'obtenir une promotion intéressante. »

3. *Anticiper le(s) revenu(s).* Vous vous projetez dans l'avenir et décrivez comment vous voudriez que les choses fonctionnent ou à quoi elles ressembleront une fois que votre décision sera prise. Exemple : « Indépendamment de ce qui arrive, un jour je veux faire beaucoup d'argent et sentir que je progresse assez rapidement dans ma carrière. Je veux aussi avoir la liberté de créer certains produits pour l'entreprise. »

4. *Énumérer ses options.* Vous dressez la liste des décisions finales de rechange. Exemple : « Je pourrais aller de l'avant et prendre ce travail, ou dire non à Virgil, parler à mon patron actuel de l'offre d'emploi et voir s'il me

paierait davantage pour que je reste ou s'il m'accordera bientôt une promotion. Je pourrais me contenter de ne pas bouger, d'être patient, et de ne pas risquer de me mettre le patron à dos, ou je pourrais dire à Virgil que je veux voir ce qui arrive avec la nouvelle entreprise avant de m'engager définitivement. »

5. *Se référer à ses expériences antérieures.* Vous vous remémorez des décisions similaires que vous avez prises dans le passé concernant le travail et vous déterminez si elles se sont avérées un succès ou non. Exemple : « La dernière fois que j'ai reçu une offre d'emploi d'une nouvelle entreprise, j'ai décidé de ne pas l'accepter et, un peu plus tard, la compagnie a fait faillite. Aussi, je ferais mieux d'être prudent. »

6. *Obtenir de l'aide.* Vous consultez des gens autour de vous, faites les recherches nécessaires, ou recueillez des informations pour faciliter votre prise de décisions. Exemple : « J'en discuterai avec ma femme ; elle est sensée et elle est partie prenante dans cette décision. »

7. *Peser le pour et le contre, et décider.* Vous évaluez les avantages et les inconvénients relatifs à chacun de vos choix potentiels : « J'ai besoin d'argent tout de suite pour couvrir mes frais de subsistance et payer mes dettes, et je dois bien peser ma décision. Je ne veux pas m'installer dans la routine et stagner ; cela a une grande importance pour moi. Et, dans trois ans, je ne veux pas regretter d'avoir pris une décision idiote, ce qui me tuerait. Je pense que je garderai toutes les options ouvertes en disant à Virgil que j'ai besoin de quelques mois de plus pour bien réfléchir à son offre. »

8. *Assurer le suivi.* Vous évaluez dans quelle mesure la décision ultime fonctionne ou a fonctionné. Exemple : « L'entreprise de Virgil a déposé son bilan. Je suis si soulagé de ne pas avoir impulsivement accepté l'offre de mon ami. »

Certaines personnes pourraient préférer remplacer l'expression *résolution de problèmes* par ce que j'ai appelé *prise de déci-*

sions. J'aime mieux ce dernier terme parce que nous devons signifier aux jeunes et aux adultes qui entrent dans la vie active qu'ils n'ont pas besoin d'avoir un problème à résoudre pour s'engager dans une délibération systématique. La résolution de problèmes devrait être conçue comme une forme de processus décisionnel prudent. D'autres applications à la prise de décisions existent, telles que résoudre des dilemmes, faire un choix entre de multiples solutions de rechange qui sont désirables et exercer son bon goût, ces applications ne constituant pas des réponses à des problèmes. Vous n'avez donc pas besoin d'avoir un problème à résoudre pour penser de façon organisée.

Les étapes décrites précédemment détaillent de façon séquentielle les processus de pensée qui peuvent être appliqués dans le spectre des décisions importantes à prendre au cours de l'existence. Les décisions en politique étrangère, les décisions médicales d'importance et les décisions cruciales sur le plan professionnel lorsqu'on est un jeune adulte engagé dans la vie active se prêtent toutes à une approche prudente et progressive. Cette approche peut être adoptée dans les cas de dilemmes moraux, comme dans les exemples suivants : « Dois-je appeler pour dire que je suis malade afin de pouvoir aller à la plage ? Dois-je dire au professeur de géométrie que Susan a triché lors de l'examen d'hier ? Devrais-je copier cette information d'Internet ? Devrais-je utiliser ce que je découvre sur mon entreprise pour faire des transactions pour mon propre compte ? » La prise de décisions compétente est de loin préférable au fait de donner un traitement superficiel à un problème ou à celui d'adopter une approche impulsive. Il y a beaucoup à dire sur le fait d'enseigner aux jeunes à reconnaître un défi qui relève de la prise de décisions lorsqu'ils en rencontrent un sur leur chemin. Trop d'adultes qui s'engagent dans la vie active sans y être préparés ont trop peu d'expérience dans le traitement systématique des importantes décisions à prendre.

Pensée créative

Tous les jeunes adultes qui s'engagent dans la vie active désirent apporter une contribution à la société. Et une partie de cette contribution peut provenir d'idées originales ou d'approches personnelles uniques. La pensée créative décolle comme une fusée lorsqu'un individu peut explorer librement un domaine d'activité. Bien que la pensée originale soit au cœur du processus créatif, ce dernier comporte d'autres fonctions. Le tableau 9.7 dresse la liste de certaines de ces composantes essentielles.

TABLEAU 9.7
CERTAINES COMPOSANTES ESSNTIELLES DE LA PENSÉE CRÉATIVE

Composantes	Description
Pensée fluide et divergente	Permettre les associations libres, opérer dans un esprit de découverte, avoir possiblement des pensées non orthodoxes
Oubli de ce qui a été appris	Tenter de suspendre la plupart des idées préconçues ; retourner à un état d'esprit naïf
Prise de risques	Être disposé à « se mouiller » et présenter des idées qui pourraient être critiquées
Autonomie ou indépendance de la pensée	Être disposé à fonctionner en marge de la société, peut-être à questionner le statu quo, les normes ou les valeurs conventionnelles
Découverte et utilisation du médium	Découvrir un moyen d'exprimer sa créativité, par exemple à travers une forme d'expression artistique ou un mode de communication
Discipline et technique	Maîtriser les formes ou les modes énumérés précédemment pour marier la compétence technique et l'effort créatif

Au cours des premières années de la vie active, un individu aurait avantage à identifier et à mettre en valeur une ou des applications découlant de sa créativité, puisque c'est ainsi qu'il va probablement contribuer le plus à une entreprise ou à une organisation. La créativité est aussi un réservoir potentiel de passions personnelles. Elle peut être une bonne boussole lorsque vient le temps de vous engager dans le domaine qui vous passionne le plus.

Remue-méninges

Tant la pensée créative que la prise de décisions se développent pendant les séances de remue-méninges. Ces séances ont souvent cours lorsque vous désirez consacrer du temps à la réflexion, que vous n'avez pratiquement pas de réponses préconçues, que vous laissez les idées naître spontanément, pour finalement déterminer lesquelles doivent être écartées et lesquelles doivent être affinées. Ce processus de pensée débridé, qui se réalise par essais et erreurs, peut être dépeint ainsi : « Voir ce qui peut en ressortir, et ensuite la façon d'améliorer les choses. » Par exemple, lorsque je dois trouver un titre pour un nouveau livre ou un nouvel article que je suis en train d'écrire, je suis enclin à m'asseoir avec une tasse de café, un crayon bien aiguisé et un nouveau bloc-notes jaune. Je note alors toutes les idées qui me viennent à l'esprit — les mauvaises comme celles qui ont un certain potentiel. J'essaie de trouver des idées « à brûle-pourpoint ». Puis, une fois qu'une idée intéressante fait surface, je tente d'en trouver des variantes. Ensuite, j'examine avec un esprit critique toutes les variantes et je décide si je dois trouver d'autres idées. Lorsque les idées ne viennent plus, je mets la liste de côté et je reporte l'exercice à plus tard.

Le chimiste Linus Pauling a un jour dit ceci : « La seule façon d'avoir une bonne idée est d'avoir beaucoup d'idées. » Quelle idée stupéfiante ! Les parents et les enseignants devraient fréquemment demander aux jeunes de présenter et d'exprimer leurs propres idées. Par exemple, au dîner, demandez à votre enfant : « Brent, as-tu eu de nouvelles idées aujourd'hui ? » Le remue-méninges devrait être un processus ouvert et sans entraves. Toutes les idées devraient être vues comme des candidates à un nouveau remue-méninges ou à un développement ultérieur.

Il est parfois préférable d'avoir plus d'une séance de remue-méninges. Chaque tour de table permet une nouvelle vision des idées déjà exprimées sur un sujet et donne l'occasion de synthétiser les nouvelles idées.

ÉTAPES DU PROCESSUS DE REMUE-MÉNINGES

1. Cerner un besoin.

2. Découvrir le plus de moyens possible de répondre à ce besoin — réfléchir à haute voix.

3. Mettre les idées par écrit lorsqu'elles se présentent à l'esprit.

4. Examiner visuellement chaque nouvelle idée et la développer à voix haute.

5. Créer des variantes qui pourraient améliorer cette idée.

6. Créer d'autres variantes qui pourraient améliorer ces variantes.

7. Réexaminer périodiquement la liste des idées et des variantes, ajouter de nouvelles idées et variantes, et affiner.

8. Prendre des pauses, utiliser de multiples séances de remue-méninges.

9. Passer en revue la liste des idées et s'attarder à celles qui ressortent, c'est-à-dire aux meilleures.

10. Discuter des avantages et des inconvénients de chacune des meilleures idées.

11. Choisir l'idée qui répond le mieux au besoin exprimé à l'étape 1.

12. Prévoir une session finale ; passer en revue et vérifier le choix fait, en sollicitant possiblement des avis extérieurs.

Le remue-méninges, consciemment ou non, peut devenir une étape-clé de la pensée créative et de la prise de décisions. Un poète créatif peut avoir besoin d'une séance de remue-méninges pour trouver le bon mot à ajouter à une strophe. Un individu qui tente d'améliorer un logiciel peut devoir réfléchir aux nombreuses options qui s'offrent à lui afin de créer le meilleur programme possible.

Les séances de remue-méninges sont particulièrement productives lorsque deux personnes ou plus collaborent, affinent des idées et parviennent à un consensus. Les étudiants de tous âges ont besoin de vivre deux types d'expériences de remue-méninges — des expériences en solo et des séances en groupe. À l'école, les jeunes devraient périodiquement remplir une fiche d'exercice utilisée pour le remue-méninges et la soumettre pour démontrer la richesse et la flexibilité de leur pensée. Cet exercice peut aider les élèves à se défaire de la mauvaise habitude de se contenter de la première idée qui leur vient à l'esprit.

Finalité

L'intelligence pratique vise à ce que les tâches soient faites ; il doit y avoir un résultat perceptible — un produit ou une certaine finalité, par exemple un accommodement entre personnes ou la résolution d'un conflit. Le développement d'une intelligence pratique est un processus de croissance essentiel qui contribue à la préparation à la vie active.

Les jeunes peuvent avoir besoin d'aide s'ils veulent devenir des individus productifs. Tôt dans ma carrière, ma patronne au Children's Hospital Boston, la docteure Mary Ellen Avery, a été une source inépuisable de judicieux conseils. Je me souviens de sa description de ce qu'elle appelait « le syndrome promesses, promesses ». La docteure Avery avait noté que les gens qui venaient la voir et qui étaient atteints de ce syndrome lui faisaient part de projets et d'idées grandioses, mais qu'elle ne voyait jamais la réalisation ou la mise en œuvre de ces idées ou projets. Voilà pourquoi l'intelligence pratique chez les étudiants devrait faire partie de la « mentalité projet ». À l'aide de projets, on peut inciter les jeunes à prendre une idée dès son stade conceptuel afin qu'elle s'incarne dans un projet et qu'elle mène à une finalité.

OUTILS ET CHANGEMENTS NEUROPHYSIOLOGIQUES

Y a-t-il une période optimale de la vie où l'on doit se donner une trousse à outils de base ? Bien que le développement neurologique se poursuive tout au cours de l'éducation de l'enfant et à l'âge adulte, il existe de fortes indications comme quoi la période allant de l'âge de onze à vingt ans est une période optimale pour s'outiller face à la vie. Au cours de ce stade, des changements spectaculaires se produisent dans le cerveau, et ces modifications fonctionnelles et structurelles représentent des occasions uniques de se donner de bons instruments. Trois formes de changement sont alors particulièrement à noter : la diffusion d'une substance blanche à la surface du cerveau, l'élagage des cellules et des connexions nerveuses sous-utilisées, et le développement de la région préfrontale. Examinons ces phénomènes qui n'ont été découverts que récemment.

En utilisant des techniques d'imagerie du cerveau, les spécialistes qui étudient le système nerveux ont récemment démontré que, entre l'âge de onze et vingt ans, la surface du cerveau évolue pour passer de sa matière principalement grise vers une matière surtout blanche. Au cours de cette période, plusieurs extensions des cellules nerveuses sont couvertes d'une substance cireuse blanche appelée myéline, laquelle joue à peu près le même rôle que l'isolant entourant un fil électrique. Il s'avère que les cellules les plus souvent utilisées sont celles qui sont myélinisées, lesquelles deviennent plus ou moins le mécanisme cérébral permanent. Imaginez une localité dans une zone rurale où on décide de paver certains chemins de terre battue ; évidemment, les chemins où la circulation est la plus intense sont d'abord choisis. Le même raisonnement vaut pour le cerveau : les circuits qui sont les plus utilisés sont renforcés grâce à la myélinisation. Entre-temps, le processus d'élagage se produit ; les cellules qui fonctionnent rarement sont élaguées ou éliminées afin de renforcer l'efficacité des circuits en activité. La signification de ces deux processus est énorme. Cela veut dire que nous devons nous assurer que les jeunes de onze à vingt ans développent et utilisent fréquemment de bonnes habitudes mentales, les techniques et les outils psychologiques dont ils auront besoin tout au long de leur vie. Si certains outils sont sous-utilisés, ils seront écartés, puis éliminés. Si les jeunes ne cessent de perdre leur temps, de mauvais modèles peuvent s'établir. Les parents et les enseignants doivent déterminer quelles routes cérébrales ils voudraient paver, puis procéder à l'opération à la suite d'une utilisation active et fréquente de celles-ci !

Le développement des lobes préfrontaux du cerveau est un autre important processus qui se déroule de onze à vingt ans — et au-delà. L'existence des lobes préfrontaux permet aux jeunes de prendre une pause et de réfléchir, de regarder vers l'avenir et d'anticiper les résultats de leurs actions, de considérer les solutions de rechange avant de prendre des décisions, d'étudier leurs comportements actuels et de se servir de leurs expériences antérieures pour orienter leur jugement, leurs décisions et leurs comportements. En d'autres mots, les lobes préfrontaux, lorsqu'ils ont atteint leur plein développement, empêchent les individus d'agir impulsivement. Pendant que cette capacité grandit, le temps est propice à mettre en place les outils favorisant la prise de décisions, l'utilisation de stratégies et d'autres dispositifs psychologiques qui ont été mentionnés dans le présent chapitre.

De toute évidence, ces découvertes des scientifiques doivent renforcer notre détermination à enseigner aux adolescents à utiliser les bons outils pour augmenter leur productivité au travail. Ne pas agir d'une façon systématique aggravera l'épidémie non-préparation à la vie active des jeunes adultes.

Les composantes importantes de l'instrumentation sont examinées ci-après.

Acquérir et adapter les compétences

Perfectionner les habiletés générales et les habiletés spécifiques au travail :
- en maîtrisant les habiletés importantes ;
- en renforçant et en automatisant les compétences privilégiées ;
- en réévaluant les compétences afin de répondre aux besoins changeants.

Augmenter l'efficacité au travail

Atteindre un rendement élevé :
- en mobilisant l'énergie mentale et en se concentrant ;
- en canalisant l'effort mental de façon soutenue ;
- en organisant le temps, la documentation, les priorités et les tâches complexes ;
- en développant une « mentalité projet » ;
- en recourant à des approches stratégiques.

Utiliser son intelligence pratique

En arriver à travailler intelligemment :
- en prenant des décisions de façon compétente ;
- en faisant des séances de remue-méninges ;
- en pensant de façon créative.

10
INTERACTION
Acquérir des habiletés sociales

J'ignorais tout des intrigues de bureau lorsque j'ai quitté l'université. J'étais un peu naïf et je pensais que cela ne me concernait pas. Or, le monde n'est pas fait ainsi.

B.W., 25 ans

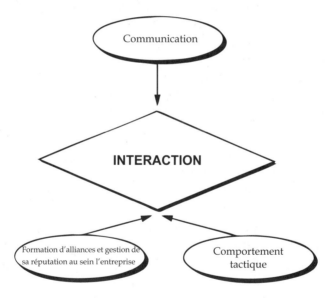

« **J**e te le dis, mon gars n'est pas beaucoup attiré par les livres — avec les problèmes qu'il a à lire et à écrire. Mais je te dis ceci : c'est la meilleure personne avec qui passer du temps. Tout le monde aime Frederick, et tous l'imitent. » Il s'agit ici d'une déclaration d'amour d'un fermier qui habitait non loin de ma ferme en Caroline du Nord. Son fils était un garçon charmant, qui aspirait à passer (mais qui peinait à y arriver) en dixième année. Le père touchait en plein dans le mille en mettant l'accent sur le charme et le charisme de son garçon. À long terme, savoir comment entrer en relation avec les autres et se faire aimer d'eux joue un rôle plus important dans le succès professionnel que la maîtrise de l'orthographe, de la ponctuation, ou que les connaissances en géographie.

Frederick était de type extraverti, ouvert et sociable ; il était capable de se faire aimer des autres et de retirer de la satisfaction de ses interactions. Dans leurs études sur les traits de personnalité chez les adultes qui ont une incidence sur le succès professionnel, Scott Seibert et Maria Kraimer (2001) concluaient ceci: « L'extraversion présente une forte corrélation au succès professionnel, une influence positive sur le salaire, l'avancement et la satisfaction professionnelle. Les relations positives entre l'extraversion et le succès professionnel extrinsèque sont compatibles avec une recherche précédente sur l'avancement professionnel. [...] En termes de succès intrinsèque, les personnes extraverties peuvent montrer une tendance générale à réagir plus positivement à un éventail de situations, y compris à leur carrière. Ou, de façon plus substantielle, les personnes extraverties sont plus enclines à prendre des mesures correctrices lorsque leur situation professionnelle ne leur apparaît pas satisfaisante. »

Les relations qui s'établissent au cours des premières années de vie active sont formelles et impitoyables. Au travail, les jeunes adultes doivent faire face à divers types de personnalités, dont ceux des collègues et des individus en position de leur venir en aide ou de leur causer du tort, et ceux des membres de « publics » aux jugements catégoriques, tels les consommateurs, les concurrents, les clients et les individus chargés de mener des entrevues d'embauche. Les premiers succès et la reconnaissance professionnelle seront basés sur les jugements impartiaux de ceux avec qui un jeune adulte est en relation. Et plusieurs de ces rétroactions sont le produit d'impressions subjectives. Le jeune adulte fera sûrement l'objet de réactions franches et honnêtes ; cependant, à son insu, il suscitera sans doute des commentaires contradictoires à ce qu'on laisse paraître en sa présence. Quelqu'un qui agit comme s'il vous admirait peut secrètement vous causer du tort.

Certains jeunes comme Frederick sont des experts dans l'art d'établir des relations avec leurs semblables. D'autres sont handicapés sur le plan professionnel, particulièrement lorsqu'ils occupent des emplois où les interactions entre les individus sont très fortes. Un individu qui a des perceptions et des comportements sociaux inappropriés peut faire fausse route dans un milieu de travail fortement interactif où il doit maintenir des relations constantes avec les clients ou les consommateurs.

Dans mon livre *À chacun sa façon d'apprendre*, je décris un système neurodéveloppemental appelé « reconnaissance sociale », soit un ensemble de processus verbaux et non verbaux qui permettent aux gens d'établir de bonnes relations avec leurs semblables. La reconnaissance sociale joue un rôle-clé dans la recherche du bonheur pendant les années d'études et, pour tout dire, son importance grandit lorsque commence la vie professionnelle. Les adultes, comme les jeunes, ont soif d'amitiés et s'épanouissent grâce à elles. Cependant, la vie sociale au travail diffère des scénarios qui se déroulent à l'école. Dans leurs relations sociales, les adultes doivent pouvoir faire appel à des groupes différents et établir des rapports durables, ce qui exige plus qu'une personnalité exubérante et du charme.

Les jeunes adultes engagés dans la vie active sont sous pression. Ils doivent inspirer confiance à long terme et communiquer de façon à renforcer leurs relations au travail. Ainsi, un employé peut dire à un collègue : « Vous allez avoir besoin de moi pour faire fonctionner ce nouveau logiciel. N'hésitez donc pas à m'appeler si vous avez besoin d'aide. » Alors, bien sûr, cet interlocuteur doit respecter sa promesse. De plus, un adulte doit être capable de convaincre, de collaborer, de négocier, de s'avérer être d'un grand secours pour les clients, les collègues et les patrons dont l'éducation, la culture, l'origine ethnique et le contexte familial peuvent être totalement différents des siens. Vous devez réévaluer votre mode de communication en société pour répondre aux besoins de tels publics. Ces relations étendues peuvent contraster de manière spectaculaire avec les relations tissées serré que vous avez forgées au cours de l'adolescence au sein de clans, de bandes, d'équipes sportives et de clubs, où les jeunes qui se ressemblent et qui ont des intérêts similaires tendent à se retrouver.

Au travail, contrairement à ce qui se passe dans les fêtes, un individu doit être efficace et communiquer ses idées de façon à impressionner les autres et à gagner leur confiance. En d'autres mots, vous devez paraître plus que sympa ou affable ; vous devez respirer la compétence et la confiance, être fiable et connaître votre travail. Démontrer vos connaissances, vous montrer fiable, vous comporter comme une personne qui se préoccupe de ses affaires et respirer la compétence n'auraient pas fait de vous un individu des plus populaires lors d'une soirée à l'université. Cependant, les clients qui fréquentent une clinique chirurgicale ou un cabinet d'experts comptables répondent positivement à cette aura d'expertise et de fiabilité.

Certains jeunes adultes engagés dans la vie active croient à tort que les comportements et les poses très *cool*, qui étaient leur marque de commerce à l'école et lors des fêtes et bals de fin d'année, leur vaudront acceptation et crédibilité au travail. Or, les scénarios sont très différents. Ces individus peuvent manifester les symptômes de jeunes dans la vingtaine pris au piège de leur adolescence (chapitre 2). Un adolescent peut être désarmant, se faire bien apprécier lors d'une danse à l'école secondaire ou à l'université et, par la suite, éprouver des difficultés dans ses relations sociales au travail. Dans certains cas, c'est le phénomène contraire qui se produit ; un individu peut avoir de bonnes relations au travail tout en étant relativement solitaire. Savoir bien communiquer en société et être en bons termes avec ses collègues de travail dépendent beaucoup du développement de trois processus de croissance déterminants : la communication, la formation d'alliances et la gestion de sa réputation, et le comportement tactique. Examinons ces processus de croissance et comment leur stimulation pendant les années d'études peut aider à assurer la préparation des jeunes adultes à la vie active.

COMMUNICATION

Alors que je préparais *Prêt, pas prêt, la vie est là*, j'ai eu l'occasion de parler au directeur de l'exploitation d'une grande entreprise. Je lui ai demandé s'il pouvait me souligner la faiblesse la plus répandue chez les nouveaux cadres et représentants des ventes de son organisation. Sa réponse a été celle-ci : « Oh, c'est facile. Ils ne savent pas communiquer. Ils ne peuvent pas transmettre leurs idées au cours d'une réunion et ils sont atroces lorsqu'ils doivent converser avec des clients. Ils se mettent les gens à dos sans s'en rendre compte. Sans vraiment le vouloir, ils semblent indifférents, voire condescendants. Ils ne peuvent expliquer les choses clairement aux acheteurs potentiels. Je suis convaincu qu'ils ratent un tas de bonnes affaires. Je ne comprends pas pourquoi ces jeunes gens censés être bien instruits n'ont jamais appris à parler — ou, d'ailleurs, à écrire. »

Vivons-nous une crise de la communication ? Je le crois. Savoir s'exprimer clairement à l'oral et à l'écrit permet de décrocher d'excellentes notes à l'école et rapporte ensuite d'importants dividendes à toutes les étapes d'une carrière. Nous devons donc doter les jeunes d'outils verbaux appropriés et précis. En particulier, les jeunes doivent être en mesure de faire fonctionner les deux moteurs les plus puissants de la communication : l'expression de la pensée et l'expression verbale.

Expression de la pensée

Un professeur d'anglais de onzième année disait d'une étudiante : « Sandra ne semble pas être à court d'idées brillantes, mais elle est beaucoup trop passive en classe. Elle a des difficultés à communiquer ses pensées et à les exprimer, ou peut-être prend-elle trop de temps pour s'exprimer. Parfois, elle est extrêmement timide et inhibée en classe ; cependant, elle a une grande facilité de parole et est spontanée lorsqu'elle se retrouve avec ses amis. » Si Sandra ne surmonte pas cet obstacle, ce déficit psychologique pourrait devenir un handicap tout au cours de sa vie. Pouvoir bien exprimer des pensées complexes est un préalable dans tout travail. Un individu fera fausse route s'il n'arrive pas à s'exprimer et qu'il opte pour l'enseignement, la vente, le droit ou la politique ! Pratiquement tous les emplois font appel à une certaine forme de communication efficace. Certains individus dans la vingtaine sont coincés sur la bretelle d'accès qui leur permettrait de quitter l'adolescence en raison de problèmes de communication non identifiés. Tout comme Sandra, ils ne peuvent s'exprimer en public, aller au-delà des plaisanteries avec leurs amis.

Tout au cours de notre vie, nous devons exprimer des pensées complexes en énoncés clairs ; nous pouvons ainsi partager nos pensées avec des collègues et des clients. En un sens, chacun doit tôt ou tard devenir un vendeur. Exprimer clairement ses pensées permet à une personne de se vendre et de promouvoir ses idées. De même, un langage persuasif permet de rallier les autres à sa façon de voir les choses. Les jeunes ont besoin de nombreuses expériences où ils apprennent à s'exprimer oralement afin de vendre leurs idées et leurs points de vue. Au lieu de se contenter de faire des comptes rendus stériles du genre « Ce que j'ai fait l'été dernier » ou « Pourquoi j'ai aimé ce livre », ils devraient s'efforcer de faire un discours articulé portant sur des sujets comme « Mes suggestions pour conserver nos ressources énergétiques » ou « Pourquoi les animaux ne devraient-ils pas être utilisés pour des expériences en laboratoire ? » Défendre oralement une cause en laquelle vous croyez vous permet de développer la langue orale et ajoute de la rigueur à votre pensée.

Nous sommes actuellement témoins d'une dévalorisation spectaculaire de la langue orale chez les enfants et les adolescents, d'un appauvrissement de la langue orale. Trop d'individus ne peuvent construire de discours de niveau soutenu, en dépit de leur aisance à bavarder tous les jours et à plaisanter avec leurs amis. Ils peinent à utiliser et manient maladroitement ce qu'on appelle la langue cultivée, qui est nécessaire pour formuler et transmettre des pensées complexes et des points de vue précis. Vous pouvez déceler ces déficiences du langage en écoutant des adolescents se prononcer sur un concept abstrait ou sur une question d'actualité ; ils en discutent comme s'ils parlaient avec un ami au téléphone.

Dans les discussions en classe, on rencontre de nombreux étudiants dont la langue est étonnamment imprécise et qui souffrent d'un trouble de fluidité verbale. Leurs paroles révèlent une hésitation remarquable qui se traduit par un grand nombre de *oui-oui, heu, comme*, et *tu sais ce que je veux dire*. Vous pouvez pratiquement entendre grincer les rouages linguistiques et voir l'épaisse fumée s'échapper de leur cerveau lorsqu'ils s'efforcent de communiquer leurs idées ; trouver les mots justes et construire des phrases représentent pour eux trop de travail. On aurait envie d'envoyer une équipe de secours pour injecter les bons mots dans la bouche de ces interlocuteurs hésitants.

Les jeunes ont besoin de faire fréquemment des présentations orales, de résumer des informations assez longues, de débattre de grandes questions et de développer leurs idées. Ils doivent pouvoir expliquer ce qu'ils savent et leurs manières de penser. Malheureusement, les jeunes grandissent dans une culture qui est l'ennemie du langage.

Beaucoup de ce que consomment les jeunes à l'extérieur de l'école leur est présenté dans des formats non verbaux ou minimalistes. La messagerie instantanée, les paroles de la musique contemporaine et les sites Internet utilisent un langage pauvre et très condensé. S'adonner de façon prolongée aux jeux électroniques, à la planche à roulettes et aux sports à titre de spectateur ne contribue en rien à cultiver ou à stimuler la productivité sur le plan linguistique. Beaucoup de jeunes adultes semblent incapables de présenter des arguments convaincants, de promouvoir ou de défendre leurs idées au travail. Et la pauvreté de la langue orale qu'ils utilisent n'est pas sans répercussions sur la langue écrite, ce qui crée un effet déformant. Le tableau 10.1 dresse la liste des rôles-clés que joue l'expression orale au travail.

Une candidate défaite à plate couture lors d'élections au comité de gestion d'une école m'a avoué d'un air lugubre à une conférence qu'elle avait horreur de faire des présentations orales devant un auditoire. Comme elle me l'a affirmé : « Je suis complètement bloquée. Ce n'est pas juste une question de nerfs ou de panique. Je prends un temps fou à trouver mes mots pour exprimer mes idées ; trop souvent, ce que je finis par dire est à côté de la plaque. Je veux dire, je ne dis pas ce que j'ai envie de dire. Cela me rend nerveuse et ma nervosité rend mon discours encore plus incompréhensible. J'avais tant de choses à offrir au comité de gestion de l'école, mais je perds tous mes moyens lorsque je dois m'adresser à un public. »

D'un point de vue clinique, voici la même confession, une déclaration de l'un de mes patients âgé de treize ans : « Je suis assis dans la classe et je suis effrayé. Je peux entendre mon estomac gargouiller comme une machine à laver, et parfois j'ai envie d'aller à la salle de bain lorsque madame Fenton commence à s'adresser à nous en classe. Lorsque je dois parler lors d'une discussion en classe, ce que je dis semble vraiment stupide et il me faut beaucoup de temps pour trouver une manière d'exprimer mes idées. Au moment

TABLEAU 10.1
RÔLES DE L'EXPRESSION ORALE AU TRAVAIL

Rôles de l'expression orale	Explication
Persuader et développer l'aptitude à la vente	Obtenir des autres qu'ils achètent vos idées, vos produits, et vous-même
Développer la pensée	« Réfléchir à haute voix » comme moyen de générer et d'améliorer ses propres idées
S'exprimer convenablement à l'écrit	Documenter et développer sa pensée
Bâtir et maintenir des relations avec les autres	Cultiver les amitiés et les relations fondées sur la collaboration
Se donner un encadrement	Savoir composer avec les défis difficiles
Donner des conseils	Nouer des contacts afin d'aider les autres à faire face aux défis et à réussir

où je suis prêt à m'exprimer, la classe a commencé à parler d'un autre sujet. J'aime les classes où l'enseignant donne son cours et où vous n'avez pas à trop parler. »

Avoir peur de parler en public ou même dans un cadre semi-privé est une phobie de plus en plus répandue chez les jeunes et les adultes. Or, ceci ne devrait pas exister. Pendant leurs études, tous les jeunes devraient avoir fréquemment l'occasion de faire des présentations orales et de participer à des discussions en classe. On devrait leur donner à l'avance les sujets dont ils doivent discuter pour qu'ils puissent avoir le temps de mieux polir leur langage, de mieux s'exprimer et avec une plus grande précision. Il est nécessaire de mettre principalement l'accent sur un niveau soutenu de la langue orale, d'aider les étudiants à prendre conscience que bien exprimer ses idées en améliore en réalité la nature. Une personne peut développer ses pensées en discutant de celles-ci. Ainsi, parler et écrire sont des façons de penser. (Comme certaines personnes pourraient l'affirmer : « Comment puis-je savoir ce que je pense avant d'avoir entendu ce que je dis ? ») Le langage est plus qu'un moyen d'exprimer des

pensées ; il sert aussi à synthétiser ces dernières et à les affiner. Voici des suggestions pour développer la pensée et la
communication orale chez les jeunes.

DÉVELOPPER LA PENSÉE ET LA COMMUNICATION ORALE

Éduquer les étudiants pour qu'ils comprennent l'importance
de se donner des habiletés langagières d'un niveau soutenu et d'exprimer oralement leurs idées.

Enseigner les différences entre un niveau de langage fami-
lier et un niveau soutenu.

Encourager les enfants à utiliser des phrases complètes et à
développer leurs idées, particulièrement sur des sujets
qui les intéressent (par exemple les sports, les animaux,
les émissions de télévision ou les vêtements).

Exiger que les étudiants fassent de fréquentes présentations
orales à l'école.

Dans le cadre du programme d'études, prévoir plusieurs
rédactions d'exposés dans divers domaines.

Encourager des projets d'écriture à long terme — avec des
révisions fréquentes.

Amener les enfants à résumer des expériences, des
spectacles à la télé, des films, des livres et des événements de l'actualité.

Donner aux élèves une formation afin qu'ils enseignent à des
plus jeunes qu'eux.

Demander aux étudiants de décrire dans leurs propres mots
comment ils ont accompli certaines choses (résoudre un
problème difficile en mathématiques, compter un but au
football, choisir un chemisier, ou régler une dispute avec
un ami).

Enseigner aux élèves l'art d'argumenter et les inviter à appliquer fréquemment leurs compétences au cours de débats
ou de prises de bec.

Organiser régulièrement des sessions pratiques avec les jeunes
où ces derniers essaieront de convaincre leurs pairs (en
essayant de vendre leurs idées ou un produit).

Les mesures précédentes peuvent et doivent être mises en œuvre tout au long de l'éducation d'un enfant, tant à la maison qu'à l'école. L'accent mis sur la pensée et l'expression orale apportera des bénéfices importants dans le processus de préparation à la vie active.

Aptitude verbale à convaincre

Le monde du travail est un riche mélange d'expression orale et d'aptitude à la vente. Ces deux processus doivent souvent être déployés simultanément. Un vendeur doit convaincre un client de la valeur de son produit et, en même temps, lui recommander vivement de l'acheter. Les gens utilisent le langage sur une base quotidienne pour se vendre. Un employé doit communiquer aimablement avec ses collègues. Si en s'exprimant oralement il se met à dos ces derniers plutôt que de les amadouer, il devra inévitablement faire face à des crises sur le plan professionnel.

Un adjoint administratif perspicace d'une maison de courtage a fait l'observation suivante : « Il semble que William ait le don de se mettre les gens à dos presque chaque fois qu'il ouvre la bouche. Il dit des choses ou fait des plaisanteries qui semblent totalement hors propos. Je suis parfois embarrassé pour lui. Il ne semble pas conscient que ses déclarations affectent les autres employés. Chaque fois qu'il trouve un gros client, il annonce sa victoire aux autres courtiers sur un ton de voix qui traduit une forte arrogance. Bien sûr, ses collègues sont un peu jaloux, mais William leur rabat vraiment les oreilles — probablement sans s'en rendre compte. Même notre vice-président, qui est son supérieur hiérarchique, ne peut le supporter. »

William est en danger parce que les gens ont leur propre langage au travail et en société. Ils se servent de certains outils du langage, qu'on appelle « fonctions pragmatiques du discours ». Certains éléments de la communication en société sont non verbaux (les nuances du langage corporel, les expressions faciales et les gestes de la main), mais la langue orale demeure le canal de communication privilégié pour mettre les individus en relation. Beaucoup d'enfants et d'adultes qui sont d'authentiques « gens du peuple » et qui ont des habiletés sociales impressionnantes sont probablement des virtuoses de la communication orale, des praticiens du discours accompli. D'autres ont besoin d'aide afin de saisir les complexités de la communication et nous ne pouvons nous permettre de considérer qu'ils pourront acquérir cette conscience par eux-mêmes.

Il n'est pas inhabituel de tomber sur un jeune qui est rejeté par ses pairs et que les adultes décrivent comme un individu « manquant totalement d'habiletés sociales ». Tout comme William, « chaque fois qu'Aaron parle, on dirait qu'il s'arrange pour éloigner ceux qui l'écoutent ». Selon son père, « ce garçon se met toujours le pied de la bouche ». Aaron, comme plusieurs autres, utilise un langage mordant, hostile ou déphasé, et se montre arrogant. Ces jeunes peuvent paraître vraiment désagréables sans être animés par l'intention de se comporter ainsi, ou ils peuvent dire des choses inopportunes en ignorant les valeurs et les goûts des gens qui les entourent. Il est grossier de faire une plaisanterie déplacée devant la femme du patron, surtout si vous la rencontrez pour la première fois. Malheureusement, il est fréquent que les jeunes et les adultes souffrant de dysfonctionnement pragmatique du discours ne soient pas conscients de ce qu'ils disent, qu'ils ignorent à qui ils le disent et la façon dont ils le disent, et qu'ils repoussent les autres aussi efficacement que des gaz lacrymogènes.

Certains jeunes adultes qui ont réussi à se montrer à la hauteur durant leur adolescence sont incapables d'ajuster la qualité de leur communication interpersonnelle en présence de leurs collègues de travail. Ils peuvent s'efforcer d'avoir un ton *cool* et détendu, alors qu'un discours plus professionnel et un bon choix de mots seraient davantage indiqués. Ils peuvent aussi se comporter comme des adolescents, bien qu'ils aient atteint la vingtaine. Parfois, ils semblent incapables de modifier leur langage en fonction de leur interlocuteur et du cadre dans lequel se trouve ce dernier. Tel est le cas de ce jeune adulte que l'on décrit comme un individu qui « s'adresse toujours à vous comme si vous descendiez une bière d'un trait en sa compagnie à la taverne de Tony ». Son baragouin très décontracté, très *cool*, ne lui permet pas de gagner la confiance de son patron de soixante-deux ans, un homme coincé dans le conformisme et dont les jugements sont incontestables.

Quelles sont les règles qui permettent de communiquer efficacement en société ? D'abord, il est important de développer la capacité d'insérer juste ce qu'il faut d'émotion dans son discours. Si vous voulez ou devez communiquer votre enthousiasme au sujet d'une idée que quelqu'un vous propose, le ton et le rythme de votre discours, une sélection de mots optimistes et vos inflexions vocales devront être interprétés par l'auditoire comme un engagement sans réserve de votre part : « C'est sensationnel ; hé, j'aimerais faire partie de ce projet, car il correspond vraiment à mes intérêts. » Ce type de réponse contraste avec celui d'un adolescent, à la fois doué artistiquement et blasé, à qui on demande de participer à la conception des décors pour le défilé musical du printemps et qui répond : « Je crois que ça ira. Ça ne me dérange pas. Je pense que je peux le faire pour vous, du moins pour cette fois. » Ce ton neutre et ces mots plus que ternes trahissent la suffisance, dissimulent le plaisir profond et la satisfaction de ce garçon lorsqu'on lui a demandé son concours. Ses phrases résonnent comme s'il était à peine disposé à faire cette faveur. Ce garçon ne peut tout simplement pas projeter de sentiments positifs dans son langage, et ses collègues en viennent à le considérer comme un solitaire, quelqu'un qui n'accorde aucune valeur à leur collaboration ou à leur amitié. En fait, ce garçon désire avoir des relations avec les autres et se demande pourquoi on s'approche si rarement de lui. Il est mal compris par ses pairs parce qu'il ne sait pas s'exprimer.

L'affinité affective est une fonction pragmatique du discours qui est étroitement liée à la communication. Ainsi, si quelqu'un est triste, vous choisirez un ton de voix et des mots qui révéleront votre compassion. Certains individus — tant des jeunes que des adultes — ont la manie d'émettre des sentiments inappropriés et n'arrivent jamais à accorder leurs humeurs à celles des autres ; leurs discours expriment des sentiments discordants, tel un ongle qui se promène sur un tableau noir. Pendant que votre gérant et vos collègues spécialistes du marketing d'un grand magasin préparent avec ardeur une vente hivernale, vous ne devriez pas tenter de jouer le rôle de bouffon. Ne leur servez pas vos plaisanteries grivoises et vos jolis calembours — du moins pour le moment.

Les autres facettes de la communication verbale incluent la sélection des thèmes à être discutés (appelés choix de sujet) et sur lesquels on s'attarde le temps nécessaire, l'art de manier au bon moment l'humour, le choix de mots qui ont pour objet de louanger, de rassurer ou de renforcer les autres, et le langage adapté à la personnalité des individus avec lesquels vous vous trouvez (appelé permutation de codes). Cette dernière facette signifie que vous ne parlez pas de la même façon à votre patron et à votre copain le plus proche avec qui vous potinez. Cela semble évident, mais beaucoup de jeunes et d'adultes ne peuvent s'adapter aux auditeurs en présence desquels ils se trouvent.

Imaginez la scène qui suit. On a demandé à Craig, un étudiant de première année à l'université, de rencontrer son professeur d'économie pour parler de son échec lors de l'examen final. Le jeune homme est entré dans le bureau austère de ce membre distingué de la faculté et y est allé spontanément de ces mots : « Ça alors, tu sais, je suis désolé d'avoir échoué à ton examen. Crois-le ou non, mon pote, j'ai étudié fort, mais je crois que j'ai tout fichu en l'air. J'ai dû avoir étudié la damnée mauvaise matière ou peut-être que j'ai trop fait la fête la veille — je plaisante —, mais c'est sûr que je ne cherche pas d'excuses, mon pote. » De toute évidence, cet étudiant n'a pas conscience du ton jovial inapproprié et irrespectueux qu'il emploie. Il pourrait être en train de causer avec l'un des membres de sa fraternité. Craig ne peut adapter son niveau de langage à celui de son interlocuteur et, de ce fait, il aura de la difficulté à communiquer avec les autres au cours de sa vie professionnelle.

La permutation des codes a un aspect diagnostique : la prise de distance. Un interlocuteur compétent est dans un sens en mesure de savoir à qui il s'adresse. Cette personne peut découvrir ce que l'autre sait déjà et ce qu'il doit savoir, et ce, en même temps que ses instruments de communication aux rayons X captent les humeurs et les attitudes de son interlocuteur afin de ne pas paraître trop désinvolte, spirituel ou insouciant lorsque ce dernier est inquiet ou déprimé. Un enfant qui ne sait pas prendre ses distances peut mentionner à son professeur qu'il est allé au carnaval avec Bill. Il ne se demandera pas si Mme Franklin a la moindre idée de qui est Bill. Un individu qui sait qui est son interlocuteur aurait dit : « Je suis allé au carnaval avec mon *cousin* Bill. » Lorsque j'étais étudiant en première année de médecine, j'ai été contraint à assister à un cours donné par un jeune biochimiste. L'enseignement de ce scientifique brillant était ennuyeux, monotone et ésotérique. C'est comme si j'avais été bâillonné et attaché à mon siège. Le type utilisait une terminologie et des concepts que nous ne connaissions pas encore, nous les étudiants, et il ne se rendait pas compte que nous étions en train de bâiller et de lutter pour ne pas nous endormir pendant qu'il parlait. Il fut plus tard stupéfait d'apprendre que nous l'avions classé comme le plus mauvais enseignant de son département, ce qui explique pourquoi il n'a jamais été promu professeur associé.

Le tableau 10.2 récapitule certains aspects-clés des fonctions pragmatiques du discours. Selon mon expérience, les individus qui souffrent de dysfonctionnements du discours en sont rarement conscients. Les gens affectés par ce problème doivent se rendre compte que leur façon de parler frustre leurs interlocuteurs. À tout le moins, ils ont besoin d'aide pour démystifier leur problème et recevoir régulièrement des rétroactions de la part de leurs proches. Le cas échéant, on devrait leur rappeler que leur choix de mots et de sujets, le ton de leur voix ou le niveau de leur langage causent des problèmes interpersonnels. Nous avons un grand besoin de professionnels capables de conseiller les individus souffrant de dysfonctionnements du discours ; or, de nos jours, ce besoin est souvent méconnu et négligé.

FORMATION D'ALLIANCES ET GESTION DE SA RÉPUTATION

Bien démarrer une carrière nécessite beaucoup plus que de bien parler. Un jeune adulte qui s'engage dans la vie active doit avoir une grande compréhension de lui-même et employer de bonnes tactiques pour se forger des alliances constructives et coopératives avec les autres. En d'autres mots, il doit savoir comment établir des relations avec autrui, comment devenir un joueur d'équipe, que ce soit dans une salle d'opération, dans un rassemblement d'officiers de l'armée, ou au soixante-sixième étage du siège social d'une entreprise. Que faut-il à un jeune adulte pour former les alliances nécessaires au travail d'équipe ? Premièrement, il doit projeter une image positive de lui-même et adopter des comportements empreints de tolérance et d'affabilité.

Se bâtir une image

La gestion de la réputation est une compétence qui permet de survivre à l'école et au travail. Ce que les autres disent de vous a un impact important sur votre bonheur et votre efficacité. L'image que vous projetez est un facteur essentiel dans l'acquisition d'une réputation. La création d'une image positive est importante au départ, car il devient difficile de changer une réputation une fois que celle-ci est établie.

TABLEAU 10.2
FONCTIONS PRAGMATIQUES DU DISCOURS

Fonctions	Explications
Transmission des sentiments adéquats	Utiliser les mots et les intonations justes et ne pas paraître en colère, hostile ou impertinent
Affinités affectives	Accorder son humeur à celle de l'auditeur
Perspective	Juger et contrôler les besoins et les réactions de l'auditeur
Permutation de codes	Parler différemment à des gens différents, en fonction du degré de la relation avec eux
Sélection et durée d'un sujet	Choisir le sujet et la durée de ce dernier
Régulation de l'humour	Savoir quand et comment être drôle
Contrôle de la communication	Observer comment les autres réagissent à ce qu'on dit afin de pouvoir faire les ajustements nécessaires
Compétence à converser	Favoriser une approche donnant-donnant pour communiquer (au lieu de monologuer)
Capacité à complimenter	Communiquer afin d'aider les gens à se sentir à l'aise avec soi et avec les autres

Les jeunes adultes engagés dans la vie active doivent se libérer de leurs dernières obsessions relatives au fait d'être *cool* (chapitre 2) et apprendre à se présenter devant les autres avec plus de sérieux.

IMAGE DE SOI

Pour les adolescents

Comportement très décontracté
Bravade et confiance
Prise de risque faible et attitude rebelle
Goûts correspondant aux tendances du jour

Apparence physique qui attire les pairs
« Chorégraphie » du corps acceptable
Membre d'un clan ou d'une bande
Sens de l'humour et cynisme
Attirance physique

Pour les jeunes adultes qui s'engagent dans la vie active

Endossement du rôle joué
Mise en valeur de son expertise dans une spécialité
Loisirs adaptés
Apparence physique séduisante
Écoute et partage des compétences
Empathie, amabilité et capacité d'écoute
Sérieux, honnêteté et fiabilité
Sens de l'humour et de l'autodérision
Esprit de collégialité et de collaboration
Enthousiasme et engagement

Se bâtir une belle image et une aptitude subtile à savoir bien se vendre sont des instincts de base chez ceux qui dès la naissance savent se mettre en valeur. Malheureusement, les individus vulnérables, tant les jeunes que ceux qui s'engagent dans la vie active, ont tendance à saboter le travail.

L'image que se forge l'adolescent peut perdurer tout au cours des études universitaires, mais des tactiques basées sur une attitude cool sont souvent contre-productives et représentent un véritable handicap au début de la vie professionnelle. Un adolescent peut-il modifier ses stratégies de marketing lorsqu'il entre dans le monde des adultes ? Plusieurs semblent pouvoir y arriver, mais d'autres pas.

Un jeune adulte doit se montrer intéressé au travail, prêt à se retrousser les manches et à apporter une contribution significative. Il doit éviter de trop en mettre, montrer une certaine humilité, avoir la volonté de parfaire ses connaissances et d'apprendre, et respecter l'autorité en place. De plus, il doit démontrer une certaine fidélité envers ses supérieurs hiérarchiques. Il ne peut plus se permettre de dénigrer les adultes ; il en est maintenant un. Il doit respirer la compétence dans sa spécialité, parler de ce qu'il sait avec assurance, et prendre sa place. Il a avantage à se demander ceci : « Comment dois-je me présenter ? Comme un universitaire, un individu qui suit la mode, un artiste, une personne soignante bénévole, un technicien ? » Ce jeune adulte doit renoncer aux images adolescentes et démodées du fort en thèmes, du fou d'informatique, de la personne bon chic bon genre, du sportif, de l'abruti ou du mec *cool*.

Il n'est jamais facile de déterminer comment on doit se présenter aux autres. Qu'il s'agisse d'un adolescent qui est relation avec des camarades de classe et des enseignants ou d'un employé face à des collègues et un patron, savoir comment se présenter est un défi. Un jeune adulte doit être particulièrement sensible à la manière dont il est perçu dans son milieu de travail. Il doit développer l'habitude de prendre un temps d'arrêt pour observer comment les autres perçoivent ses agissements et ses réactions. « Suis-je trop franc ou agressif ? » « Suis-je perçu comme étant autoritaire ? » « Suis-je bourru ou agressif lorsqu'il y a trop de travail à faire ? » « Devrais-je m'affirmer davantage au travail ? » Un jeune adulte pourra avoir un départ difficile s'il prend les gens à rebrousse-poil et qu'il n'en est pas conscient.

Créer un marché pour se vendre

Une fois qu'un jeune adulte a déterminé l'image qu'il veut projeter, sa prochaine tâche consiste à créer une demande pour ce qu'il a à offrir ou à identifier les gens avec qui former des alliances. À l'école, cette intégration prend la forme de clans ou de groupes d'étudiants qui ont les mêmes intérêts (les sportifs, les membres d'un orchestre, les amateurs de jeux électroniques, les planchistes, les meneuses de claque, etc.). Une participation réussie à une alliance a un effet tonique et procure un sentiment de protection. Les jeunes ont soif d'intégration et certains d'entre eux sacrifieront presque tout pour appartenir à un groupe. Dans le pire des scénarios, l'appartenance à un groupe peut amener un adolescent à perdre tout intérêt pour la vie familiale et le travail scolaire.

À l'université, la formation d'alliances et l'appartenance à des fraternités, à des associations d'étudiants et à toutes sortes de clubs semblent presque obligatoires pour les étudiants non gradués. Plusieurs de ces derniers se sentent assez confortables avec l'idée de faire partie du troupeau. Après l'université, certaines alliances peuvent perdurer. Récemment, on s'est penché sur le phénomène qu'on appelle « tribus urbaines » (Watters, 2003), des groupes constitués majoritairement de jeunes adultes engagés dans la vie active qui se réunissent après le travail et pendant les week-ends. Ces groupes deviennent pratiquement des familles ; beaucoup de leurs membres se marient sur le tard, si jamais ils s'y décident, et chacun se sent très soutenu par les autres personnes faisant partie de la tribu. Un tel sentiment d'appartenance peut procurer un sentiment de sécurité, particulièrement chez les jeunes adultes qui ont des difficultés à se mettre en marche, chez ceux qui ne savent toujours pas qui ils sont et quelle direction ils vont prendre dans la vie.

Les alliances se forgent également dans le milieu de travail. Trois modèles sont essentiels pour favoriser la formation d'alliances solides au travail : le niveau de contrôle, la collaboration et la gestion des conflits.

Niveau de contrôle

Dans quelle mesure un individu se sent-il contraint d'être en contrôle total, de dominer les autres et d'essayer de tout faire par lui-même ? Il existe d'innombrables jeunes qui sont désavoués par des camarades de classe amers parce qu'ils veulent tout faire à leur manière ; naturellement, une telle insistance provoque la colère de leurs pairs. Cet esprit de domination peut gêner la formation d'alliances chez les jeunes adultes. Le plus souvent, la meilleure solution est de ne pas chercher à dominer l'équipe, de ne pas lutter de façon trop évidente et agressive, de ne pas vouloir toujours tout contrôler. À l'autre extrême, on trouve les disciples aveugles, qui ont renoncé à leur autonomie et qui font tout ce que le groupe a décidé ou semble vouloir leur confier. Ces moutons de Panurge peuvent ultimement perdre le respect de leurs coéquipiers. Quelque part entre la domination compulsive et la soumission totale existe un niveau approprié de contrôle social. Les groupes fonctionnent mieux lorsque le leadership est assumé à tour de rôle, de manière imperceptible et involontaire, par tous les membres. Chaque individu peut, de temps à autre ou au jour le jour, étudier son comportement pour déterminer s'il est trop dominateur ou trop passif au sein de l'équipe.

Collaboration

La définition des rôles et la collaboration constituent l'essence même des alliances. Chaque membre d'une alliance devrait savoir ce qu'il apporte au groupe et quels bénéfices il retire des autres membres. Pour compiler d'excellents résultats en matière de collaboration, un étudiant ou un adulte devrait pouvoir décrire clairement son rôle réel ou éventuel dans le groupe, de même que celui des autres. Il devrait volontairement partager les risques, les responsabilités ou les éloges pour les réalisations du groupe. Beaucoup de jeunes apprennent ces choses au sein d'une équipe sportive bien entraînée. D'autres peuvent être doués d'un instinct pour le partage. Par contre, certains jeunes recherchent sans cesse les feux de la rampe, blâment les autres pour les insuccès ou essaient de tout faire par eux-mêmes. Ils sont perçus comme des *prima donna*, comme faisant cavalier seul et, pour ces raisons, ils n'ont pas d'alliés.

Développer ses habiletés à collaborer au cours des premières années de la vie active ouvre la voie à deux pratiques essentielles qui pourraient être fort utiles plus tard : le réseautage et le leadership. Un individu qui collabore de manière constructive avec les autres constate que son groupe d'alliés continue de prendre de l'expansion, souvent au-delà du milieu de travail. La personne gagne en influence et a la satisfaction de savoir qu'elle a un impact important sur la vie des autres. Les occasions de manifester son leadership s'ensuivent souvent. Tout ça démarre par une collaboration bien orchestrée.

Comportement compétitif approprié

La compétition est une composante commune et complexe des relations humaines. Beaucoup de jeunes acquièrent des compétences compétitives grâce à la pratique des sports. D'autres peuvent se montrer compétitifs en cherchant à obtenir de bonnes notes, en manifestant du leadership ou en cherchant la popularité. Le secret est de se montrer compétitif sans que le processus ne devienne trop évident et trop brutal. Un comportement compétitif trop évident peut offenser vos alliés les plus proches, ceux-là mêmes qui peuvent vous aider à réussir. Il peut aussi augmenter le désir des autres de contrecarrer vos objectifs. Les jeunes doivent avoir l'occasion de réfléchir sur les sphères d'activité où ils tentent d'être compétitifs et de discuter des objectifs qui les poussent à agir ainsi. Ils ont besoin qu'on les aide à faire la distinction entre des manières socialement acceptables et inacceptables d'être en compétition. Ils doivent reconnaître que la vantardise, les agressions verbales ou physiques, la tromperie et le sabotage intentionnel du travail des autres ne sont pas des façons efficaces d'être en compétition.

Certains enfants et jeunes adultes qui s'engagent dans la vie active ont très peur de la compétition. Cette peur peut les amener à se montrer trop prudents et à ne pas prendre de risques, ou à s'engager dans des domaines qui semblent, du moins en apparence, ne pas impliquer de compétition. Parfois, ils sont plus tard étonnés de découvrir à quel point la compétition est en réalité omniprésente dans leur vie. Somme toute, il est préférable d'apprendre comment être en compétition avec les autres.

Gestion des conflits

Aucune relation ne se déroule sans heurt. Toute relation durable a ses zones d'ombres. Ainsi, la capacité à surmonter les obstacles et les désaccords qui, tôt ou tard, se manifestent dans les relations devient un instrument-clé de l'interaction. Pour les jeunes et les adultes, le défi est de parvenir à résoudre les conflits sans recourir à l'agression verbale ou physique — ou à l'agression passive insidieuse.

Une saine gestion des conflits et la négociation peuvent résoudre plusieurs problèmes qui surviennent au cours d'une carrière, et contribuer à cimenter les relations au travail et les amitiés. Par-dessus tout, la résolution des conflits est facilitée par la parole — d'abord, vous vous parlez à vous-même, puis vous vous adressez à ceux avec qui vous êtes en conflit. La médiation verbale, un lubrifiant de premier ordre en matière de relations, élimine souvent la majorité des frictions. On dit fréquemment aux très petits enfants qui n'arrivent pas à se calmer après une dispute de prendre l'air, d'aller quelque part pour reprendre leurs esprits avant de retourner à la table des négociations. Les adultes devraient aussi savoir s'imposer une pause lorsqu'ils doivent résoudre un conflit, ce qui équivaut à un cessez-le-feu. Ils devraient alors reconnaître que les gens qui résolvent le mieux les conflits sont ceux qui sont passés maîtres dans l'art de faire des compromis. De tels individus savent comment formuler des traités de paix ; ils peuvent déterminer quels territoires ils doivent céder et lesquels ils doivent conserver. La négociation basée sur le principe du donnant-donnant est une compétence que nous devrions enseigner aux jeunes par des jeux de rôle actifs et l'étude de véritables conflits. Les adolescents qui sont des négociateurs doués disposeront d'un atout qu'ils pourront utiliser au cours de leur carrière, alors que ceux qui sont constamment paralysés face aux conflits souffriront de déficits psychologiques.

GESTION EFFICACE DES CONFLITS

En présence d'un conflit interpersonnel, un individu doit :
- faire une pause et considérer les options ;
- s'interdire l'agression comme option ;

- se montrer flexible dans sa façon de penser (ne pas se « braquer ») ;
- discuter du problème (se parler, puis parler aux autres) ;
- le cas échéant, admettre ses torts (l'ultime stratagème social) ;
- faire des compromis ;
- au besoin, présenter des excuses.

COMPORTEMENT TACTIQUE

Qu'un étudiant se sente impliqué ou non dans la vie estudiantine (étonnamment, peu de jeunes le sont), il l'est malgré lui. Il existe une chaîne infinie, inconsciente ou intentionnelle, de jeux de pouvoir, de trafics d'influence et de tentatives de gagner la faveur de gens importants qui pourraient avoir un impact déterminant sur son bonheur à court terme et son bien-être à long terme. D'une part, les jeunes doivent compter avec les leaders étudiants qui peuvent diriger l'opinion publique en leur faveur ou contre eux et faire de leur vie une expérience joyeuse ou un naufrage. Ignorer ces gens peut être dangereux. Si vous faites partie de ces individus tout-puissants qui dictent les goûts et les tendances du moment, assurez-vous d'être assez rusé pour conserver votre pouvoir.

La plupart des jeunes ont déjà l'expérience de conflits tumultueux qui prenaient la forme de rivalités entre frères et sœurs, alors qu'ils étaient en compétition pour obtenir les faveurs et les ressources de leurs parents tout-puissants. Je me demande parfois si ces guerres civiles à la maison ne sont pas un entraînement de base pour les champs de bataille du monde des adultes.

Or, ce n'est pas tout ce qu'il y a à savoir sur les conflits à l'adolescence ; beaucoup d'étudiants qui réussissent sont parfaitement conscients qu'ils doivent « user de flatterie pour obtenir des faveurs » lorsqu'ils sont en relation avec leurs professeurs. Au cours des premières années de la vie active, les jeunes sont toujours en campagne et doivent agir en tacticiens. Malheureusement, beaucoup de jeunes adultes sont dangereusement ignorants des réalités du monde du travail. Chez ces individus naïfs et non avertis, les pertes humaines sont importantes. À la fin de ma formation pédiatrique, un de mes mentors m'a dit que j'étais un géant intellectuel et un nain institutionnel. Cette déclaration, qui n'avait que peu de sens pour moi à l'époque, revêt aujourd'hui une grande signification. Pour réussir, il n'est pas suffisant de savoir beaucoup de choses, de travailler fort et de créer des produits ou de fournir des services de qualité. Vous devez vous faire aimer et faire en sorte que les gens sentent que vous les aimez. C'est ce qu'on appelle la tactique.

Les habiletés tactiques sont vitales tout au cours d'une carrière. Alain de Botton, dans son livre *Du statut social*, insiste sur le rôle du comportement tactique dans la quête de promotions au travail. Avancer dans une organisation nécessite plus que des compétences professionnelles. Comme Botton le souligne : « Le chemin de la promotion ou son opposé peuvent ne pas être liés directement à la performance. Les alpinistes qui réussissent à gravir les pyramides des organisations ne sont pas nécessairement les meilleurs employés ; ce sont des gens qui ont maîtrisé toutes sortes d'habiletés sur le plan tactique, des habiletés pour lesquelles la vie courante n'offre pas de modèles. » Il est essentiel que les jeunes adultes apprennent de leurs propres comportements tactiques.

Autoapprentissage

Le tableau 10.3 dresse une liste de questions touchant l'autoapprentissage, des questions qui peuvent aider un individu à survivre durant les premières années de sa vie professionnelle. Ces questions, qui sont souvent traitées de façon semi-consciente ou inconsciente, doivent être posées de manière explicite. Ainsi, l'individu s'assurera de prendre un temps d'arrêt pour y réfléchir. Évidemment, ces questions n'ont ni bonnes ni mauvaises réponses, mais elles valent la

TABLE 10.3
AUTOAPPRENTISSAGE TACTIQUE AU COURS DES PREMIÈRES ANNÉES DE LA VIE ACTIVE

Questions	Réponses possibles
Qui sont les détenteurs de pouvoir à qui je dois plaire ou que je dois impressionner ?	*Mon superviseur, l'adjoint du patron, le directeur de l'exploitation, le responsable des ressources humaines.*
Que me faudra-t-il faire pour leur plaire ou les impressionner ?	*J'arriverai tôt au travail, je partirai tard, je ferai plus que ce que l'on attend de moi, je serai loyal envers ces individus.*
Comment demeurerai-je en bons termes avec eux ?	*Je ferai plus que ce qui précède !*
Comment ferai-je pour leur prouver que je les respecte et que je les admire ?	*Je leur poserai de bonnes questions, je les féliciterai.*
Comment m'y prendrai-je pour soutenir, rassurer et convaincre mes collègues de travail ?	Je les complimenterai, je les aiderai, je socialiserai avec certains d'entre eux.
Comment réussirai-je à former un groupe de partisans (alliés) ?	*Je me confierai à quelques-uns de mes collègues, je leur témoignerai du respect, je les complimenterai.*
Quels sont les avantages compétitifs qui me permettront d'améliorer mon statut ?	*J'ai le sens du détail. Je suis dynamique et je suis maître dans l'art de résoudre les problèmes.*
Comment pourrai-je utiliser mes avantages compétitifs sans me mettre les autres à dos ?	*Je ne me vanterai pas et ne dirai pas aux autres à quel point je travaille fort.*
Comment pourrai-je dire que j'ai un bon plan tactique ?	*Je demanderai des rétroactions. Lorsque je parlerai, je serai attentif aux expressions faciales. Je remarquerai qui désire aller déjeuner avec moi.*

peine d'être abordées et reconsidérées sur une base régulière car elles forment le cœur de la pensée tactique bien comprise. Il est essentiel de vous demander : « Eh bien, quelle est actuellement ma situation sur le plan tactique ? »

Comment les jeunes et les jeunes adultes développent-ils l'habitude de faire un autoapprentissage actif ? Je crains que, pour la plupart d'entre eux, ce soit n'importe comment ! Pour ne pas faire les choses au petit bonheur, il faudrait enseigner aux jeunes, pendant que ces derniers sont encore à l'école, comment ils devront se comporter au sein d'une entreprise. Le tableau 10.4 pose les mêmes questions tactiques aux étudiants.

Les jeunes peuvent tirer profit des fréquentes analyses tactiques en écrivant. On doit obliger tous les étudiants à se prêter à d'hypothétiques exercices qui consisteraient à mettre sur pied des campagnes pour attirer les consommateurs, à obtenir une augmentation salariale ou une promotion, à décrocher un prix ou à gagner le support des gens à la cause qu'ils défendent. S'ils font ce genre d'exercices, ils prendront l'habitude de se questionner au sujet de leurs comportements, une pratique qu'ils perfectionneront au

TABLEAU 10.4
AUTOAPPRENTISSAGE TACTIQUE : LA VERSION DE L'ÉTUDIANT

Questions	Réponses possibles
Qui sont les détenteurs de pouvoir à qui je dois plaire ou que je dois impressionner ?	*Mes professeurs, un leader étudiant, deux autres étudiants populaires.*
Que me faudra-t-il faire pour leur plaire ou les impressionner ?	*Je poserai à mes professeurs de bonnes questions, je les verrai après l'école, je montrerai de l'intérêt ; je me joindrai aux leaders étudiants, je les aiderai et les soutiendrai.*
Comment demeurerai-je en bons termes avec eux ?	*J'essaierai de toujours être utile et d'un grand secours.*
Comment ferai-je pour leur prouver que je les respecte et que je les admire ?	*Je leur demanderai leurs opinions, je rechercherai leur aide, je continuerai à leur laisser savoir que je les admire.*
Comment m'y prendrai-je pour soutenir, rassurer et convaincre mes confrères de classe ?	*Je me lierai d'amitié avec certains confrères de classe, je déjeunerai avec eux, je les inviterai à faire des activités avec moi.*
Comment réussirai-je à former un groupe de partisans (alliés) ?	*Je me joindrai à une équipe ou à un club, je formerai un comité, j'essaierai d'être perçu comme un leader.*
Quels sont les avantages compétitifs qui me permettront d'améliorer mon statut ?	*Ma personnalité, ma belle apparence, mes habiletés athlétiques et mes compétences en informatique.*
Comment pourrai-je utiliser mes avantages compétitifs sans me mettre les autres à dos ?	*J'aiderai mes confrères de classe, je ne me vanterai ni ne me rabaisserai.*
Comment pourrai-je dire que j'ai un bon plan tactique ?	*Je verrai si j'ai des appels téléphoniques, de bons commentaires de la part des professeurs, des invitations à des soirées venant d'autres étudiants.*

cours de leurs premières années de vie active et qui leur rapportera d'importants dividendes.

Diplomatie

Une fois qu'un individu a une vue réaliste de son statut et de ses besoins, il peut développer des moyens de maintenir ou d'augmenter son efficacité au sein de l'entreprise. Pour ce faire, il doit développer ses compétences diplomatiques et se servir de certaines stratégies bien conçues. De plus, il doit déterminer quelles relations au travail peuvent être quelque peu renforcées, lesquelles ont moins de conséquence sur son parcours professionnel ou lesquelles sont les meilleures. Il peut alors atteindre ses objectifs en se montrant fidèle, respectueux et compétent lorsqu'il communique avec les détenteurs du pouvoir. En outre, il sera en mesure de déterminer de quelle manière il pourra le mieux appuyer les causes défendues par ces derniers ; il peut s'agir de la recherche de profits, d'une mission altruiste, ou encore d'une quête de gloire ou de pouvoir. La diplomatie est une exigence essentielle pour bien se préparer à la vie active.

AMÉLIORER SES RELATIONS AU TRAVAIL

Le philosophe existentialiste français existentialiste Jean-Paul Sartre a un jour écrit ceci : « L'enfer, c'est les autres. » Les individus peuvent, souvent trop facilement, être contrôlés par des gens tyranniques et perdre leur liberté ainsi que leur identité. Les jeunes adultes doivent être conscients qu'ils peuvent être gravement affectés par le type de relations qu'ils entretiennent avec les autres. De plus, ils doivent savoir qu'ils peuvent empêcher un tel scénario de se produire en devenant des communicateurs, en forgeant des alliances, en se bâtissant une réputation et en devenant de bons tacticiens.

Établir des relations est un processus continu, et nous apprenons sans cesse des choses sur ce processus grâce à nos expériences. Pendant que nous interprétons ces dernières, nous modifions et diversifions nos modes d'interaction afin de répondre à des besoins changeants. Les thèmes sous-jacents de la communication, comme la formation d'alliances et la gestion de la réputation, de même que la pratique tactique, sont toujours présents mais peuvent être améliorés. Et ce processus de croissance personnelle est plus susceptible de s'améliorer lorsqu'il est consciemment cultivé et contrôlé.

DÉVELOPPER DES HABILETÉS SOCIALES

Communication

Exprimer ce qu'on pense
S'exprimer à travers le langage
Utiliser de bonnes fonctions pragmatiques du discours

Formation d'alliances et gestion de la réputation

Bâtir son image
Créer un marché pour se vendre
Réguler le niveau de contrôle
Collaborer
Adopter un comportement compétitif approprié
Gérer les conflits

Comportement tactique

Étudier les besoins et les comportements tactiques d'un individu
Être diplomate

FACTEURS FAVORISANT LE DÉVELOPPEMENT MENTAL

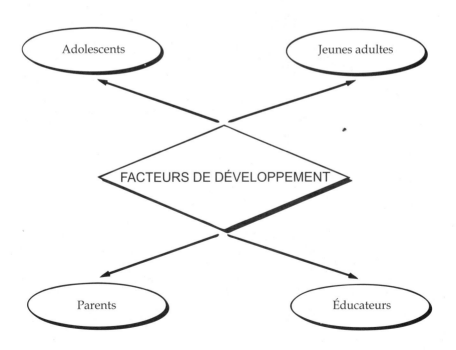

Prévenir la non-préparation des jeunes à la vie active ou y remédier nécessite un effort de coopération entre les parents, les éducateurs, les adolescents et des jeunes adultes eux-mêmes. Dans la troisième partie, nous explorerons les rôles que devraient jouer les parents, les éducateurs, les adolescents ainsi que les jeunes adultes actuellement engagés dans la vie active. Cette partie montre à quel point les processus de croissance, qui ont été décrits dans la deuxième partie, peuvent être enrichis par un effort combiné et concerté. Les chapitres qui suivent sont une injonction d'agir ; ils se veulent une incitation à changer certaines manières actuelles d'élever et d'instruire les jeunes, et une nouvelle façon pour les adolescents et les adultes qui s'engagent dans la vie active de considérer le présent et l'avenir.

11

PARENTS

Réussir les bon mélanges

Mon manque d'ambition m'a gravement limité, du moins si on considère la vie professionnelle comme un moyen de se réaliser pleinement. J'ai toujours déçu mon père, car je n'ai exploité mes compétences et mes habiletés que pour trouver mon propre bonheur. Mon père fait partie de cette génération où les gens allaient au bout de leurs potentialités afin de subvenir aux besoins de leur famille.

D.M., 28 ans

Voici un extrait d'une conversation téléphonique que j'ai eue avec Adele Stone, la mère de Clifford, un de mes patients souffrant de certains troubles du langage et de l'attention :

Mme Stone : Dr Levine, je ne cesse de me demander si je sais ce que je fais lorsqu'il est question d'élever Clifford.

Dr Levine : Que voulez-vous dire ?

Mme Stone : Je veux dire que Clifford réussit beaucoup mieux à l'école ces jours-ci et qu'il semble beaucoup plus heureux. Il a une meilleure estime de lui-même, et il se concentre mieux à la maison et à l'école. Mais vous savez, il est encore très exigeant. Il veut une attention constante ; il est toujours très attiré par le jeu, les nouveaux jouets ou les événements spéciaux. Il est très manipulateur jusqu'à ce qu'il obtienne ce qu'il désire.

Dr Levine : Eh bien, ce n'est pas si anormal à son âge.

Mme Stone : Oui, mais nous lui consacrons beaucoup de notre temps et de notre énergie : il nous oblige à penser constamment à lui. Nous tenons à ce qu'il soit heureux ; nous avons si peur de lui déplaire.

Dr Levine : Je crois que tout est une question de degré. Vous ne devriez pas vous plier à tous les caprices de votre garçon et vous auriez avantage à établir des limites claires.

Mme Stone : Nous essayons de le faire, mais Clifford parvient toujours à obtenir beaucoup de choses, tant de nous que des autres. La plupart du temps, il est totalement centré sur lui-même et s'amuse comme un fou. Il est si mignon et intrigant que même ses professeurs semblent se plier à ses caprices pour le divertir (et les autres étudiants aussi). Il y a une partie en moi qui est contente de le voir si heureux la plupart du temps, et une autre partie qui estime qu'il serait beaucoup plus heureux s'il était davantage privé de certaines choses. Je sais que dire une telle chose peut sembler horrible, mais je crains vraiment que son enfance ne pourra que se terminer difficilement ! Lorsque vous avez beaucoup reçu alors que vous étiez enfant, que pouvez-vous espérer d'autre une fois rendu à l'âge adulte ? Comment le fait d'avoir vécu vingt ans de plaisirs vous prépare-t-il aux cinquante prochaines années dans la vraie vie ?

Dr Levine : Je ne puis qu'être d'accord avec vous, Mme Stone. Le défi sera de trouver pour Clifford le bon mélange entre le plaisir et les leçons à apprendre. [...]

Lorsqu'on élève un enfant, de nombreux ingrédients entrent dans le mélange. Les ingrédients ont tendance à se présenter par paires et ils doivent être équilibrés pour créer les bons mélanges. Les plus importants et stimulants de ces mélanges sont résumés ci-après.

LES BONS MÉLANGES		
Ingrédients		*Bons dosages*
louanges	←—→	critiques
discipline	←—→	liberté
intervention des parents	←—→	débrouillardise
libre jeu	←—→	programmation
assimilation culturelle	←—→	travail

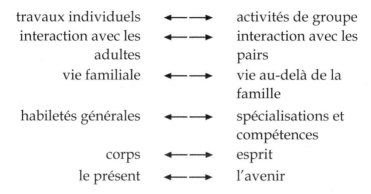

travaux individuels	←—→	activités de groupe
interaction avec les adultes	←—→	interaction avec les pairs
vie familiale	←—→	vie au-delà de la famille
habiletés générales	←—→	spécialisations et compétences
corps	←—→	esprit
le présent	←—→	l'avenir

LOUANGES ET CRITIQUES

Grâce à un bon dosage de renforcements positifs et négatifs, les jeunes parviennent à progresser de façon continue. Par-dessus tout, ils doivent sentir qu'ils font bonne impression devant un auditoire qui sait apprécier leurs efforts, mais qui est aussi en mesure d'émettre des critiques constructives. Et il n'y a aucun auditoire plus influent et motivant que les parents. Je rencontre beaucoup de jeunes qui, au fond d'eux-mêmes, croient qu'ils déçoivent leurs parents. Ces jeunes peuvent se présenter dans les premières années de la vie active en souffrant de graves déficits psychologiques comme ceux qui ont été décrits au chapitre 2. Les enfants savent que leurs parents les aiment, mais ils doivent sentir que ces derniers les respectent. Ils ont besoin d'entendre leurs parents les vanter auprès d'amis ou de connaissances, et ce, sur une base régulière, ce qui peut leur donner l'élan, la motivation et l'optimisme dont ils auront besoin pour demeurer sur la trajectoire qui mène à l'âge adulte.

Les éloges ne doivent pas exclure la critique constructive. Cependant, les rétroactions négatives doivent être exprimées avec tact et référer davantage à l'avenir qu'au passé : « Joe, dorénavant, tu aurais peut-être avantage à commencer tes devoirs juste après le dîner et à te reposer avant de te mettre au lit. » Les commentaires critiques devraient être formulés sous la forme de recommandations à prendre au sérieux plutôt que de condamnations ou de marques d'irrespect envers l'enfant. Des déclarations comme « Tu n'arriveras jamais à rien » risquent de devenir des prophéties qui s'accompliront d'elles-mêmes.

DISCIPLINE ET LIBERTÉ

Au chapitre 3, j'ai indiqué qu'il y avait un nombre croissant de parents qui ont peur de leurs enfants, particulièrement de leurs adolescents qui, dans plusieurs cas, ont usurpé le pouvoir au sein de la famille. L'anarchie n'est dans l'intérêt de personne, et les parents devraient s'efforcer de surmonter leur crainte qu'un adolescent malheureux puisse se faire du tort à lui-même. Au contraire, une trop grande permissivité peut augmenter la probabilité que se produisent des actions funestes de ce genre. Les parents doivent simplement prendre les commandes, au risque de contrarier le jeune ou de se le mettre temporairement à dos.

Plus tôt la structure de pouvoir est établie, mieux cela vaut ; il est très difficile d'instituer de nouvelles règles à la maison lorsqu'un enfant approche l'âge de quinze ans. Un père m'a appris que lorsque ses enfants étaient jeunes, il leur disait fréquemment ceci : « Voyez, la maison dans laquelle vous vivez ne fonctionne définitivement pas comme une démocratie. Votre mère et moi faisons les choses à notre façon. Lorsque vous grandissez, vous pouvez établir vos propres règles dans votre maison. » Les jeunes ont besoin et veulent de telles contraintes lorsque ces dernières sont imposées avec impartialité et fermeté. En fait, ces limites les aident à se sentir valorisés et protégés. Un enfant peut les voir comme une preuve d'amour et d'affection de la part de ses parents.

Au cours de leur préparation à la vie active, les enfants et les adolescents ont besoin qu'on leur accorde progressivement plus d'autorité et de liberté et, idéalement, cet abandon progressif des rênes de la part des parents devrait être planifié. Par exemple, les adolescents doivent savoir que le couvre-feu sera progressivement allégé sur une période de deux ou trois ans.

Jusqu'à un certain point, les parents doivent se tenir en retrait et permettre à leur enfant de couler ou de nager. Plus un jeune est harcelé par ses parents, particulièrement en ce qui a trait à ses devoirs, plus il a tendance à se braquer. Ce signal indique aux parents qu'il est temps de battre en retraite. Si l'enfant refuse de faire ses devoirs, il aura à en assumer les conséquences. Une telle retraite stratégique peut être déchirante pour des parents consciencieux, mais elle est nécessaire pour empêcher l'enfant de devenir son pire ennemi. Certains adolescents éprouvent un étrange sentiment de pouvoir et de satisfaction lorsqu'ils vexent leurs parents et provoquent des scènes à la maison. Ces drames sont contre-productifs et destructeurs, et les parents devraient refuser d'y participer. En même temps, aucun jeune ne devrait se sentir abandonné ; tout enfant aurait avantage à sentir que ses parents sont accessibles — sur demande, pour ainsi dire — s'il veut les consulter au sujet des ses travaux scolaires et d'autres questions relatives à l'éducation.

INTERVENTION DES PARENTS ET DÉBROUILLARDISE

Les jeunes ont besoin d'encouragements et d'expériences personnelles pour faire face aux dilemmes et aux difficultés qu'ils rencontreront au cours des premières années de la vie active. Ils doivent devenir résilients aux échecs car les crises, mineures ou majeures, ne manqueront pas au cours de leur vie. Lorsqu'un enfant fait face à un problème, il devrait en tirer des leçons. Il est difficile pour les parents de déterminer s'ils doivent vraiment venir à la rescousse d'un enfant en crise. Généralement, ils devraient donner certains conseils (quand ils sont sollicités) sans nécessairement se porter volontaires pour le service actif. Au lieu d'avoir immédiatement une conversation avec un enseignant ou un parent d'un camarade de classe, une mère devrait aider son jeune de quatorze ans à penser à ce qu'il devrait dire à l'enseignant ou à la manière dont il devrait négocier avec ce jeune qui l'intimide dans l'autobus. Dans certaines situations, l'enfant peut avoir besoin de l'intervention de ses parents, mais il devrait toujours s'agir d'une mesure de dernier recours. Il serait dommage qu'un enfant grandisse sans développer ses propres outils de défense et ses capacités à résoudre des conflits.

JEU LIBRE ET PROGRAMMATION

Lors de notre discussion sur les séances de remue-méninges (page 250), j'ai mentionné les risques d'une trop grande programmation des enfants sur le plan cognitif. Les parents se doivent de réfréner leurs ardeurs lorsque vient le temps de faire suivre des cours à leurs enfants ou de les faire participer à des sports d'équipe. Ils devraient prévoir des périodes au cours desquelles les enfants n'ont rien à faire ou peuvent improviser spontanément : il s'agit là d'une partie essentielle du développement de la pensée créatrice, de l'indépendance et de la prise d'initiatives. Les leçons de clavecin et les sports d'équipe sont des passe-temps valables, mais ils étouffent certains processus de croissance essentiels lorsqu'ils éclipsent totalement le jeu libre. Il doit y avoir ici un bon dosage.

Le travail et le jeu sont essentiels à la santé mentale et à la maturité d'un enfant. Il s'agit là de deux canaux d'apprentissage. Tout ce qui n'a pratiquement pas de valeur fait partie de la « période de désengagement », ces intervalles où un individu n'éprouve aucun plaisir et n'accomplit rien. Dans leur essai dans la collection *Becoming Adult* (Csikszentmihalyi et Schneider 2001), Jennifer Schmidt et Grant Rich écrivent ceci : « Le désengagement se manifeste chez des adolescents qui ne sont pas productifs, qui ne s'amusent pas et ont généralement une faible estime d'eux-mêmes. Il est peu probable que le fait de passer beaucoup de temps dans cet état désagréable où les jeunes n'ont pas d'objectifs ni de direction puisse favoriser un développement positif » (p. 93 de la version anglaise). Les auteurs ont découvert que les adolescents qui consacrent une bonne partie de leurs journées aux activités désengagées peuvent éprouver davantage de difficulté à trouver leur voie. Regarder la télé, « passer son temps » avec des amis, écouter oisivement de la musique et consulter sa messagerie instantanée sont des exemples de désengagement. Les parents devraient faire ce qu'ils peuvent pour empêcher que les périodes de désengagement remplacent des initiatives et des loisirs plus créatifs.

Le jeu devrait donner aux enfants de nombreuses occasions d'explorer le monde. Eva Schmitt-Rodermund et Fred Vondracek (1999) ont étudié ce qu'ils ont appelé le comportement explorateur au cours de l'adolescence, et en ont conclu qu'il était important d'aider les enfants à développer de multiples centres d'intérêt : « Nous savons que l'exploration est l'un des plus importants signes précurseurs de la bonne adaptation d'une personne à son environnement et du choix d'une occupation. Considérant que la majorité des individus passent une bonne partie de leur vie à travailler et que la satisfaction au travail a beaucoup à voir avec la santé et un sentiment de bien-être, on peut difficilement sous-estimer l'importance de l'exploration. » Il y a beaucoup à faire pour que les jeunes soient attirés par des activités comme la musique, les arts, les sports, la vie animale et la politique, et qu'ils développent des intérêts et un engagement à long terme.

LOISIR ET TRAVAIL

Aucun parent ne préconiserait l'approche « tout pour le travail et rien pour les loisirs » en ce qui a trait à l'éducation d'un enfant. Par ailleurs, nous faisons peut-être face à une importante vague d'hédonisme chez les adolescents. L'insatiabilité est à la hausse (page 117), et de plus en plus de jeunes éprouvent un intense besoin d'être agréablement stimulés à toute heure du jour. Existe-t-il un grave déséquilibre entre le travail et les loisirs ? C'est tout à fait possible.

Plus tôt dans ce livre, j'ai soutenu que les écoles sont là pour apprendre aux jeunes à apprendre, mais que les parents ont pour tâche d'enseigner à leurs enfants à travailler (page 225). Faisant état de leur recherche dans la collection *Becoming Adult*, Kevin Rathunde, Mary Ellen Carroll et Molly Pei-lin Huang concluent ceci : « Dans notre économie, les parents enseignent rarement aux enfants les compétences dont ces derniers auront besoin à l'âge adulte. Or, le rôle de la famille dans la socialisation des enfants et dans leur préparation à la vie active devrait consister à faire le nécessaire pour que les jeunes soient scolarisés et exposés aux valeurs, aux motivations, aux attitudes et aux attentes qui leur permettront de trouver plus tard une occupation productive et satisfaisante. » Les routines, les pratiques et les lieux doivent constituer des facettes non négociables de la vie de famille : plus il y a de cohérence sur ces questions, mieux c'est. Au tableau 9.4, j'ai suggéré des moyens pour transformer les enfants en individus productifs. Ici, le bon dosage est aussi important. L'enfance doit être une source de plaisir. Le défi consiste à aider les jeunes à travailler fort et à s'amuser ferme, mais le jeu ne devrait pas occuper trop de place dans la vie d'un enfant. Laver la vaisselle ne devrait pas être ressenti comme une punition parce que « ce n'est pas du tout amusant » ou faire un travail scolaire qui semble ennuyeux ne devrait pas être considéré comme une offense. Les jeunes dont la vie est centrée sur la satisfaction immédiate auront des difficultés à s'adapter aux rigueurs du travail au cours de leurs premières années de vie active. Après tout, les tâches que l'on accomplit au travail ne sont pas censées faire partie d'un jeu vidéo qu'on reprend sans cesse.

ASSIMILATION CULTURELLE ET ISOLEMENT

Dans une certaine mesure, les gens deviennent les produits de leur environnement culturel. Cet environnement a deux composantes : la première est un mélange d'identités religieuse, nationale et ethnique, et l'autre est constituée des normes de la société dans laquelle un enfant grandit. Nous ne voulons pas que les jeunes aient l'esprit borné au point de ne pouvoir apprécier la valeur et la beauté des autres cultures. Dans toute carrière, ils auront à entretenir des relations efficaces avec des gens qui ont des bagages culturels différents.

Sous l'influence de la culture de masse, les jeunes subissent sans cesse des pressions et sont incités par la publicité à suivre les dernières modes et tendances. Dans quelle mesure les parents devraient-ils empêcher leurs enfants d'obéir aveuglément à de telles influences ? Les jeunes doivent-ils être protégés contre l'exploitation commerciale ? Les parents devraient-ils juger de la valeur ou du potentiel négatif des activités pratiquées par leurs enfants ? Je le crois, ce qui signifie que les parents auraient souvent avantage à imposer certaines limites. Lorsqu'un enfant est fasciné par les derniers jeux électroniques, les parents peuvent décider de le sortir de cet état d'engourdissement intellectuel qui résulte des heures passées à manipuler une télécommande. Lire, parler, jouer à des jeux qui font appel à l'imagination, construire des modèles réduits et pratiquer des sports contribueront davantage à l'apprentissage de la lecture et de l'écriture et à la socialisation que les jeux électroniques. Néanmoins, pour se qualifier comme membre à part entière d'un groupe culturel, un jeune peut avoir besoin de passer du temps devant sa PlayStation. Des horaires stricts devraient être mis en place lorsqu'un jeune commence à être absorbé par la messagerie instantanée, la pratique de la planche à roulettes, certaines émissions à la télé et d'autres formes de divertissements auxquelles il ne peut résister. En effet, plusieurs de ces activités permettent à l'enfant d'éprouver une satisfaction immédiate et risquent de provoquer chez lui une aversion pour le travail soutenu et pour la satisfaction retardée. Bob Eubanks, un homme qui a réussi dans une banque d'investissement, m'a récemment dit que le plus grand problème que rencontrent les jeunes diplômés en administration des affaires qui travaillent pour lui, c'est qu'ils semblent « totalement incapables de penser à long terme ». S'ils ne voient pas de résultats instantanés, ils se sentent écrasés. Cette myopie peut être mortelle dans le monde de l'investissement et dans toutes les autres sphères d'activité.

ACTIVITÉS INDIVIDUELLES ET EN GROUPE

Il y aurait beaucoup à dire sur l'individualisme acharné. Dans son livre *Leading Minds*, le docteur Howard Gardner fait remarquer que de nombreux grands leaders ont su survivre et s'imposer en marge de leur société. Plusieurs d'entre eux ne cherchaient pas à devenir l'individu le plus populaire de leur clan, à la différence de certains adolescents qui courent le risque de sombrer dans une dépendance à leurs pairs qui les rendra encore plus médiocres. Ces adolescents meurent d'envie d'être accueillis dans un groupe et ne peuvent parfois penser à autre chose. Dans le pire des cas, ils sont amenés à perdre de vue leur propre individualité, ce qui les empêche d'avoir une vie active satisfaisante.

Cependant, dépendre d'un groupe ne signifie pas pour autant qu'on est en mesure de partager les valeurs et les intérêts des autres, ce qui constitue une partie essentielle du développement de l'individu. Les parents devraient faire valoir à leur adolescent qu'il lui faut trouver un équilibre entre ses activités de groupe et ses propres intérêts. Ensemble, ils devraient dresser une liste des activités qui entrent dans ces catégories et songer aux moyens de corriger les grands déséquilibres.

INTERACTION AVEC LES ADULTES ET LES PAIRS

Dans son livre exceptionnel *The Childhood Roots of Adult Happiness*, le docteur Ned Hallowell parle de l'importance de la connectivité dans la vie d'un enfant en croissance — entre autres, les liens avec sa famille, son passé, ses amis et lui-même. Il souligne le besoin de l'enfant de tisser des liens avec le voisinage et la communauté. Au cours de ce processus d'interaction, les jeunes ont besoin de pénétrer le monde des adultes, d'apprendre à communiquer avec leurs aînés, de les étudier et d'établir des relations efficaces avec eux. Dans un chapitre précédent, j'ai mentionné que trop de jeunes s'identifient exclusivement à leurs pairs. Ces jeunes n'ont pratiquement pas d'expérience dans les relations avec les adultes, à l'exception des enseignants que certains voient principalement comme des évaluateurs.

Il fut un temps où les enfants apprenaient de leurs aînés les leçons les plus importantes de la vie. Les jeunes doivent pouvoir établir des relations avec des adultes qui ne sont pas leurs professeurs ou des parents proches. En agissant ainsi, ils peuvent apprendre ce qu'est un adulte. Ils sont en mesure d'établir des relations privilégiées avec des adultes qui débordent le cercle familial, avec des voisins, des propriétaires de magasin, des amis de leurs parents, des parents de leurs copains et d'autres individus de confiance dans la communauté. Aussi, les parents devraient régulièrement partager avec leurs enfants leurs idées et leurs expériences à propos de la croissance personnelle. Si un père a des problèmes avec un employé, un client ou un collègue de travail, la question pourra alimenter la conversation au déjeuner, et permettre à l'enfant de donner son opinion sur le sujet et d'apprendre sur les réalités du monde du travail. Les parents peuvent révéler à leurs enfants ce que sont leurs défis professionnels (passés et présents). Lorsque vous recevez des gens, assurez-vous que les enfants sont dans les parages et qu'ils dînent avec les adultes. Le matin suivant, il pourra y avoir une conversation franche à propos des sujets tenus ou des comportements adoptés la veille. Chaque adulte peut, pour un enfant, représenter un court chapitre d'un livre.

De nos jours, plusieurs enfants et adolescents vont probablement tirer une bonne partie de leurs informations et de leurs valeurs d'amis et de la publicité présentée à la télévision. Aussi, assurez-vous que chaque enfant éprouve par personnes interposées certaines des angoisses et des joies des adultes au travail en « étudiant » plusieurs adultes et en apprenant à bien communiquer avec plusieurs adultes différents.

LA VIE DE FAMILLE ET LA VIE AU-DELÀ DE LA FAMILLE

Les jeunes ont besoin de sentir qu'ils sont aimés et qu'ils font vraiment partie d'une famille. Comme Robert Frost l'exprimait dans son poème *The Death of the Hired Man* (La mort d'un garçon de ferme), « La maison est le lieu où à votre arrivée / les gens qui l'habitent doivent vous accueillir. » Lorsque les jeunes sont en détresse à la maison, leur vie semble se désagréger.

La tristesse vient parfois du fait qu'un enfant soupçonne qu'il n'est pas un membre à part entière de la famille. J'ai vu d'innombrables exemples d'incompatibilité entre un parent et un enfant. Il peut s'agir d'une incompatibilité de caractères ou d'un conflit de personnalités chronique. De plus, il est possible qu'un enfant ait un profil neurodéveloppemental et un ensemble de centres d'intérêt et d'atouts qui ne correspondent pas à ceux de ses parents. Par exemple, un père peut avoir été un athlète à l'université et être un sportif inconditionnel, tandis que son fils de quatorze ans s'intéresse principalement au violon et au théâtre à l'école. Les parents et les enfants doivent pouvoir rire de leurs différences, se tolérer et s'admirer mutuellement pour ce qu'ils sont.

Un jeune doit en arriver à voir sa famille non seulement comme un rassemblement de personnes aimées, mais aussi comme un clan de collaborateurs sur lesquels il peut compter. En particulier, les parents peuvent renforcer les liens avec leurs enfants en s'associant aux explorations de ces derniers. Ensemble, les parents et leurs enfants devraient visiter des lieux historiques, des usines, des musées et des zoos, et discuter de leurs visites. Nous associons souvent les sorties de ce genre avec l'école, mais elles sont probablement plus significatives lorsqu'elles sont faites en famille. Au cours des excursions de cette nature, les membres de la famille devraient parler des gens qui œuvrent dans les lieux visités (par exemple, les gardiens de zoo, les conservateurs de musée, les artistes et les ouvriers). Ils devraient se demander à quoi ressemble le travail de ces gens.

Un certain nombre d'études récentes ont montré que les parents peuvent jouer un rôle très important en aidant leurs enfants à développer et à adopter des comportements explorateurs (Schmitt-Rodermund et Vondracek, 1999). Chez un adolescent, les comportements de ce genre augurent bien d'une orientation où les objectifs professionnels sont bien définis. Aider un enfant à rassembler des roches pour sa collection, lui demander son aide lors d'une visite chez un concessionnaire automobile avant l'achat d'une nouvelle voiture, faire une promenade en pleine nature avec lui ou choisir en sa compagnie le nouveau papier peint sont des expéditions pratiques qui peuvent être menées en famille.

La vie de famille peut aussi signifier un appui important dans les études. Les parents auraient avantage à montrer beaucoup d'intérêt pour ce que leur enfant vit quotidiennement à l'école. Ils devraient essayer d'apprendre des choses de leur enfant, lui permettre de parler de ce qui s'est passé à l'école ou des compétences qu'il y a acquises. Les parents doivent plaider fortement en faveur d'un enfant qui essaie de réussir à l'école, en s'assurant que le profil de ce dernier est bien interprété par les professeurs. Le mouvement qui préconise les études à la maison pour certains étudiants a permis de récupérer beaucoup d'enfants vulnérables qui ne pouvaient entrer dans le moule de l'école. Cette approche pédagogique devrait être vue comme une solution de dernier recours, car le fait de se confronter au monde réel fait partie intégrante de l'éducation d'une personne.

Les parents peuvent aussi collaborer à la vie de famille en partageant leurs centres d'intérêt avec leurs enfants. Des projets en commun comme le jardinage, la réparation d'une tondeuse ou les soins donnés aux animaux sont d'excellents moyens d'aider les jeunes à découvrir le lien entre le dur travail et le plaisir que procure ce dernier.

Les jeunes doivent aussi avoir une vie au-delà de la famille. Dans quelque temps, ils devront de plus en plus chercher l'approbation du monde extérieur et apprendre à utiliser ce dernier comme une ressource. Le monde extérieur englobe les amis, les enseignants, les patrons et d'autres individus avec qui ils doivent entretenir des relations ou collaborer. Les enfants trop protégés par leurs familles courent un sérieux risque de manquer de préparation à la vie active. Tel est le cas de ces jeunes qui, d'une façon ou d'une autre, se sont développés hors du giron de la famille ou qui en ont répudié les membres au profit de leurs pairs. On devrait chercher le juste équilibre entre, d'une part, les liens familiaux et les valeurs et, d'autre part, les alliances au travail et à l'école.

APTITUDES GÉNÉRALES ET COMPÉTENCES SPÉCIALISÉES

Dans leur lutte pour élever un enfant qui sera compétent, les parents doivent tenir compte de deux types de performance. Ils doivent aspirer à un juste équilibre entre les aptitudes générales, comme la lecture, les maths et les habiletés motrices (par exemple, rouler à bicyclette), et les compétences spécialisées, comme l'élevage de chèvres, la pratique du basson ou la création de sculptures d'animaux à partir d'objets trouvés dans une décharge. Les écoles, quelquefois avec l'appui des parents, enseignent beaucoup de connaissances générales. Les parents doivent montrer la voie aux jeunes en les aidant à découvrir leurs affinités personnelles, ces talents qui sont parfois en partie inexploités et qui peuvent se développer en passions et en domaines d'expertise, sans parler des retombées sur le plan professionnel.

Les aptitudes générales impliquent douze processus de croissance (chapitres 7 à 10), et les parents assument un rôle fondamental en cultivant ces fonctions. Ils peuvent favoriser la capacité d'un enfant de s'orienter par lui-même en ayant avec lui des discussions régulières sur ses forces et ses affinités naissantes, et sur les dimensions de son esprit qui nécessitent une attention particulière. Toute conversation dans ce sens devrait être formulée en termes très positifs et optimistes, et s'appuyer sur le fait que les enfants désirent désespérément obtenir le respect de leurs parents. On devrait fréquemment se demander comment l'enfant pourra utiliser ses forces et ses intérêts une fois qu'il sera entré dans la vie active. Les parents peuvent être utiles grâce au deuxième *I*, l'interprétation, à travers des conversations au déjeuner et des échanges lors de déplacements en voiture (sans la radio). Ils peuvent, en compagnie de leur enfant, analyser les événements qui se déroulent dans le monde, parler des conflits que la famille entretient avec certains voisins, ou discuter du stress que l'étudiant doit supporter à l'école. À la maison, on peut aider les jeunes à se donner une bonne trousse à outils, à augmenter leurs capacités au travail, leurs compétences organisationnelles et leur pensée évaluative. L'instrumentation, ou le troisième *I*, peut être aiguisée grâce à des pratiques avisées en matière de consommation — par exemple, les parents peuvent laisser l'enfant les aider à choisir le meilleur téléviseur au moment de l'achat ou critiquer avec lui une publicité ou un discours politique. Finalement, les parents peuvent être actifs en aidant leur enfant à travailler sur l'interaction, le quatrième *I*. Ils devraient passer en revue avec lui les divers incidents et les dilemmes sociaux qui surviennent dans ses relations avec ses pairs, ses frères et sœurs et ses enseignants. Un parent peut être le meilleur professeur pour enseigner à un enfant ce qu'est la société.

LE CORPS ET L'ESPRIT

Un jeune doit être sain de corps et d'esprit. Nous pouvons veiller au bien-être physique d'un enfant tout en nous occupant de cultiver son esprit. Cette double approche peut représenter un grand défi. Dans quelle mesure un enfant tire-t-il une satisfaction de la force, de la beauté et de l'énergie de son corps, et dans quelle mesure éprouve-t-il du plaisir à cultiver son esprit ? Parfois, un important déséquilibre existe à la fois sur les deux plans. Certains jeunes sont dépendants de ce que j'appelle l'« extase motrice et visuelle ». Ils sont fascinés par les objets qui se déplacent rapidement dans l'espace. D'autres deviennent tellement absorbés par les activités sportives que cultiver leur esprit leur semble inutile, et ils peuvent à peine supporter l'école. Dans d'autres cas, les jeunes commencent à se voir comme des icônes de la mode et sont trop centrés sur leur corps, une fixation qui peut se prolonger longtemps à l'âge adulte, si ce n'est pendant toute la vie.

Beaucoup de jeunes qui sont studieux deviennent sédentaires et sont privés des rencontres sociales que procure la pratique des sports. Ils ne peuvent forger leur caractère par le travail en équipe, et ne ressentent pas les avantages émotionnels de posséder une image positive (sans tomber dans l'adoration) de leur corps. Ils risquent de devenir obèses et de devoir supporter les fardeaux physiques et mentaux de l'obésité.

L'autosatisfaction sur les plans moteur et corporel est un grand tonique en matière de renforcement de l'estime de soi chez un jeune (et chez un adulte). Finalement, se garder en forme est important pour le bien-être de tous, et contribue fortement à la préparation à la vie active.

LE PRÉSENT ET L'AVENIR

Certains enfants tirent un énorme plaisir des rêves qu'ils font concernant leur avenir. En fait, les jeux de l'imagination leur permettent d'adopter différents rôles d'adultes. À la fin de leurs études primaires, les enfants essaient souvent d'agir comme des adolescents et, pendant l'adolescence, ils dépensent une énergie considérable à essayer de se comporter comme de jeunes adultes sophistiqués et expérimentés. Chez les jeunes, ce phénomène d'identification fait partie du processus d'exploration et d'expérimentation.

Plusieurs jeunes sont myopes et ont besoin d'aide pour établir un lien entre le passé et le présent d'une part, et l'avenir d'autre part. Les parents doivent encourager leurs adolescents à se projeter dans l'avenir. Idéalement, les adolescents doivent visiter leurs parents au travail sur une base régulière et avoir des discussions à la maison sur les différents choix de carrière qui s'offrent à eux. Un parent pourrait avoir à souligner à son enfant une chose comme celle-ci : « Lorsque je pense aux dix dernières années, je me rends compte que tu as toujours été passionné par les animaux. Jusqu'à ce jour, tu me sembles toujours plus heureux lorsque tu es sur un cheval ou que tu t'amuses avec des chiens. Ne penses-tu pas que cet intérêt pourrait avoir une influence sur ton choix de carrière ? Tu pourrais devenir vétérinaire, ou peut-être ton amour pour les animaux se transformera en amour pour des gens que tu soigneras, et tu pourrais devenir pédiatre ou infirmier. » En d'autres mots, les parents peuvent aider leur adolescent à découvrir les thèmes récurrents dans sa vie (page 135) et l'aider à comprendre comment certains segments de ses vies présente et passée ont un lien avec l'avenir.

Les parents doivent souvent insuffler de l'optimisme à leur enfant en discutant avec lui de ce que l'avenir lui réserve, et ce, sans tenir de grands sermons. Lui dire « Si tu travailles fort, tu seras capable de... » n'aura probablement aucun effet. La plupart des jeunes ignorent de tels conseils.

De plus, les parents doivent résister à la tentation de toujours placer leur enfant en face du plus haut barreau de l'échelle qu'il doit gravir pour atteindre son but : « Si tu réussis à l'école secondaire, tu seras admis dans une université prestigieuse et, si tu entres dans une université prestigieuse, tu seras accepté dans une faculté de droit réputée. Et si tu es diplômé d'une faculté de droit réputée, tu pourras travailler dans un cabinet juridique de grande renommée et, si tu travailles dans un cabinet juridique de grande renommée, tu pourras faire plus d'argent et décrocher un travail plus intéressant un peu plus tard — tu pourrais ainsi devenir juge à la Cour d'appel ou quelque chose comme ça. » Une conversation comme celle-ci sur les plus hauts échelons n'envoie que de faux messages et peut étouffer toute ambition. Mettre trop l'accent sur la raideur de la pente à gravir peut placer les objectifs hors de portée ou amener l'adolescent à faire un commentaire du genre « Les choses semblent trop compliquées pour moi. »

Les parents devraient plutôt s'efforcer d'aborder l'avenir sans minimiser les bienfaits du présent. Le succès à l'âge adulte devrait être dépeint comme attirant et accessible, comme quelque chose d'amusant à imaginer et à planifier. Les parents devraient aussi faire observer que parvenir à l'âge adulte n'est pas comme gravir une échelle en équilibre précaire ; en vérité et, c'est le plus beau de l'affaire, un tel apport des parents peut créer un juste équilibre entre le présent et l'avenir.

Le tableau 11.1 résume les divers bons mélanges et offre certains conseils aux parents sur les moyens de réaliser ces mélanges optimaux.

TABLEAU 11.1
CERTAINS BONS MÉLANGES

Mélanges	Recommandations (dans le meilleur des mondes possibles)
Louanges et critiques	Six critiques des parents doivent être contrebalancées par au moins quatre éloges sincères !
Discipline et liberté	Certaines activités ne doivent pas être supervisées par les parents, tandis que d'autres doivent être contrôlées étroitement. Par exemple, lorsque le jeune atteint seize ans, il pourrait être établi (de préférence par écrit) que les devoirs ne seront plus supervisés par les parents, pas plus que l'état de la chambre à coucher, mais que le couvre-feu le soir, les tâches domestiques, l'état de la salle de bain commune, de même que la limite des dépenses du jeune seront sous le contrôle strict des parents.
Intervention des parents et débrouillardise	Les parents doivent davantage écouter que conseiller, et davantage conseiller que mener des luttes à la place de l'enfant.
Jeu libre et programmation	Tous les jeunes doivent avoir plusieurs heures par semaine pour se divertir par eux-mêmes (possiblement avec un autre enfant et sans télé, accompagnement musical, jeux vidéo, ou passe-temps structurés comme les sports organisés).
Loisir et travail	Avant de terminer leurs études secondaires, tous les jeunes doivent avoir une expérience de travail et avoir participé aux tâches ménagères. Leur existence doit être composée à soixante-quinze pour cent de travail (y compris à l'école) et à vingt-cinq pour cent de loisirs. Naturellement, et idéalement, il serait préférable qu'ils puissent aussi retirer une partie de leur plaisir de leur travail !
Assimilation culturelle et isolement	Chaque mois, un enfant doit pouvoir collaborer ou jouer fréquemment avec des jeunes et/ou des adultes dont les antécédents sont très différents des siens. Aussi, un maximum de quatre-vingt-dix minutes par jour devrait être consacré aux jeux électroniques, à la TV et aux conversations téléphoniques.
Activités individuelles et en groupe	Tous les jeunes doivent consacrer plusieurs heures par semaine à des activités que pratiquent très peu leurs pairs, à des passe-temps qui les intéressent, qui les singularisent et qui sont susceptibles de leur procurer un avantage compétitif.

Mélanges	Recommandations (dans le meilleur des mondes possibles)
Interaction avec les adultes et les pairs	Les parents doivent s'assurer que leurs jeunes aient des relations amicales avec certains amis adultes de la famille et que, au moins deux fois par mois, ils aient de longues conversations avec des adultes qui ne sont pas leurs professeurs ou des proches, et ce, en plus d'entretenir des relations avec leurs pairs tant à l'école qu'à l'extérieur de celle-ci.
La vie de famille et la vie au-delà de la famille	Les parents doivent avoir au moins un projet en marche et des sorties régulièrement programmées avec chacun de leurs enfants. De plus, ils doivent s'assurer que leur enfant ait des activités régulières avec d'autres enfants.
Aptitudes générales et compétences spécialisées	En plus de l'enseignement à l'école, un enfant doit passer une partie de la semaine à travailler sur ces compétences spécialisées et uniques.
Le corps et l'esprit	Tout en encourageant l'enfant à développer un intérêt pour son image corporelle et son efficacité motrice, les parents peuvent initier des discussions sérieuses aux repas, des activités culturelles, et d'autres formes d'apprentissage qu'ils partagent à la maison avec leurs enfants.
Le présent et l'avenir	Au moins deux fois par mois, les parents devraient discuter avec leur enfant de l'avenir qui l'attend ; sans être menaçants ni faire la morale, ils devraient se montrer optimistes.

L'ÉDUCATION DES JEUNES ADULTES NON PRÉPARÉS À LA VIE ACTIVE

Rien n'épuise davantage la patience et le moral d'un parent que de voir son enfant chéri aller à la dérive lorsque ce dernier a atteint la vingtaine. Trop souvent, les parents sont condamnés à l'impuissance devant la souffrance et l'anxiété des enfants qui s'engagent dans la vie active, des maux qui découlent d'une désillusion non anticipée fort répandue dans ce groupe d'âge. Pour compliquer les choses, le jeune adulte est déchiré entre son besoin d'indépendance face à l'influence parentale et l'envie de régresser au stade fœtal ! Les parents doivent être sensibles à cette ambivalence et faire preuve de prudence dans leurs tentatives de venir en aide à ces jeunes.

Dans son livre *The Myth of Maturity*, Terri Apter y va d'une affirmation qui devrait guider les parents de jeunes adultes en difficulté. « Certains parents croient à tort que leurs enfants sont prêts à voler de leurs propres ailes, alors que ces derniers s'éloignent temporairement et qu'ils ont davantage besoin de soutien. Ces parents croient que leurs fils et leurs filles veulent les repousser — alors que les enfants ont simplement besoin de vivre une autre forme d'intimité avec leurs parents. »

Quelle est cette « autre forme d'intimité » ? En particulier, comment les parents doivent-ils composer avec un fils ou une fille qui montre des signes de non-préparation à la vie active ? Ils doivent continuer à témoigner du respect à l'égard de leur enfant — peu importe les conséquences engendrées par les choix de ce dernier. Un enfant qui devient une grande source de déception pour ses parents présente une blessure qui met du temps à guérir. Respecter les choix d'un enfant exige parfois des parents une flexibilité et un esprit de tolérance hors du commun. Julia Sampson m'a raconté que sa fille Sandra, une de mes anciennes patientes, avait abandonné ses études de droit parce qu'elle s'ennuyait à l'université, qu'elle détestait le climat de compétition qui y régnait et auquel elle ne pouvait s'adapter. Maintenant, la jeune femme dessine et fabrique des bijoux à Florence, en Italie. Elle aime ce qu'elle fait, mais elle n'a pu vendre une seule des pièces qu'elle a créées. Julia doute que sa fille puisse un jour vivre de son travail parce que ses créations ne sont pas particulièrement belles ou originales. En attendant, Sandra est presque fauchée et vit pour ses amitiés et son métier. Elle insiste pour dire que le fait que ses bijoux ne se vendent pas importe peu ; elle se considère comme une artiste qui crée selon un mode d'expression non contaminé par les influences commerciales. Mme Sampson, au lieu d'insister pour que sa fille retourne à la faculté de droit, lui offre un soutien moral indéfectible (mais non financier). Sandra sait qu'on l'aime ; elle doit aussi sentir qu'elle est respectée. L'amour et le respect favorisent l'intimité. Je pense que

Mme Sampson est sur la bonne voie, bien qu'elle soit probablement anéantie à la pensée que la carrière en droit de Sandra ne se matérialisera jamais. Cependant, une relation positive durable avec ses parents a plus de valeur aux yeux de Sandra qu'une carrière juridique.

Voici un autre drame courant dans la vie : Dennis était un étudiant brillant à l'école secondaire et à l'université. Il travaillait avec acharnement et décrochait toujours les meilleures notes. Détenant une majeure en économie à la fin de sa dernière année d'étude, il décida de ne pas aller à la Wharton School of Business où il avait été accepté et de plutôt voyager pendant une année. Quatre ans plus tard, Dennis voyage toujours. Il vagabonde au Népal, en Birmanie et au Tibet, et se débrouille pour décrocher de petits boulots. Il porte la barbe, des tatouages et des boucles d'oreilles asymétriques. Dennis affirme poursuivre une quête spirituelle ; il a rejeté les valeurs et les aspirations de sa famille de classe moyenne, des gens qui étaient fiers de ses réalisations. Au départ, le père a sermonné son fils, lui a fait la morale et a essayé de le convaincre de renoncer à ses voyages en lui envoyant des lettres, des courriers électroniques et en lui téléphonant — en vain. Il lui a rappelé tous les sacrifices qu'il avait faits pour payer ses études, des sommes « maintenant gaspillées ». Or, de toute évidence, plus le père sermonnait son fils et déchargeait sur lui sa colère, plus il se le mettait à dos.

Mettant en pratique les sages conseils d'un spécialiste, les parents de Dennis ont récemment accepté le mode de vie nomade de leur fils. Il n'est jamais trop tard. Ils ont un album de photos des voyages de leur garçon. Ils économisent leur argent afin de pouvoir rencontrer Dennis à Katmandou, sa ville préférée, où il aura l'occasion de partager avec eux sa connaissance profonde de la culture et de l'histoire du Népal. Ils sont impatients de voir leur fils, tout comme ce dernier l'est de voir ses parents. De son propre chef, Dennis s'interroge sur sa vie très agitée. Il dit qu'il commence à penser à « se créer des racines et à mettre sa vie en marche ». Devant le peu de préparation de leur fils à la vie active, les parents de Dennis auraient commis une grave erreur s'ils avaient voulu précipiter les choses. Ils ont donc dû réprimer leur colère, cacher leur déception, montrer de la tolérance et de la compréhension envers Dennis et, finalement, ils ont obtenu les résultats désirés.

Les parents de jeunes adultes qui ne sont pas préparés à la vie active n'ont souvent d'autre choix que d'être héroïques, et peut-être stoïquement patients, respectueux et tolérants. Ce processus peut représenter une torture, particulièrement lorsqu'un parent s'accroche à une image de ce que deviendra sa progéniture, disons à vingt-cinq ans, et que l'adulte en herbe choisit une activité totalement différente et moins prestigieuse. Votre ancien enfant de chœur/futur chirurgien est maintenant un aide-serveur heureux !

En se montrant davantage généreux, patients, respectueux et tolérants, les parents doivent être disponibles pour devenir des conseillers en orientation professionnelle, mais seulement lorsque leur enfant en fait la demande. Même alors, ils doivent éviter de prêcher, d'être trop sûrs d'eux ou d'offrir des conseils sans fondement, simplistes ou tout à fait prévisibles. De surcroît, ils se doivent d'être des auditeurs attentifs et compatissants. En général, ils ont avantage à avouer à leur enfant qu'ils ne savent pas ce qu'il doit faire plutôt que de lui proposer des solutions rapides qu'il trouvera mal adaptées à sa situation et inutiles — si c'est le cas, il se peut que l'enfant ne fasse plus jamais appel à leurs services.

Les parents doivent s'attarder aux douze processus de croissance lorsque leur fils ou leur fille est en difficulté durant les premières années de sa vie active. Certaines aptitudes essentielles sont-elles absentes ? Le jeune a-t-il une bonne connaissance de sa nature ? Est-il en mesure de comprendre les concepts et attentes du marché de l'emploi, ou interprète-t-il mal certains aspects importants de son travail ? A-t-il les bons outils pour réussir ? Si ce n'est pas le cas, lesquels lui faudrait-il acquérir ? Finalement, le jeune a-t-il des difficultés à établir des relations au travail ? Une fois les lacunes identifiées, les parents doivent partager leurs observations avec le jeune adulte. Ce dernier pourra avoir besoin de conseils de l'extérieur, par exemple de la part d'un spécialiste en santé mentale ou d'un conseiller en orientation. Par-dessus tout, un jeune adulte doit être conscient de ses lacunes et décider s'il doit les combler ou choisir une voie différente pour les contourner.

Finalement, il n'y a rien de mal à offrir chambre et pension (avec ou sans blanchisserie) à un jeune adulte qui n'est pas encore affranchi, une pratique de plus en plus répandue particulièrement lorsque les emplois et l'argent se font rares. Cependant, lorsqu'un enfant revient à la maison, les parents doivent être prudents, garder leurs distances et respecter son indépendance et son intimité. Si la chose est possible, un certain appui financier peut être souhaitable, mais il est dangereux d'être trop généreux et de donner beaucoup d'argent à un jeune qui essaie de s'en sortir. À long terme, une trop grande dépendance sur le plan financier peut provoquer le ressentiment et l'amertume, tant chez les parents que chez le jeune adulte.

Le tableau 11.2 résume certaines choses, bonnes et mauvaises, que font les parents lorsque leur enfant traverse une période difficile. Avec de l'affection, de la sagesse et suffisamment d'amour, les parents peuvent aider leur enfant à traverser une crise au moment d'entrer dans la vie active. Durant cette période, un jeune adulte peut être plus disposé que jamais à resserrer les liens fragiles qui l'unissent à ses parents.

TABLEAU 11.2

LE RÔLE D'UN PARENT LORSQUE SON FILS OU SA FILLE
N'EST PAS PRÉPARÉ À ENTRER DANS LA VIE ACTIVE

Action	Valeur	Commentaire
Sermonner, faire la leçon	mauvais	Cette attitude ne fonctionne pas, et le parent se met le jeune adulte à dos.
Être tolérant, patient	bon	Certains jeunes prennent davantage de temps que d'autres à démarrer sur le plan professionnel.
Critiquer et accuser	mauvais	Cette attitude est mauvaise ; elle pourrait amener le jeune adulte à essayer de punir ses parents en échouant dans la vie ou en les déshonorant.
Faire savoir à un jeune adulte qu'il vous déçoit	mortel	Les parents sont les gens que les jeunes veulent le plus impressionner ; une telle attitude pourrait détruire l'estime de soi et la motivation du jeune adulte.
Financer les dépenses	bon et mauvais	Offrir un appui financier peut aider (si vous pouvez vous le permettre), mais un soutien total détruit toute motivation.
Permettre à un jeune adulte de vivre à la maison	neutre	Peut être d'un grand soutien si les parents gardent une certaine distance.
Offrir des conseils	bon et mauvais	Peut fonctionner lorsque consécutif à la demande du jeune, mais les conseils ne doivent pas être sans fondement, irréalistes ou moralisateurs.
Protéger le jeune	bon et mauvais	Trop de protection a l'effet inverse, mais certains jeunes adultes ont besoin de la protection de leurs parents lorsqu'ils sont induits en erreur par leur entourage.
Écouter et aider à évaluer les options	bon	Il est important pour les parents d'agir comme caisse de résonance et de conseiller discrètement l'enfant.
Montrer du respect pour les intérêts et le mode de vie du jeune adulte	bon	Crucial, peu importe si les parents sont déçus.

Action	Valeur	Commentaire
Obtenir de l'aide	bon	L'aide extérieure est valable, particulièrement lorsque l'individu est déprimé ; le recours à un conseiller en orientation et l'examen des fonctions cérébrales peuvent être des outils utiles au moment du choix une carrière.
Recourir à une médication	bon et mauvais	Peut être utile mais on ne doit pas compter uniquement là-dessus ; la médication ne représente qu'une partie du traitement.

12

ÉDUCATEURS

Offrir un enseignement
qui prépare à la vie active

L'éducation a été pour moi une expérience écrasante. Me retrouver à l'école à ne rien faire — durant quatre années — pour me préparer à réaliser mon objectif fut une expérience difficile. J'avais de la difficulté à me motiver et à me concentrer. L'université était mon objectif principal, mais il n'y avait aucun objectif intermédiaire à atteindre au cours du processus y conduisant.

I. F., 22 ans

Les écoles ne doivent jamais cesser d'examiner les façons dont elles préparent les étudiants à affronter la vie active. À la lumière des découvertes récentes liées aux fonctions cérébrales et aux processus d'apprentissage, le système d'éducation du XXIe siècle peut et doit introduire des changements révolutionnaires dans ses missions et ses méthodes. Les nouvelles écoles devraient combiner les connaissances modernes sur le développement psychologique des individus à notre compréhension des exigences du monde du travail actuel, et ce, afin de s'assurer de former une génération de jeunes adultes qui soit prête à affronter la vie active.

De nombreuses écoles secondaires, publiques et privées, proclament qu'elles sont des « écoles préparatoires à l'université », ce qui implique qu'une partie assez considérable de leurs clients deviennent d'excellents étudiants et que l'école se consacre à les préparer à faire l'expérience de la vie universitaire. Cependant, le terme « écoles préparatoires à l'université » n'est souvent qu'un euphémisme pour désigner des « écoles préparant à l'admission à l'université », car la pression des parents et les traditions de l'institution peuvent convertir une école en usine à diplômes, et l'admission dans une université particulière peut devenir une fin en soi, un trophée pour les parents et l'institution, sans parler du jeune. Le terme « préparation à l'université » devrait être abandonné et remplacé par « préparation à la vie ». Les écoles secondaires doivent préparer les étudiants à ce qui les attend après l'université ou à la place de celle-ci. De plus, les universités auraient avantage à outiller leurs étudiants dans ce sens. Aujourd'hui, cette facette est presque totalement ignorée. Nous devons reconnaître les besoins des étudiants qui choisissent de ne pas fréquenter l'université et répondre à ces besoins. Ces étudiants peuvent apporter une importante contribution à notre société, et nous ne voulons pas qu'ils se considèrent comme des citoyens de seconde zone.

Les éducateurs responsables devraient étudier le monde adulte contemporain pour développer une vision claire de l'environnement que nous préparons à nos enfants. Quelle est la nature du marché du travail ? De quelle manière les carrières et les emplois ont-ils évolué au cours des dernières années ? Comment de tels changements ont-ils modifié les compétences et les connaissances requises au travail ? Comment les rôles au travail se sont-ils modifiés récemment et comment ces modifications devraient-elles influencer ce que nous savons sur la préparation à la vie active ? Voilà des questions incontournables auxquelles doivent répondre de manière informée les penseurs et les planificateurs dans le domaine de l'éducation.

UNE MISE AU POINT

Prêt, pas prêt, la vie est là tente de préparer les jeunes adultes à faire face aux menaces et aux promesses qu'ils rencontreront au cours des premières années de la vie active. Cependant, une transition réussie de l'école au travail est loin d'être le seul objectif de l'éducation. Les écoles doivent préparer les jeunes à devenir de bons citoyens, à apprécier les arts, à connaître l'histoire et à avoir une vie intellectuelle. Ainsi, ce chapitre ne représente-t-il qu'un des aspects relativement importants concernant les missions éducatives. Il n'a pas été écrit dans le but de dévaloriser les arts libéraux ou de suggérer que la préparation à la vie active soit la seule raison qui justifie l'existence de l'école !

VERS UNE ÉDUCATION QUI PRÉPARE À LA VIE ACTIVE

En favorisant la préparation de leurs étudiants à la vie active, les écoles secondaires et les universités devraient mettre l'accent sur les processus de croissance abordés dans ce livre (chapitres 7 à 10). Les institutions scolaires peuvent aisément déterminer comment, quand et où ces capacités indispensables peuvent trouver leur place dans le programme d'études et la démarche pédagogique.

Les processus de croissance peuvent être renforcés dans deux domaines précis. D'abord, tous les enseignants doivent intégrer dans leurs salles de classe un éventail d'activités, de tâches et de projets, dont des études de cas, qui ont un lien avec ce qu'ils enseignent et qui concernent ce que j'appelle les facteurs de croissance ciblés. Deuxièmement, les écoles

devraient offrir des cours, des ateliers ou des séances où on
enseigne aux jeunes les processus de croissance et où on les
aide à déterminer les moyens à prendre pour se retrouver
là où ils veulent être dans environ une décennie. De telles
séances de travail doivent être consacrées à l'étude du fonctionnement de la pensée.

Facteurs de croissance ciblés dans le cadre des cours réguliers

Les enseignants peuvent adapter des histoires de cas ou en
inventer pour illustrer des sujets liés à la vie de tous les jours
qui se rapportent directement à la matière enseignée. Par
exemple, un professeur d'histoire peut étudier comment
certains dirigeants nationaux ont fait face à des crises
(correctement ou non) sociales ou politiques. Les classes
d'anglais devraient disséquer les processus de croissance tels
qu'ils s'incarnent dans le jeu des personnages d'une œuvre
littéraire. Les professeurs de science peuvent indiquer
comment les scientifiques ont su gérer, bien ou mal, les idées
issues de leur réflexion.

Tous les enseignants devraient présenter en classe
certains processus de croissance ciblés. Ces processus sont
l'équivalent mental d'un entraînement physique dans
un gymnase, et ils prennent place lorsque des processus
cérébraux spécifiques sont sollicités et renforcés par des
expériences éducatives. Il est très souhaitable d'amener les
étudiants à acquérir la capacité de réfléchir à la nature de
leur cerveau et à son processus de fonctionnement. Cibler les
facteurs de croissance peut aider les étudiants à comprendre
comment fonctionne leur pensée. Ce processus entre en jeu
quand un enseignant cible une fonction cérébrale qui mérite
d'être développée. L'enseignant explique cette fonction et en
apprend le nom à ses étudiants (par exemple, le processus
décisionnel, l'éloquence ou l'établissement de priorités),
après quoi les étudiants s'engagent dans des activités ou des
tâches qui visent à renforcer ce processus. L'enseignant
s'assure ensuite que les jeunes peuvent parler du lien

qui existe entre l'activité et le renforcement de la fonction ciblée. Pour utiliser une analogie, disons que quelqu'un qui s'entraîne dans un gymnase pour augmenter la puissance de ses quadriceps aurait avantage à comprendre le lien existant entre un exercice en résistance et le développement de la force des quadriceps.

Prenons l'exemple d'un enseignant qui cible le processus de remue-méninges. D'abord, ses étudiants doivent comprendre la signification de ce dernier terme. Puis, l'enseignant pourrait leur demander d'imaginer une voiture amphibie fonctionnant à l'énergie solaire et pouvant rouler sur les routes et glisser sur l'eau. Le défi de la séance de remue-méninges pourrait être de trouver une marque de commerce pour ce nouveau mode de transport. Un étudiant qui a une idée de génie pourrait s'écrier : « Oh, je sais pourquoi vous nous demandez de faire ça, Mme Vincent ! Vous voulez que nous soyons meilleurs dans les séances de remue-méninges. En trouvant beaucoup de noms et en choisissant le plus intéressant, nous deviendrons des superstars des séances de remue-méninges. » Oui !

PROCESSUS DE CROISSANCE CIBLÉ

1. Déterminer un processus de croissance qui mérite un renforcement.
2. Donner aux étudiants le nom du processus en question et en expliquer les applications, tant à l'école que dans la vie active.
3. Concevoir une tâche, une activité ou un projet qui implique le processus indiqué ou y aboutit.
4. S'assurer que les étudiants peuvent reconnaître et décrire dans leurs mots comment ils pourraient mieux faire fonctionner le processus utilisé.

Dans le meilleur des mondes, différents enseignants d'une école travailleraient sur des fonctions importantes particulières à chacun des processus de croissance. Aucun enseignant ne peut ou ne devrait tenter d'aborder l'ensemble de ces derniers.

Étude de la pensée

Les écoles élémentaires et secondaires devraient offrir des cours sur le fonctionnement de la pensée qui éclaireraient les étudiants sur les processus de croissance. Ces leçons pourraient prendre la forme d'unités à l'intérieur de cours existants (par exemple en santé ou en sciences sociales) ou faire l'objet de cours indépendants. Les étudiants devraient étudier les fonctions cérébrales qui font partie intégrante des douze processus de croissance, comme l'attention, la mémoire, le langage et la pensée complexe, lorsqu'elles entrent en jeu pendant un apprentissage et un travail fructueux. L'âge et le niveau de la classe pour cette activité varieront en fonction d'autres facettes du programme d'études des différentes écoles. Cependant, un tel enseignement devrait être dispensé plusieurs fois à partir de l'école secondaire. D'autres enseignants devraient appliquer régulièrement la terminologie et les concepts présentés dans les cours où on étudie le fonctionnement de la pensée dans divers domaines afin que les processus de croissance deviennent des thèmes bien ancrés au cours de l'apprentissage.

Les étudiants qui se penchent sur le fonctionnement de la pensée peuvent analyser les études de cas d'individus, par exemple de jeunes adultes qui ont vécu des situations fâcheuses et difficiles en raison du sous-développement d'un ou de plusieurs processus de croissance et, par la suite, en discuter. On pourrait prendre comme exemple une personne qui a des problèmes sur le plan professionnel parce qu'elle est trop naïve relativement aux politiques internes de l'entreprise ou une autre dont les compétences sont si rigides qu'elle ne peut s'adapter aux nouvelles technologies du milieu de travail. Les études de cas devraient aussi aborder les différents plans de carrière et leurs complexités ainsi que les défis importants auxquels la plupart des individus doivent faire face au travail, comme bien s'entendre avec le patron, collaborer avec les collègues et savoir attendre les récompenses. Les études de cas pourraient illustrer de façon saisissante les revers subis par de jeunes adultes qui n'ont pas su répondre aux défis ou connaître les mêmes succès que ceux qui ont compris ce qu'ils devaient faire et qui l'ont ensuite fait. Certaines études de cas devraient être conçues par les étudiants eux-mêmes. « O.K., la classe, j'aimerais que vous conceviez pour demain une étude de cas sur un individu vraiment brillant qui a un tas de bonnes idées mais qui a de graves problèmes à collaborer avec les autres. »

RETOUR SUR QUELQUES PRINCIPES FONDAMENTAUX

Il est maintenant possible de revoir les quatre *I* — introversion, interprétation, instrumentation et interaction — et d'examiner comment les processus de croissance ciblés, les travaux continuels sur le fonctionnement de la pensée et les expériences quotidiennes à portée pédagogique pourraient favoriser la préparation à la vie active.

ÉDUQUER EN FONCTION DU PREMIER *I* : L'INTROVERSION

Le chapitre 7 semble faire appel à l'introspection, mais la plupart des étudiants ont besoin d'encouragements et d'exercices pour explorer leurs propres pensées. L'un des buts principaux de l'éducation est d'aider les étudiants à connaître qui ils sont et ce qu'ils sont en train de devenir. C'est particulièrement important à une époque troublée où les adolescents luttent avec acharnement pour découvrir leur propre identité, incapables ou peu disposés à assembler les éléments fragmentaires qui peuvent révéler qui ils sont. Dans l'état de confusion où ils se trouvent, les jeunes peuvent se considérer comme des composites de leurs meilleurs copains, de certaines stars de rock, d'un frère ou d'une sœur *cool* plus âgé, de parents respectés et aimés ou encore de l'entraîneur de l'équipe de football ou de volley-ball. Mais où et quand l'authenticité se manifeste-t-elle ? Les adolescents ont besoin d'un peu d'aide pour découvrir leur moi véritable. Comment l'école peut-elle faciliter ce processus ?

L'étude du moi

Au secondaire, la première étude de cas d'un étudiant doit être l'histoire de son propre moi en évolution. L'inventaire à dresser qui est suggéré au chapitre 7 peut être utilisé pour échafauder l'histoire personnelle d'un individu. Chaque école peut le modifier en fonction des valeurs et des priorités qu'elle veut enseigner aux étudiants qu'elle dessert ; au besoin, des éléments seront ajoutés ou supprimés. Idéalement, un formulaire de ce type devrait être complété une ou deux fois durant la sixième année et les années subséquentes. L'école devrait conserver le document sous forme numérique (en protégeant les données personnelles) ; avant de faire une mise à jour de ses perceptions et de mesurer son degré de développement et d'évolution, un étudiant devrait se faire remettre tous les inventaires précédemment faits afin de pouvoir les examiner.

Les biographies devraient être des travaux en perpétuelle évolution. Chaque étudiant devrait enrichir sa biographie en comparant les conceptions qu'il a actuellement de lui-même à celles qu'il a développées au cours des années antérieures. Cet exercice peut aider les jeunes à découvrir des thèmes de vie récurrents (page 135), des leitmotivs qui ont des implications importantes pour l'avenir.

Au cours de discussions, possiblement dans les classes où on étudie le fonctionnement de la pensée, les adolescents peuvent — s'ils le désirent — échanger des commentaires sur leurs inventaires et leurs autobiographies tout en ayant à l'esprit que les individus ont des façons « bien à eux » de se distinguer les uns des autres et que c'est bien ainsi. Le message devrait être celui-ci : « Il n'y a rien de mal à ce qu'il y ait de profondes différences entre des amis. » Les écoles peuvent aider les adolescents à se libérer de leur peur instinctive de paraître étranges ou mystérieux aux yeux des autres, ou d'être vus avec quelqu'un qui semble différent, une appréhension qui empêche certains d'entre eux de devenir ce qu'ils doivent être.

Grâce à l'autoanalyse et aux discussions, les étudiants devraient aussi pouvoir saisir leurs avantages compétitifs uniques et connaître leurs points faibles ou les domaines pour lesquels ils n'éprouvent aucune attirance. Rassembler de telles informations peut les aider à faire face à leurs propres sentiments et à mieux distinguer la direction que semble prendre leur existence. Tout ce travail d'introversion est sain et il prépare les jeunes à s'observer en permanence.

Tout en privilégiant une profonde connaissance de soi, les écoles devraient exiger que les étudiants visualisent ce que sera leur avenir. De toute évidence, certains parents ont de la difficulté à se plier à cet exercice. Des parents qui harcèlent de questions leur fille sur son avenir peuvent s'attirer le mécontentement et la colère de cette dernière parce qu'ils exercent une forme subtile de pression ou de contrainte. Les jeunes veulent tant impressionner leurs parents qu'ils peuvent percevoir une peur, d'ailleurs bien naturelle, face à l'avenir comme une faiblesse qu'ils préfèrent ne pas leur révéler. Un établissement scolaire peut être un lieu mieux indiqué que la maison pour traiter de l'incertitude devant l'avenir, d'autant plus qu'il s'agit d'une question qui touche tous les camarades de classe.

Développer le sens de l'anticipation

Il faut exercer le sens de l'anticipation pour en permettre le développement. Pendant que les étudiants travaillent sur leur biographie, ils doivent tenter d'avancer des hypothèses quant à leur avenir — que ce soit par des rédactions, des présentations orales ou des illustrations graphiques. Ils doivent bien comprendre que, ce faisant, ils ne sont aucunement liés par contrat. Néanmoins, ils devraient être en mesure de répondre à des questions comme celles-ci : « Quelle est la meilleure hypothèse que vous pouvez avancer au sujet de ce que vous ferez dans douze ans ? À quoi ressemblera votre travail alors ? » Les jeunes peuvent tirer profit d'exercices de visualisation à long terme, mais actuellement trop peu d'entre eux s'engagent dans cette voie. Au fil des années, ils peuvent trouver révélateur et amusant le fait de consulter les archives concernant leurs visions changeantes à propos de leur avenir. Par exemple : « Je m'étais habituée à la pensée de devenir infirmière, mais je penche maintenant vers le travail d'assistante sociale. »

En plus de visualiser ce qui l'attend, tout jeune devrait apprendre à devenir un genre de futurologue. Dans les cours où il étudie le fonctionnement de la pensée, il devrait aborder des questions globales comme celles-ci : « Selon vous, à quoi ressemblera la vie dans ce pays dans vingt ans ? Comment les choses prendront-elles forme l'année prochaine à l'école ? » De telles interrogations doivent s'accompagner de questions et de spéculations du genre « que se passera-t-il si » : « Que se passera-t-il s'il y a une crise économique ? si toutes nos réserves pétrolières sont épuisées ? si un jour nous pouvons tous voyager dans l'espace et passer une partie de notre vie sur une autre planète ? » De tels « que se passera-t-il si » développent le sens de l'anticipation chez les jeunes.

Démarrage

Les écoles devraient préparer le jeune à participer à son démarrage dans la vie active. La salle de classe devrait être un lieu où les jeunes peuvent prendre des risques sur le plan intellectuel, proposer des idées avant-gardistes et faire preuve d'initiative dans leurs travaux ou leurs projets scolaires. Les occasions de mener des études indépendantes et d'obtenir des crédits supplémentaires pour des cours qui ne sont pas populaires devraient être fréquentes. Idéalement, chaque étudiant devrait choisir un sujet et l'étudier sur une période de trois à quatre ans (tout en étant supervisé). De cette façon, il se placerait sur une trajectoire lui permettant d'acquérir une expertise et d'approfondir un savoir. Une telle recherche à long terme devrait naître d'un intérêt ou d'une passion qui a longtemps mûri chez le jeune.

Les adolescents devraient endosser des rôles d'adulte comme s'ils essayaient une nouvelle paire de chaussures de tennis. Ils pourraient concevoir par écrit ou étudier des cas

qui traitent de ces rôles et se demander hypothéti-
quement « Qu'est-ce que je ferais si je décidais de me présenter
au poste de sénateur de cet État ? » ou « Comment puis-je
posséder ma propre bijouterie, bien que je n'aie pas suffisamment d'argent pour démarrer cette affaire ? » Leurs professeurs et leurs camarades de classe devraient les assister dans
l'exploration de stratégies qui pourraient les aider à atteindre
les objectifs qu'ils se sont fixés. Les suggestions et les conversations peuvent stimuler l'ambition et la motivation et ouvrir
des portes sur l'avenir, des portes qui autrement se seraient
refermées avec fracas. Bien conçue, cette approche qui
permet de découvrir et de clarifier des choix de carrière peut
communiquer aux étudiants l'idée stimulante que « là où il
y a une volonté, il y a un chemin ».

ÉDUQUER EN FONCTION DU DEUXIÈME *I* : L'INTERPRÉTATION

À une époque où les applications technologiques se succèdent à un rythme étourdissant, les éducateurs se retrouvent
face à un éventail déconcertant d'options innovatrices
qui ont des implications sur leur pratique. Dans l'exploration
de ces options, les écoles devraient faire du renforcemenr de
la compréhension une de leurs priorités. Tout au cours de
l'histoire de l'éducation, les écoles ont permis à la mémoire
brute de devenir le canal privilégié de la performance
cognitive. Les examens en classe ont souvent tablé sur un
apprentissage par cœur des faits ou purement mécanique.
Cependant, avec les nouvelles technologies qui permettent
d'avoir accès aux informations, la mémoire est appelée à
occuper une place moins importante dans l'apprentissage.
Ce changement devrait libérer du temps et des ressources
intellectuelles pour permettre une meilleure compréhension
des choses. Entre autres, il devrait permettre aux étudiants
d'utiliser leurs notes de cours pour passer des examens (au
moins pour une partie de chacun de ceux-ci). En passant, la
plupart des défis professionnels ressemblent aux examens

où on a le droit d'utiliser ses notes de cours : la chose la plus importante est de savoir où trouver ce qu'on doit savoir !

Les examens que conçoit et administre un enseignant révèlent sa philosophie de l'éducation. Si tout l'apprentissage est basé sur la mémoire, ce choix suggère que l'enseignant croit que l'apprentissage est avant tout basé sur la mémoire. Quelle honte ! Pouvez-vous vous imaginer en train d'interviewer un jeune de vingt-quatre ans qui se bat pour décrocher un poste dans votre entreprise de logiciels, et lui demander « En passant, as-tu une bonne mémoire ? » Cette faculté n'est presque jamais une compétence exigée au travail.

La compréhension de la compréhension

Dans leurs efforts pour aider les étudiants à apprendre pendant qu'ils apprennent, les enseignants ont besoin de leur enseigner en quoi consiste la compréhension. Premièrement, les étudiants devraient s'engager au cours de leur apprentissage à formuler des concepts. Ils ont à maîtriser le concept d'un concept (page 193). Ils devraient ensuite maintenir un genre d'atlas dans lequel ils créent des diagrammes illustrant les concepts importants rencontrés lorsqu'ils abordent un sujet. Le diagramme suivant est un exemple d'une telle carte conceptuelle. Il illustre une approche simple pour représenter graphiquement un concept. Les fonctions essentielles (les caractéristiques principales) du concept sont données avec de bons exemples et de bons contre-exemples. Les étudiants sont encouragés à dresser une carte des concepts essentiels et à en faire la sauvegarde dans un atlas des concepts.

Les étudiants doivent aussi apprendre la linguistique, puisque plusieurs matériaux bruts utiles à la compréhension pénètrent dans leur esprit par le canal du langage. Tous les jours et en tout lieu, tant dans la vie professionnelle qu'à l'école, les idées exposées verbalement ont une influence sur nous. Un cours intensif de linguistique, où on étudie le

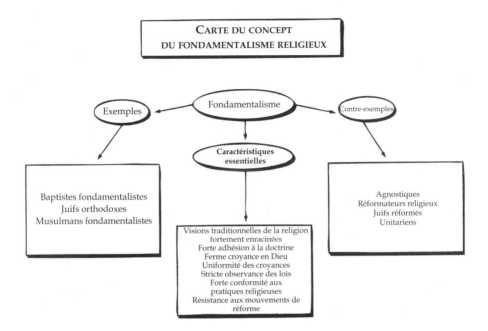

**CARTE DU CONCEPT
DU FONDAMENTALISME RELIGIEUX**

Exemples — Fondamentalisme — Contre-exemples

Caractéristiques essentielles

Baptistes fondamentalistes
Juifs orthodoxes
Musulmans fondamentalistes

Visions traditionnelles de la religion
fortement enracinées
Forte adhésion à la doctrine
Ferme croyance en Dieu
Uniformité des croyances
Stricte observance des lois
Forte conformité aux
pratiques religieuses
Résistance aux mouvements de
réforme

Agnostiques
Réformateurs religieux
Juifs réformés
Unitariens

fonctionnement du langage, devrait faire partie de toute étude sur le fonctionnement de la pensée.

Comprendre les attentes

La compréhension des attentes n'est hélas pas suffisamment développée à l'école ! Comme je l'ai mentionné au chapitre 8, un trop grand nombre de jeunes adultes demeurent dans l'ignorance parce qu'ils n'ont qu'une vague idée de ce qu'on attend d'eux au travail. Ils font une mauvaise lecture des descriptions de tâches. Une fois encore, les études de cas sont la meilleure façon de développer la compréhension des attentes ; à cet égard, les étudiants doivent lire des études de cas portant sur des parcours professionnels (que ceux-ci se soient bien déroulés ou non), et en discuter. Est-ce que ce quincaillier, actuellement en chômage, se rend compte que, pour s'attirer la confiance des clients, il doit les regarder dans les yeux lorsqu'il s'entretient avec eux ? Comment la nouvelle directrice adjointe a-t-elle appris que l'inspecteur des écoles serait très impressionné si elle assistait à toutes les réunions du comité de gestion de l'école ? Comment cet architecte a-t-il su que le design qu'il a soumis pour un nouveau centre commercial intéresserait davantage les promoteurs de ce dernier que tout autre projet ? J'ai récemment demandé à Claudia Barth Bennet, une responsable des ressources humaines dans une grande entreprise, d'identifier les employés récemment embauchés qui connaissaient le moins de succès. Elle a répondu avec assurance : « Oh, ce sont ceux qui ne semblent tout simplement pas comprendre ce que les gens attendent d'eux, c'est-à-dire les clients, les collègues de travail et les patrons. » Les études de cas peuvent aider les étudiants à réfléchir ce qu'on pourrait appeler « la compréhension du travail ». En termes de bénéfices à long terme, cette forme d'interprétation pourrait dépasser celle de la compréhension de la lecture.

La lecture de biographies

Les étudiants devraient lire de nombreuses biographies et analyses. À chacun des niveaux d'enseignement, les biographies devraient constituer des lectures obligatoires. Les jeunes devraient apprendre à analyser les comptes rendus de biographies afin de découvrir ce qui a marqué les itinéraires complexes de certains individus : les hauts et les bas, les victoires, les impasses et les revers qui ont sillonné le parcours de ces personnes. Cet exercice devrait leur permettre de comprendre le processus décisionnel de certains grands personnages historiques (par exemple, « Comment auriez-vous fait face à la situation difficile avec laquelle Winston Churchill a dû composer ? »).

La reconnaissance des modèles

La reconnaissance des modèles, comme nous l'avons souligné au chapitre 8, est un autre mode d'interprétation qui demande un constant renforcement. Les professeurs devraient poser la question suivante durant l'enseignement des différentes matières : « Quels sont les modèles dominants qui apparaissent sans cesse dans mes cours ? » Ces modèles peuvent être des structures musicales, comme une forme de sonate, des opérations récurrentes en mathématiques, des règles de grammaire en français ou certains événements historiques. Les entraîneurs devraient insister sur les patterns récurrents, que ce soit au football ou au basket-ball. Dans tous les domaines, les enfants devraient répondre aux questions suivantes : « Quel est le modèle ici présent ? Où ai-je vu un modèle semblable auparavant ? Cette fois, qu'y a-t-il de légèrement différent dans le présent modèle ? » Les jeunes doivent s'efforcer de découvrir des modèles sous-jacents, même si ces derniers sont souvent partiellement dissimulés.

L'approche évaluative

L'approche évaluative, le troisième processus de croissance qui fait partie de la catégorie de l'interprétation, demande aussi qu'on y travaille et qu'on y consacre du temps à l'école. Les institutions scolaires doivent aborder explicitement trois cibles dans leur évaluation — les idées, les produits et les gens — et utiliser les dix étapes de l'approche évaluative telles que décrites au chapitre 8 (page 208). La liste suivante fournit des exemples d'exercices liés à l'approche évaluative qui peuvent être utiles aux étudiants du secondaire et de l'université.

CERTAINES ACTIVITÉS LIÉES À L'APPROCHE ÉVALUATIVE

Faire de la critique littéraire ou d'art
Écrire des articles de journaux sur des sujets d'actualité
Évaluer les chefs politiques
Évaluer des possibilités d'emploi ou des descriptions de tâches
Critiquer la législation proposée
Jouer au « gérant d'estrade » pour critiquer la partie de football du dimanche
Examiner des décisions morales, légales ou éthiques
Analyser des annonces publicitaires
Rédiger des évaluations hypothétiques de performances

> Comparer plusieurs produits commerciaux (par exemple, des savons ou des céréales)
>
> Se poser des questions sur la méthodologie utilisée ou les résultats rapportés dans un article scientifique

Chaque fois que la chose est possible, l'approche évaluative devrait être documentée. L'analyse devrait se présenter sous la forme d'un produit tangible, par exemple un rapport écrit, une présentation graphique ou un formulaire rempli, comme la feuille de travail ci-après.

APPROCHE ÉVALUATIVE : FEUILLE DE TRAVAIL

1. Cible pour l'évaluation

    Une publicité à la télévision proclamant qu'une sorte de pilule développera votre force musculaire et vous fera perdre du poids de façon permanente.

2. Description objective de la cible

    La publicité affirme qu'en prenant deux pilules par jour pendant trois mois vous verrez des résultats, sinon votre argent vous sera remboursé ; elle ajoute que la pilule n'a aucun effet secondaire et qu'elle est recommandée par les médecins.

3. Affirmations et images présentées

    Des résultats miraculeux sont observés sur les photos « avant et après » de deux personnes.

4. Aspects discutables

Aspects	Réponses	Cotes finales*
1. Ce produit est-il vraiment efficace ?	Probablement pas	Très faible
2. Ce produit est-il efficace pour tous les utilisateurs ?	Nullement	Très faible
3. Ce produit est-il encore efficace après que vous avez cessé de l'utiliser ?	Improbable	Très faible
4. Ce produit est-il sûr pour tous les utilisateurs ?	Impossible de le savoir	Très faible
5. Qui sont les médecins qui le recommandent ?	Nous ne les connaissons pas	Très faible

* Cotes possibles : fort, moyen, faible, très faible

5. Résultats de recherche utiles ou résultats de tests menés par des laboratoires indépendants (s'il y en a)
   On ne cite aucune étude que je peux consulter — il n'y a que des témoignages.

6. Utilités des consultations et des discussions (s'il y en a)
   J'ai appelé mon propre médecin. D'après lui, ce produit pourrait être dangereux et son efficacité n'a pas été prouvée, contrairement à ce qu'affirme le fabricant.
   J'ai appelé le médecin de ma mère et il a dit la même chose, tout comme mon professeur en sciences de la santé.

7. Énoncé des conclusions de l'évaluation
   Ces gens essaient simplement de faire de l'argent en vendant un produit qui n'a pas vraiment été testé.

8. Action
   Je n'achèterai pas ces pilules : je trouverai d'autres moyens de retrouver la forme.

Après avoir tiré des conclusions lors d'une évaluation, les étudiants doivent explorer différents domaines et justifier leurs positions en utilisant des arguments convaincants. « Voici ma vision de l'élection au poste de gouverneur qui se tiendra cette année... Je vais vous dire comment j'en suis arrivé à cette conclusion. » Un tel exercice peut aider de jeunes adultes non seulement à devenir plus sélectifs sur le plan des idées et des occasions qui se présentent à eux, mais aussi à développer des points de vue, des compétences en communication et des opinions qui pourront survivre à un examen minutieux et critique de la part des pairs.

ÉDUQUER EN FONCTION DU TROISIÈME *I* : L'INSTRUMENTATION

Périodiquement, une école devrait dresser l'inventaire des outils mentaux qui aident les étudiants à se développer. Notre société continue à modifier les règles et les rôles au travail, et donc les outils nécessaires à l'accomplissement des tâches ; de nouveaux instruments sont conçus, d'autres instruments sont périmés et d'autres encore ont besoin d'être réévalués. Par exemple, en technologie, les compétences doivent évoluer rapidement et font appel à de nouvelles formes d'expertise techniques ; avec la globalisation de l'économie, des langues étrangères auparavant négligées doivent être enseignées à l'école. L'enseignement doit aller de pair avec les changements et fournir aux jeunes les outils nécessaires à leur réussite dans le monde du travail contemporain. Lorsque les intérêts particuliers et les profils neuro-développementaux se révèlent, il devient évident que les jeunes qui sont différents doivent acquérir des outils mentaux différents.

Le chapitre 9 présente des outils nécessaires pour survivre et peut-être réussir au cours des premières années de la vie active. On trouvera ci-après certains exercices scolaires qui permettent d'outiller les jeunes, de leur fournir les instruments dont ils ont besoin.

INSTRUMENTATION :
EXEMPLES D'ACTIVITÉS PERMETTANT D'OUTILLER
LES ÉTUDIANTS ET DE LES PRÉPARER À LA VIE ACTIVE

Planifier des projets à long terme, les mettre en œuvre et en assurer le suivi

Rédiger des plans d'affaires, des demandes de bourse, des plans de travail avec un échéancier

Préparer des devis estimatifs et des budgets

Implanter de nouvelles technologies

Concevoir des programmes et du matériel didactique

Écrire des scénarios

Produire des vidéos

Faire de longues présentations orales

Planifier des projets, les lancer, les soutenir et en assurer le suivi

Faire la mise en page et la révision de documents écrits

Concevoir et préparer des démonstrations visuelles et
graphiques

Débattre des questions d'actualité

Participer à des procès fictifs

Compétences de base et techniques qui peuvent être adaptées

Les compétences universitaires traditionnelles sont habituellement étroitement associées à la lecture, à l'écriture et
au calcul. Or, à travers l'enseignement traditionnel, les
étudiants peuvent aussi se familiariser avec des applications
et des adaptations plus larges de ces compétences de base.
Par exemple, ils devraient étudier comment la lecture diffère
selon qu'on lit un poème, qu'on déchiffre le manuel du
propriétaire d'une voiture, qu'on expose des points de vue
dans des essais politiques ou qu'on extrait des connaissances
d'un passage particulièrement dense d'un manuel de chimie.
Non seulement les jeunes adultes à la recherche d'un emploi
ont besoin d'être compétents en lecture, en maths et en
écriture et de maîtriser diverses techniques, mais aussi ils
doivent être capables d'adapter rapidement leurs compétences
pour répondre aux besoins et aux conditions changeantes du
marché du travail.

De nos jours, beaucoup d'employeurs déplorent le fait
que leurs jeunes employés ont de pauvres compétences en
écriture. Souvent, ces derniers sont incapables de rédiger une
lettre ou une note de service qui soit cohérente. J'ai récemment demandé à un étudiant en onzième année combien de
rédactions il faisait en classe d'anglais. Il m'a répondu
« Aucune. » Quand j'ai voulu en connaître la raison, il m'a
dit que son professeur d'anglais était aussi l'entraîneur de
l'équipe de football de l'école et que le type n'avait pas le
temps après les cours de lire les rédactions de ses étudiants.
J'ai été estomaqué. L'écriture est l'un des moyens les plus
efficaces d'imposer une discipline intellectuelle à un étudiant
et de structurer la pensée de ce dernier. Elle intègre les
processus mentaux les plus divers, y compris la fonction

motrice, la langue, la génération des idées, l'attention, la mémoire (pour les règles de grammaire, l'orthographe et le vocabulaire) et l'organisation. Ainsi, la pratique de l'écriture sur une base régulière et de manière prolongée prépare les jeunes à relever les défis intellectuels qui exigent la coordination de plusieurs fonctions de la pensée, un besoin constant au cours d'une carrière. On devrait s'attendre à ce que les étudiants écrivent autre chose que des rapports de lecture et des dissertations. Ils devraient apprendre à rédiger des contrats, des lettres persuasives et des textes publicitaires. L'écriture devrait devenir un outil de la pensée et un moyen de communication pour établir des relations avec les autres.

Les mathématiques et les sciences représentent des défis particuliers pour ceux qui élaborent les programmes puisque le rôle que joueront ces disciplines dans la vie active des adultes peut varier considérablement d'un individu à l'autre. Les étudiants diffèrent aussi manifestement selon la facilité qu'ils ont à acquérir des compétences et des connaissances dans ces disciplines. Les jeunes adultes doivent posséder un cadre conceptuel de compréhension, acquérir certaines compétences et être confiants face à la matière à l'étude. Les défis scientifiques et mathématiques peuvent apparaître inopinément dans presque tous les domaines, de même que dans la vie quotidienne.

Le programme d'enseignement en mathématiques mérite qu'on lui accorde un examen minutieux. Par exemple, tous les adolescents devraient suivre des cours de statistiques et apprendre les processus de raisonnement qui sous-tendent cette discipline. Il est fort probable que les compétences analytiques en statistiques soient plus utiles pour la majorité des étudiants que l'algèbre de niveau intermédiaire ne le sera. De plus, les adolescents devraient acquérir une solide maîtrise des mathématiques dans le monde des affaires en étudiant la finance. Ils pourraient analyser les transactions boursières, en apprendre davantage sur les sources de financement alternatif et les techniques d'allocation budgétaire. Les cours de science devraient refléter les avancées technologiques, mettre moins l'accent sur la mémorisation de faits et davantage sur la compréhension des processus en jeu. À une époque où le monde fait face à de graves problèmes de conservation et d'utilisation des ressources, on devrait aussi mettre l'accent sur l'étude de l'écologie et de l'environnement.

Savoirs comportementaux

Les concepteurs de programmes d'enseignement doivent aussi respecter la pertinence des « savoirs comportementaux », des compétences essentielles qui vont au-delà des habiletés scolaires. Les processus de croissance préconisés dans ce livre — le remue-méninges, la communication, le processus décisionnel, l'approche évaluative et la collaboration — font partie des savoirs comportementaux qui ont un grand besoin d'être perfectionnés à l'école. Les éducateurs devraient examiner de près leurs programmes d'études afin de déterminer les niveaux et les domaines dans lesquels de telles capacités peuvent le mieux se développer.

Développer des méthodes de travail efficaces

Dotés d'un ensemble d'instruments appropriés, les jeunes et les adultes peuvent accomplir leurs tâches avec efficacité. Comme je l'ai mentionné au chapitre 9, j'ai rencontré un nombre important de jeunes du secondaire qui n'ont aucune préoccupation méthodologique, des individus qui font les choses sans jamais se demander *comment* ils les font et qui, par conséquent, se compliquent trop souvent la vie, ce qui leur enlève toute satisfaction lorsqu'ils font des travaux scolaires. Les écoles doivent aider les jeunes à devenir compétents pour planifier leur temps, organiser leurs ressources, établir des priorités, concentrer leurs efforts sur des projets qui font appel à différentes fonctions cérébrales (par exemple, un projet en science).

Comme pour d'autres formes de processus de croissance ciblés, ces modes d'organisation devraient être identifiés et liés à des tâches bien définies, par exemple la préparation d'une exposition ou la conception d'un espace de bureau bien organisé. Les étudiants devraient être récompensés tant pour la manière dont ils s'attaquent à un projet que pour ce qu'ils produisent finalement. Ils devraient être notés sur les méthodes qu'ils utilisent, y compris les plans de travail et les échéanciers soumis, tout comme ils sont jugés sur la qualité du produit final.

Intelligence pratique

L'intelligence pratique, celle qui permet d'obtenir un produit ou une décision valable, est une habileté indispensable dans d'innombrables domaines d'activité. En appliquant les suggestions du chapitre 9, les enseignants peuvent favoriser le développement d'une intelligence pratique chez leurs étudiants. En s'ouvrant aux littératures du monde, les étudiants peuvent apprendre comment des décisions sont prises. Ils peuvent étudier la manière de faire face au stress en examinant comment les personnages de fiction ont surmonté leurs revers et leurs frustrations ou comment ils ont pu être paralysés par les événements : « Comment décririez-vous les modèles d'adaptation du capitaine Achab ? » ou « Dans *Hamlet*, quelles tactiques sous-tendent les prises de décisions ? » Les classes en histoire, tout comme celles portant sur les soins en santé, peuvent traiter de questions touchant à l'intelligence pratique dans leurs contextes particuliers.

ÉDUQUER EN FONCTION DU QUATRIÈME *I* : L'INTERACTION

Les écoles devraient explicitement aborder les aspects sociaux de la vie. Beaucoup trop de jeunes adultes ont un début hésitant parce qu'ils ne savent pas comment organiser et contrôler leurs interactions. Les trois processus de croissance de l'interaction (la communication, la formation d'alliances et la gestion de la réputation, et le comportement adéquat au travail) devraient être étudiés et faire l'objet de discussions au cours de l'année scolaire.

Communication verbale

Une pauvre communication verbale est devenue un phénomène endémique dans notre culture. Dans un passé lointain, les écoles exigeaient que les étudiants suivent des cours de rhétorique ; il est maintenant temps de remettre ces cours à l'honneur. Il est nécessaire d'enseigner aux jeunes comment faire des présentations orales efficaces, comment s'engager dans des négociations verbales, comment défendre un point de vue intelligemment en présentant des arguments convaincants. Les jeunes ont besoin de s'exercer à s'exprimer d'une manière articulée, et tous peuvent profiter de l'expérience directe qu'offre l'enseignement. Les jeunes en septième année devraient enseigner aux jeunes de sixième année, qui devraient à leur tour avoir l'occasion d'instruire de plus jeunes élèves.

La communication verbale devrait être développée tout au long du programme d'études. Dans les classes de mathématiques, les étudiants devraient expliquer la démarche qu'ils ont suivie pour en arriver à un résultat. Ils devraient rédiger des essais en mathématiques. Les étudiants en histoire peuvent améliorer leur capacité à décrire les individus et à relater les événements de façon ordonnée. Les classes de littérature, que ce soit oralement ou par écrit, offrent l'occasion de synthétiser et d'interpréter la fiction. Les liens entre la langue et les choses perçues (appelés associations verbales et visuelles) sont extrêmement importants, particulièrement en sciences. Par exemple, à l'école secondaire, les étudiants dans les classes de physique doivent pouvoir expliquer clairement les phénomènes spatiaux et mécaniques. Les cours de théâtre et d'éducation physique peuvent offrir des exercices de rhétorique. Dans chacune de ces matières, les étudiants devront être fortement incités, voire contraints, à développer leurs habiletés verbales ;

ils ne devraient pas avoir le droit de recourir au style télégra-phique ou de s'exprimer par bribes.

Le langage devrait être un outil de comparaison et de contraste ; les jeunes auraient avantage à s'exercer à bien choisir leurs mots et à faire des phrases pour établir des liens entre les diverses idées ou les différents faits qu'ils ont appris. Les écoles secondaires doivent s'engager dès aujour-d'hui, du moins à un certain degré, à remédier à la pauvreté de la communication verbale chez les jeunes !

La communication écrite peut également être impor-tante. Les étudiants doivent en venir à considérer l'écriture comme un moyen de développer leurs pensées. Actuelle-ment, beaucoup de jeunes se contentent de copier et de coller de l'information recueillie sur Internet, ce qui constitue une forme de plagiat juvénile. Ils n'ont pas compris que l'écriture est une activité qui dépasse la simple description, que c'est une façon de transformer et de développer des idées. Les jeunes et leurs enseignants doivent voir l'écriture comme un art plutôt que comme une procédure à utiliser en cas d'urgence. On doit mettre l'accent sur les travaux d'écriture qui s'étendent sur une longue période, et accorder moins d'importance aux petits tests écrits qui se tiennent sur une base régulière. Les étudiants devraient disposer de beau-coup de temps pour écrire mais se voir imposer une limite d'espace. Par exemple, on pourrait leur dire : « Vous pouvez bénéficier de tout le temps que vous voulez, mais vous ne devez pas prendre plus de trois pages de votre cahier. » Il s'agit là d'une pratique qui répond davantage aux exigences de la vie active. Une grande proportion des textes écrits par les adultes se doivent d'être relativement courts, et il est rare qu'ils doivent être produits aussi rapidement que lors d'un jeu-questionnaire en classe. De plus, l'écriture est un excellent moyen d'apprendre aux jeunes l'art de se réviser, un art qui consiste à peaufiner et à affiner la communication. Les jeunes devraient soumettre les multiples versions de leurs travaux écrits. Ernest Hemingway a une fois fait remarquer que toute écriture n'est que réécriture. Les écrivains en herbe devraient éprouver de la satisfaction à perfectionner leurs créations. Un élève devrait considérer l'évaluation de ses textes par un enseignant comme une excellente façon de tirer profit de critiques constructives.

Formation d'alliances

Les alliances en milieu de travail sont essentielles à l'accroissement de la productivité. On devrait concevoir et implanter un processus de collaboration avant d'entreprendre la réalisation de projets. De temps à autre, on devrait même permettre aux étudiants de collaborer lors des examens ; la préparation commune renforce les alliances au travail. La plupart du temps, le travail en équipe ne nécessite pas que des copains travaillent l'un à côté de l'autre, même si c'est souvent ce que préfèrent la majorité des étudiants. Les jeunes doivent faire l'expérience du travail en commun avec des camarades de classe dont les intérêts, la formation ou les capacités diffèrent sensiblement des leurs : « Hé, tu écris bien ! Tu pourrais écrire les textes et je pourrais faire les dessins, puisque j'aime dessiner et que tu détestes ça. » Le respect profond des capacités des autres est un signe de tolérance et une caractéristique essentielle des alliances productives.

Gestion de la réputation et sens tactique

Les jeunes devraient avoir des occasions d'aborder les dynamiques de la formation d'une réputation, de la façon de vivre avec celle-ci et, au besoin, des techniques pour la modifier. Tous les étudiants réfléchissent à cette question, mais peu d'entre eux ont l'occasion d'en parler d'une manière systématique. Un enseignant devrait demander à ses étudiants de décrire la réputation qu'ils aimeraient avoir : « Comment voudriez-vous que les autres étudiants vous perçoivent ? » Les étudiants devraient explorer les moyens à prendre sur une base quotidienne pour obtenir la réputation souhaitée et éviter de nuire à leur image. Ils devraient aussi avoir des occasions de discuter des réputations imméritées, de la façon dont certains jeunes en sont arrivés à être affublés d'une mauvaise réputation et de ce qui pourrait être fait pour aider ces derniers à redorer leur image.

L'étude de la réputation devrait se faire en tenant compte des politiques en place tant à l'école que dans le monde du travail. Un jeune doit parler des meilleures façons de se faire apprécier des gens qui ont de l'influence, de ces gens qui ont un impact sur son bonheur présent et à venir. Ce groupe comprend les leaders étudiants qui influencent l'opinion des pairs et aident à former des réputations ainsi que les enseignants. S'engager dans le processus visant à obtenir l'appréciation et le respect de ses professeurs est une excellente façon de répéter pour jouer le rôle d'un employé très apprécié et respecté.

Étude de la cognition sociale

Les écoles devraient offrir des cours de cognition sociale à deux moments en particulier — tôt chez les étudiants entre douze et quatorze ans, et plus tard à l'école secondaire. Mon livre *Jarvis Clutch — Social Spy* a été utilisé dans certaines écoles pour enseigner aux étudiants les processus verbaux et comportementaux dont ils ont besoin pour établir de bonnes relations avec leurs pairs et les adultes. On peut apprendre aux adolescents à découvrir pourquoi ils doivent, tout comme certains de leurs camarades de classe, faire face à certains problèmes relationnels et leur montrer ce qui peut être fait pour guérir ces maux sociaux. On peut aussi les mettre au courant de risques moins évidents, par exemple être trop populaire ou vouloir à tout prix être adulé par les pairs.

Au cours des dernières années du secondaire, dans le cadre d'un cours sur le fonctionnement de la pensée, les étudiants devraient lire des études de cas illustrant les problèmes sociaux et comportementaux qu'ils auront probablement à rencontrer lors des premières années de leur vie active, puis en discuter. Certains exemples fournis au chapitre 10 pourraient faire partie de ces discussions. Les écoles devraient s'en tenir aux études de cas qui sont compatibles avec le bagage culturel de leurs étudiants.

Les jeunes sensibles aux nuances sociales et politiques et aux significations implicites de la vie professionnelle vont probablement se débarrasser plus facilement du douloureux fardeau de la naïveté (page 277), un fardeau qui peut provoquer de graves crises existentielles au cours des premières années au travail. De nos jours, la cognition sociale est un sujet très peu étudié. Personne n'y accorde d'importance ; personne n'assume la responsabilité d'en enseigner les fondements. Il faudrait que cet état de fait change ; les écoles devraient intégrer cette matière dans leurs programmes d'études si elles veulent faciliter la préparation à la vie active de leurs étudiants.

LES DIFFÉRENCES QUI FONT LA DIFFÉRENCE

En recourant à des processus de croissance ciblés et en favorisant les études de cas, les écoles peuvent être davantage confiantes que leurs étudiants entreront sur le marché du travail avec les outils dont ils ont besoin. Cependant, elles auront à tenir compte des importantes différences qui existent entre les étudiants. Une trousse à outils universelle ne conviendra pas à tout le monde.

Le monde du travail accueille des individus qui pensent fort différemment les uns des autres et qui jouent de nombreux rôles indispensables. Il s'ensuit que notre système éducatif doit reconnaître et promouvoir la diversité neurologique, accepter l'idée qu'une salle de classe soit composée de jeunes dont l'intelligence a des caractéristiques, des inclinations, des besoins et des destins différents. Cette reconnaissance est plus pertinente durant les études secondaires qu'à toute autre étape de la vie. À ce moment-là, il devient de plus en plus évident que Tim est un jeune qui aime les activités pratiques, que Millicent est une verbomotrice née, à son mieux lorsqu'elle manie les mots, alors que son amie Kysha s'exprime bien lorsqu'elle pense en images, que Ricardo a une passion, pratiquement une obsession pour l'aviation, et que Cindy est une fanatique de la danse moderne. Les écoles de l'avenir devraient être sensibles à ces différences et à leurs implications quant à la planification d'un enseignement individualisé. Elles doivent se garder de l'idée répandue que la compétence de chaque étudiant peut être mesurée exclusivement à travers les examens de fin d'année. De tels examens ne permettent pas de découvrir bon nombre de forces et de faiblesses potentielles qui détermineront le degré de réussite d'un individu pendant les premières années de sa vie active.

Tous les étudiants du secondaire subissent des évaluations pour déterminer leur profil neurodéveloppemental et leurs champs d'intérêt, et les écoles doivent avoir une stratégie pour améliorer les forces et gérer les faiblesses qui entravent l'apprentissage. Les enseignants des classes régulières devraient, partout où la chose est possible, gérer les déficits de leurs élèves en collaboration avec les éducateurs spécialisés et les psychologues scolaires. Dans le cadre d'une formation continue, les enseignants devraient apprendre à gérer les différentes méthodes d'apprentissage de leurs sujets. Les professeurs de chimie doivent posséder une expertise qui leur permet d'identifier chez leurs étudiants les blocages qui peuvent entraver l'étude de cette science et apprendre comment mieux gérer ces blocages en classe. Les professeurs de langues étrangères devraient connaître, d'une part, les fonctions cérébrales nécessaires pour acquérir une deuxième langue et, d'autre part, les problèmes intellectuels susceptibles de se présenter au cours du processus. Dans un programme appelé School Attuned, notre institut, All Kinds of Minds, fournit une telle formation aux enseignants.

Programme d'études spécialisées répondant aux attentes
Pendant leur adolescence, et dans certains cas à un stade encore plus précoce, certains étudiants démontrent des aptitudes ou des talents exceptionnels dans un domaine particulier. Souvent, ils sont étiquetés comme handicapés ou

« pas trop brillants » parce qu'ils ne possèdent pas cette vertu douteuse que l'on recherche chez l'enfant et que l'on appelle l'équilibre. Certains jeunes sont rejetés par l'école et par la société en général. On informe certains autres qu'ils souffrent d'un syndrome pathologique (comme le syndrome d'Asperger, s'ils ont des difficultés sociales et des intérêts originaux). En réalité, leurs différences représentent souvent une variation, non une déviation !

L'école peut être traumatisante et inutile pour des jeunes à l'esprit très spécialisé. Or, cette situation n'a aucune raison d'être. Nous devrions offrir des programmes spécialisés à ces esprits spécialisés.

Je préconise ce que j'appelle une éducation spécialisée répondant aux attentes, des programmes qui, d'une part, permettent aux étudiants de s'améliorer dans des domaines où ils sont particulièrement compétents, comme la mécanique automobile, l'art dramatique ou la soudure, et, d'autre part, les incitent à viser haut dans la vie. Ainsi, en plus de développer leurs compétences techniques, les étudiants en chauffage et en climatisation pourraient recevoir une formation leur permettant de créer et de faire fonctionner leur propre petit commerce ou d'apprendre à gravir les échelons dans une grande entreprise qui fabrique des unités de climatisation, ou encore de mener un remue-méninges pour trouver de nouveaux dispositifs électroniques afin de contrôler des prises ou des soupapes d'air.

Tout en se concentrant sur leurs passions, les étudiants qui reçoivent une formation spécialisée doivent être soumis à un programme d'études de base. Plusieurs d'entre eux seront beaucoup plus réceptifs à la littérature, aux maths et à l'histoire s'ils disposent de moments où ils peuvent se concentrer sur leur passion. Certains étudiants pourraient améliorer leur compréhension de la lecture de manière spectaculaire s'ils consultaient un manuel de réparation automobile. L'école devient intolérable pour beaucoup d'étudiants à l'intelligence spécialisée car ces derniers n'ont aucun moment de répit ; heure après heure, ils passent leur temps à pratiquer des spécialités qui ne sont pas les leurs. Une telle dissonance contribue de manière significative et implacable à un fort taux d'abandon scolaire.

Les programmes spécialisés répondant aux attentes pourraient comprendre des versions d'activités ciblées favorisant le développement intellectuel et des analyses d'études de cas. Les étudiants qui optent très tôt pour une spécialité à l'école doivent acquérir des outils de travail qu'ils pourront utiliser dans plus d'un métier. Un jour, on m'a fait visiter une superbe école professionnelle à Lexington, au Massachusetts. J'ai demandé au directeur : « Quel pourcentage de vos étudiants en carrosserie en feront leur métier et quelle proportion de vos étudiants en électricité deviendront vraiment des électriciens ? » J'ai été un peu étonné par sa réponse : « Très peu de nos étudiants vont travailler dans leur domaine de spécialisation mais, au cours de leurs études, ils vont acquérir des compétences comme la prise de décisions, le remue-méninges, la collaboration et la gestion du temps. Ils vont pouvoir appliquer ces connaissances dans le domaine qui leur présentera les meilleures possibilités. » Cette école offrait vraiment un processus de croissance. Une éducation spécialisée hâtive ne devrait jamais éliminer les options qui pourraient éventuellement s'offrir à un étudiant ; quelqu'un qui étudie la plomberie à l'école secondaire devrait pouvoir entrer à l'université si un jour il en décidait ainsi. Il pourrait finalement devenir avocat pour le compte d'un syndicat représentant les tuyauteurs.

À travers le monde, il existe plusieurs modèles de programme de formation au niveau secondaire. Certains pays européens dispensent jusqu'à neuf ou dix années de formation de base, au terme desquelles les étudiants peuvent choisir un domaine de spécialisation ou décider de faire des études universitaires. La voie professionnelle ne permet pas toujours le développement des importants processus de croissance chez les individus et amène souvent ces derniers à ne se concentrer que sur l'aspect manuel du travail ou les habiletés très techniques. Certains programmes offrent des périodes d'études formelles qui sont entrecoupées de stages en entreprise pour apprendre le métier. Dans certains systèmes éducatifs, les concepteurs de programmes ne semblent pas être conscients des phénomènes de résilience et de floraison tardive ; ils étiquettent les étudiants à un âge trop précoce, à onze ou douze ans, en orientant certains d'entre eux vers un métier et d'autres vers un programme universitaire. Les jeunes peuvent aussi être victimes de cette fausse prémisse selon laquelle la compétence d'un étudiant peut être entièrement mesurée par des examens normalisés. J'ai rencontré de nombreux étudiants du secondaire dont les compétences scolaires et les intérêts n'ont pu vraiment se développer avant l'âge de seize ou dix-sept ans, ou dont les vraies forces intellectuelles n'ont jamais été mesurées lors des examens. Si ces jeunes avaient été à prime abord étiquetés comme des étudiants n'ayant pas d'aptitudes pour faire des études supérieures, cela aurait pu avoir des conséquences tragiques. L'école aurait pu les forcer à emprunter une fausse route, et ce, à un âge précoce. Il doit toujours être possible pour un jeune de changer d'orientation.

Des programmes mixtes, composés d'un programme d'enseignement général et d'un programme d'études spécialisées, sont parfaitement réalisables et de tels programmes peuvent soulager les jeunes qui ont un savoir particulier. Les jeunes jouent certains rôles, et ces derniers peuvent être annonciateurs d'un futur travail. Ce modèle vaut également pour les étudiants qui se destinent à l'université ; à certaines périodes, ces jeunes pourraient travailler dans un cabinet d'avocats ou une station de télévision, ce qui leur permettrait de se frotter aux réalités du monde du travail.

Dans la *Harvard Education Letter* (2004), Marc Tucker recommande ce qu'il appelle des « portes d'entrée fixes et des voies multiples ». Dans ces modèles, on s'attend à ce que les étudiants possèdent vers la fin de la dixième année des

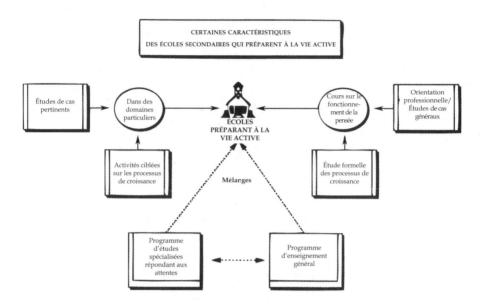

compétences de base, des habiletés scolaires traditionnelles ; après quoi, ils pourraient se spécialiser, fréquenter l'université ou des écoles techniques. Cette approche répondrait certainement aux besoins de beaucoup d'étudiants. Comme Tucker l'affirme : « Aux États-Unis, très peu d'écoles secondaires disposent de l'équipement et du personnel nécessaires pour offrir des programmes techniques — du soudage à la mécanique automobile en passant par la gestion des systèmes informatisés, la gérance des hôtels et des restaurants, la technologie cardiovasculaire, le graphisme et le design. » Une admission hâtive dans les écoles techniques pourrait offrir des possibilités à certains adolescents et épargner à ces derniers l'humiliation liée à l'échec scolaire ou le sentiment que ce qu'ils tentent d'apprendre ne correspond aucunement à leurs capacités intellectuelles. De nos jours, une solution de rechange consiste à avoir des écoles à l'intérieur des écoles, ce qu'il est convenu d'appeler des académies, qui mettent l'accent sur des champs d'intérêt particuliers (par exemple,

les soins de santé, le théâtre ou l'informatique). Indépendamment de son format, l'enseignement spécialisé répondant
aux attentes demeure indispensable pour plusieurs adolescents, mais il ne devrait jamais contribuer à la création d'un
groupe d'étudiants de deuxième ordre qui seront privés
d'une admission à l'université. De grandes aspirations
personnelles, la réussite financière et le leadership social sont
des objectifs qui devraient être perçus comme réalistes par
les jeunes, et ce, peu importe la voie éducative choisie.

Le diagramme présenté précédemment résume certaines
caractéristiques d'une école secondaire qui prépare les
étudiants à la vie active. L'enseignement qui touche les
processus de croissance et la préparation à la vie active a lieu
tant dans des classes spéciales où on étudie le fonctionnement de la pensée que dans les classes où on enseigne les
matières traditionnelles. Les étudiants suivent à la fois des
cours spécialisés répondant à leurs attentes et des cours
généraux.

SATISFAIRE LES BESOINS

Ce livre peut sembler imposer un lourd fardeau aux enseignants du secondaire et aux décideurs du monde pédagogique. C'est effectivement le cas, mais les efforts en valent
la peine. Si les enseignants parviennent à bien connaître leurs
étudiants et à satisfaire plus adéquatement les besoins de es
derniers, notre société sera libérée du poids que lui imposent
de jeunes adultes non préparés à la vie active, des jeunes qui
souffrent de maladies mentales, de sous-emploi et d'une
faible productivité au travail. N'est-ce pas un sage investissement à long terme ? Voici une liste des principales caractéristiques d'un régime d'enseignement idéal au niveau
secondaire.

Quelles sont les écoles secondaires qui préparent les étudiants à la vie active ?

- Les écoles qui en font leur principal objectif
- Les écoles où les enseignants connaissent bien les fonctions cérébrales nécessaires à l'apprentissage et dont les pratiques d'enseignement reflètent cette connaissance
- Les écoles qui aident des étudiants à se connaître
- Les écoles qui mettent l'accent sur l'acquisition d'excellentes compétences en communication et en relations humaines
- Les écoles qui utilisent des activités intellectuelles ciblées pour s'assurer que les processus de croissance nécessaires pour l'obtention de succès dans le monde des adultes soient abordés de façon explicite
- Les écoles qui fournissent un enseignement formel sur le fonctionnement de la pensée, ce qui inclut l'orientation professionnelle, les éléments-clés des processus de l'apprentissage et de la pensée, la linguistique, la langue orale (rhétorique) et la cognition sociale
- Les écoles qui appliquent la méthode des études de cas et la lecture de nombreuses biographies pour préparer les étudiants aux problèmes auxquels ils auront à faire face très tôt au cours de leur carrière
- Les écoles où tous les étudiants ont des programmes d'enseignement individualisés
- Les écoles qui identifient et améliorent les forces et les passions de tous les jeunes
- Les écoles qui offrent comme option un programme d'études spécialisées répondant aux attentes des étudiants qui ont de fortes aspirations
- Les écoles qui ont des exigences en termes de crédits, des exigences permettant aux étudiants de terminer leurs études secondaires en moins ou plus de temps que le temps habituel
- Les écoles qui ont de multiples moyens d'évaluer les compétences de leurs étudiants

- Les écoles qui ont soin de ne pas couvrir d'éloges et d'honneurs excessifs les meilleurs étudiants, évitant ainsi de créer de futures idoles déchues
- Les écoles qui exigent que tous les étudiants apprennent au contact du monde réel, soit par des stages, soit par des travaux communautaires
- Les écoles au sein des écoles qui sont subdivisées en unités plus petites avec moins d'étudiants par classe et moins d'enseignants par étudiant
- Les écoles qui réexaminent ce qui est nécessaire pour que leurs étudiants soient bien préparés à faire face aux réalités de la vie active

Tout ce qui apparaît précédemment est réalisable. Certains éléments de cette approche existent déjà dans des établissements scolaires. Il est essentiel d'unifier ces fragments et de permettre ainsi aux étudiants de bien se préparer à la vie active.

IMPLICATIONS POUR L'ENSEIGNEMENT UNIVERSITAIRE

Les programmes universitaires de 1er et de 2e cycles ont aussi une mission à remplir pour faciliter la transition de l'école au monde du travail. Idéalement, les professeurs devraient intégrer des activités intellectuelles ciblées dans leurs programmes d'études. Il n'est jamais trop tard pour enseigner des processus comme la gestion de temps, le remue-méninges et l'approche évaluative. Les universités devraient fournir un bon service d'orientation professionnelle et d'évaluation des diverses carrières aux étudiants qui estiment en avoir besoin. Il existe tant de prototypes de programmes d'enseignement post-secondaires qu'il devient impossible de définir un seul ensemble d'objectifs à poursuivre. Les centres universitaires et les écoles techniques mettent fortement l'accent sur la carrière. Les universités qui ont un programme en arts libéraux de quatre ans ne se consacrent pas directement, dans la majorité des cas, à préparer leurs étudiants au monde du travail. Les étudiants en génie et ceux qui se destinent à la médecine se concentrent sur des apprentissages qui mènent au marché du travail, tandis que beaucoup d'étudiants en musique adorent leur matière et veulent apprendre autant qu'ils peuvent de Mozart, de Lionel Hampton et des Beatles, mais peu d'entre eux aspirent à une carrière de musicologue. Ainsi, on s'attend à ce que les collèges et les universités satisfassent toutes sortes d'attentes. Néanmoins, tous les établissements d'enseignement devraient être attentifs aux processus de croissance. De même que les enseignants du secondaire devraient se demander quelles fonctions importantes peuvent être mises en évidence dans leurs classes, les membres du corps enseignant dans les universités devraient se poser la même question et y répondre.

Les étudiants qui ont des plans de carrière assez bien établis devraient avoir accès à des cours ou à des séminaires où on étudie d'un peu plus près les complexités de leurs futures occupations, et où on les aide à bien réfléchir à leurs choix de vie et à prévoir la course à obstacles que sera leur parcours professionnel. Une future avocate pourrait en apprendre davantage sur les divers domaines du droit, sur le travail quotidien des avocats spécialisés dans l'immobilier, à la différence des avocats plaidants. Elle devrait aussi en apprendre davantage sur le parcours particulier d'un avocat dans un cabinet juridique ou dans une agence gouvernementale. Surtout, les étudiants devraient connaître certaines réalités du monde du travail afin d'éviter les mauvaises surprises au début de leur vie active.

L'AVENIR A UN EFFET SUR LE PRÉSENT

Prêt, pas prêt, la vie est là demande beaucoup au système d'éducation, peut-être trop. Les recommandations mentionnées dans ce chapitre peuvent ne pas être toutes applicables dans un établissement scolaire particulier. Cependant, j'ai

proposé certains objectifs communs que différents établissements d'enseignement pourraient réaliser à leur façon. Les
systèmes d'éducation doivent continuer à réexaminer leurs
objectifs et leurs pratiques afin de déterminer si ces derniers
sont encore aussi pertinents qu'ils l'ont été autrefois. Quel
genre de jeune adulte devrions-nous former ? Répondre à
cette question exige que nous nous engagions dans une
analyse prudente de la situation des jeunes adultes d'aujour-
d'hui et de ses implications pour le développement des
processus de croissance au cours des deux premières décennies
de la vie.

13

ADOLESCENTS

Mener les expériences

J'ai peur d'échouer... Je pense que c'est la même chose pour tout le monde. J'ai peur d'échouer parce que je veux être fier de moi. Je veux être sûr que j'ai pris la bonne décision.

S. J., 23 ans

La tranche d'âge entre onze et vingt ans est riche en expériences. Les adolescents doivent alors structurer et restructurer leurs façons de penser et d'agir en réponse aux bouleversements qui surviennent dans leur esprit et dans leur corps. Ils doivent aussi examiner de près et évaluer continuellement leurs relations, y compris celles avec leurs parents, leurs frères et sœurs, leurs amis et leurs professeurs. La vie change constamment. Comme si les hauts et les bas ne suffisaient pas, les déceptions sont communes — l'échec à l'examen de science, la lettre de refus de l'université, les trois nouveaux boutons d'acné, l'équipe de hockey sur gazon qui ne veut pas de vous, ou une défaite lors des demi-finales du championnat de football de la ville. Au milieu des turbulences de la vie quotidienne, comment un adolescent peut-il avoir le temps et l'énergie de prévoir sa vie après l'adolescence ? Comment peut-il se préparer aux premières années de la vie active ? Comment peut-il savoir s'il est sur la bonne voie ? Ce passage peut s'avérer très difficile, mais il est inévitable.

Les adolescents peuvent prendre cinq mesures pour bien se préparer à la vie active :

Bonnes réactions
Découverte de soi
Maîtrise
Compartimentation des journées
Planification provisoire

BONNES RÉACTIONS

L'adolescence se compare à un terrain accidenté. Un adolescent de quinze ans peut avoir du bon temps avec un ami et se brouiller avec lui trente-six heures plus tard. Un enseignant peut faire en sorte qu'un étudiant de neuvième année se sente comme un gagnant, tandis qu'un autre enseignant pourra blesser profondément le même étudiant dans son ego. Les parents peuvent dire et faire des choses agréables à certaines occasions pour obtenir la paix, et paraître petits et mesquins à d'autres moments. Le défi est d'apprendre à réagir à ces tendances contradictoires.

Faire face au stress

On doit considérer la capacité de gérer le stress comme une compétence de base. Les périodes déprimantes, les revers qui s'accumulent, le rejet et les conflits désagréables sont des leitmotivs récurrents dans la vie. Or, les adolescents ne peuvent laisser de telles défaites quotidiennes les anéantir ou les paralyser ; ils doivent apprendre à résister et à rebondir, une capacité que l'on appelle résilience. Les jeunes qui n'ont pas cette capacité d'adaptation seront enclins à ignorer le stress, à le nier ou à y réagir de manière excessive. Un étudiant qui échoue en géométrie dit à tout le monde (y compris à lui-même) que ce qu'il a fait était correct : il ne peut tout simplement pas faire face à la dure réalité. Une telle attitude de déni ne fonctionne presque jamais. Certains adolescents qui réagissent mal au stress mettent leurs difficultés sur le compte de la matière où ils ne réussissent pas bien : « L'histoire est une matière stupide, une matière complètement inutile. » D'autres adolescents, à bout de nerfs, tentent de généraliser leurs problèmes personnels : « Aucun de mes amis n'a bien réussi cet examen » ou « Personne d'autre n'aime Mme Simpson », ou encore « Je me fous de ne pas avoir été invité ; presque personne ne veut aller à la fête que donne Susan. » D'autres encore éclatent, craquent, ou développent des symptômes sur le plan physique comme le manque d'appétit, les maux de tête, ou la désillusion et la dépression. Tous ces symptômes sont des signes d'inadaptation au stress.

Les gens se sentent mieux lorsqu'ils reconnaissent leur stress et font face à leurs problèmes. Les victimes peuvent alors réagir plus directement et travailler à la guérison de leurs blessures. L'adolescence prend place lorsque les bons et les mauvais modèles d'adaptation sont établis. Au travail, émettre en catimini des commentaires désobligeants sur un superviseur ne fera pas disparaître cet individu de votre vie. Et tenter de faire croire que vous faites bien un travail que vous faites vraiment mal aura probablement des conséquences catastrophiques. Lorsqu'un jeune a un problème, il doit commencer par l'admettre. Ensuite, il peut discuter de son stress avec quelqu'un, un très bon ami ou un adulte qui peut utiliser certaines techniques efficaces pour l'aider à faire face à ce problème.

Je rencontre fréquemment un adolescent dont les modèles de réaction aux problèmes sont plus problématiques que les problèmes auxquels il réagit. Une telle incapacité à réagir au stress pourra venir le hanter au cours des premières années de sa vie active. Voici quelques exemples de réaction au stress.

- Ralph a des difficultés en écriture. Il a horreur d'écrire, et il continue à dire à ses parents qu'il n'a pas de devoirs à faire. Déformer la vérité lui permet de faire face à certains de ses problèmes. Malheureusement, sa pauvre stratégie engendre des effets désagréables ; par exemple, lorsqu'il échoue en anglais, il doit suivre des cours d'été.

À l'âge adulte, cette tactique qui consiste à déformer la vérité pourra devenir chez lui une habitude. Mentir pourra servir ses objectifs durant quelque temps, mais tôt ou tard cette pratique entraînera son renvoi.

- Susan est très jalouse de la popularité de sa petite sœur, ce qui la conduit à répandre de fausses rumeurs à l'école. Bientôt, tout le monde découvre que les histoires de Susan à propos de sa sœur sont des inventions et désapprouve une conduite aussi méprisable. Si Susan était une jeune adulte et qu'elle répandait de fausses rumeurs sur un confrère de travail, elle serait bientôt méprisée par ses collègues et on se méfierait d'elle, et elle pourrait même être renvoyée. Elle doit trouver une meilleure façon de faire face à la jalousie, peut-être en trouvant une manière d'exceller ou d'impressionner les personnes de son entourage.

- Grant passe beaucoup de temps et dépense beaucoup d'énergie à fulminer contre son père, qui le critique constamment. Grant sent qu'il ne peut être aussi intelligent ou connaître autant de succès que son père ; il croit que ses parents le considèrent comme un raté parce qu'il ne travaille pas beaucoup à l'école et que ses notes ne sont pas ce qu'elles devraient être. Grant réagit en ne faisant aucun travail scolaire. Il abuse des drogues, fume un paquet de cigarettes par jour, s'est fait insérer un anneau de métal dans le nombril et s'est teint les cheveux en vert lime. Il se tient avec d'autres jeunes qui ne font vraiment rien d'autre que de se tenir avec d'autres jeunes. Peut-être que, sans vraiment s'en rendre compte, Grant essaie de punir et d'embarrasser ses parents parce qu'il estime qu'il ne peut leur plaire et gagner leur respect. Il a réagi de manière excessive (et très mal). Qui humiliera-t-il au travail ? Ses parents ne seront plus vraiment dans le décor. Sa stratégie autodestructrice ne fonctionnera pas avec son patron, qui ne sera pas lié à lui par les gènes !

Plus qu'à tout autre, c'est à lui-même que Grant s'inflige une punition cruelle et inhabituelle. Le jeune a un comportement autodestructeur. S'il ne peut découvrir un moyen plus sain de réagir à l'oppression de son père, il pourra ne jamais apprendre à rebondir après avoir fait l'objet de critiques. Or, les critiques ne manqueront sûrement pas au cours de ses premières années de vie active, qui arrivent à grands pas.

Pour réagir positivement, il faut d'abord prendre une pause et bien réfléchir à la situation. Certains des individus qui réagissent le plus mal aux situations sont des gens qui font ou disent la première chose qui leur vient à l'esprit, des jeunes qui perdent la tête et passent un savon à un enseignant, et des adultes qui font de même avec un patron ou un collaborateur.

Afin d'éviter de mettre en place de mauvais modèles, les adolescents doivent contrôler leurs réactions. Lorsque quelque chose va de travers, à quel point vous sentez-vous triste ? Si vous avez le cafard, pendant combien de temps broierez-vous du noir ? Pouvez-vous rebondir et mettre vos états d'âme derrière vous ? Il n'y a rien d'anormal à se sentir déprimé, mais êtes-vous à ce point déprimé que vous en êtes paralysé ? Ce modèle incapacitant peut créer une accoutumance, et les adolescents ont à travailler pour se libérer de leur anxiété, de leur morosité, de leur colère, de leurs graves déceptions ou de leurs défaites.

Lorsque les jeunes ont l'impression de tomber dans un gouffre de désespoir, ils doivent se mettre à l'écoute de leur voix intérieure pour se rassurer. Cette voix peut leur dire : « Bien, Jared, ça va passer. Tu as connu de telles défaites auparavant et tu t'es toujours relevé. Tu dois continuer. Tu ne vas pas laisser ces choses t'anéantir. » Cette technique, appelée auto-*coaching* ou médiation verbale, est excellente pour faire face aux problèmes. Les jeunes devraient répéter ce genre de scénario et être encouragés à se parler à eux-mêmes — en toute honnêteté.

De temps à autre, je déjeune dans un marché coopératif à proximité du campus de l'Université de la Caroline du Nord. Plusieurs employés sont de jeunes adultes qui, pour la plupart, ont de la difficulté à trouver leur identité et à faire leur chemin dans la vie. Récemment, j'ai entendu par hasard un gérant dire qu'il venait d'avoir un entretien avec un candidat qui de toute évidence avait beaucoup de problèmes personnels. Je n'ai pu résister à l'envie de lui dire : « Je pensais que c'était une exigence pour travailler ici. » Il a ri et a répondu : « Je me fous que les employés aient des problèmes tant et aussi longtemps que ceux-ci n'interfèrent pas avec leur travail. » Un jeune adulte ne peut laisser ses problèmes miner son travail. Lorsqu'il se présente au boulot, il doit laisser ses ennuis à la porte. Cette attitude nécessite un certain entraînement, et l'adolescence est une période cruciale pour apprendre à ne pas mêler les problèmes personnels et le travail.

Finalement, une personne doit savoir comment réagir d'une façon saine aux événements positifs et aux victoires. Avoir été gavé de succès à l'adolescence est parfois beaucoup plus destructeur que d'avoir vécu des échecs chroniques au cours de cette période. J'ai connu certains jeunes qui étaient des superétoiles en sport, qui étaient extrêmement populaires ou qui avaient de très bonnes notes en classe, et dont le succès leur a monté à la tête. Ces adolescents sont devenus ces idoles déchues décrites au chapitre 3.

DÉCOUVERTE DE SOI

Apprendre à bien se connaître représente souvent une mission périlleuse à l'adolescence. Certains adolescents peuvent être pratiquement incapables de faire la différence entre ce qu'ils sont vraiment et ce qu'ils voudraient que les autres croient qu'ils sont. Dans leur recherche d'identité, les jeunes évaluent constamment différentes techniques de se présenter aux autres ; ils sont à la recherche d'une image qui leur correspond bien. Au chapitre 7, j'ai décrit comment un jeune apprend à se connaître. Cette quête d'identité joue un rôle déterminant dans le développement de l'adolescent.

Un étudiant en neuvième année s'est un jour mis à râler après moi parce qu'il se disait évalué de son réveil jusqu'à ce qu'il s'endorme le soir. « Avant même que j'aie mangé la rôtie de pain aux raisins brûlée que ma mère me sert, elle vérifie si mes oreilles sont bien lavées et ce que je porte pour l'école. Je pense même qu'elle respire mon haleine pour s'assurer que j'ai bel et bien brossé mes damnées dents. À l'arrêt d'autobus et dans l'autobus, d'autres jeunes me dévisagent pour voir si je suis un type *cool*, un demeuré, un idiot ou quelque chose d'autre. Mes enseignants m'interrogent toute la journée pour savoir si j'ai suffisamment étudié. Ils voudraient que je sois le parfait fort en thèmes. L'après-midi, mon entraîneur ne cesse de critiquer ma façon de jouer. De retour à la maison, ma mère et mon père supervisent mes devoirs et me harcèlent à propos de mon « orthographe négligée » et de mon écriture mal fichue. Ma grande sœur évalue ma façon de me peigner ; elle me dit que je suis bizarre (un autre examen raté). Ça n'arrête jamais, même durant les week-ends. J'aurais souhaité avoir un jour entier, une journée entière de vingt-quatre heures, où chacun m'accepte comme je suis sans essayer de découvrir ce que je fais de bien ou de mal ! »

Au cours des études secondaires et universitaires, les étudiants obtiennent rarement un répit ; ils doivent donner un rendement élevé et sont constamment évalués sur les plans académique et social, et souvent dans d'autres domaines. Leurs agissements sont constamment analysés par leurs enseignants, leurs parents et leurs camarades de classe. La pression implacable qui s'exerce sur eux les incite à impressionner les autres, ce qui peut être un obstacle à la connaissance de soi. Les jeunes peuvent canaliser tant d'énergie vers la performance qu'il ne leur reste plus beaucoup de ressources pour explorer les profondeurs de leur véritable identité. Les processus de croissance décrits au chapitre consacré à l'introspection (chapitre 7) doivent être conçus comme des muscles que l'on exerce. Ils doivent permettre de bien vivre les succès au début de la vie active.

Thèmes récurrents et différences
Comment les adolescents peuvent-ils parvenir à se connaître ? Au chapitre 7, j'ai traité de la recherche de thèmes qui réapparaissent sous différents aspects durant le processus de croissance. Les jeunes doivent regarder derrière eux pour découvrir les thèmes récurrents. Une étudiante du secondaire pourra découvrir qu'elle a toujours aimé faire des activités liées aux arts ou qu'elle sent qu'elle s'accomplit en aidant un individu dans le besoin. Ces récurrences fournissent des indices importants sur la nature d'un individu et sur les orientations que doit prendre ce dernier.

En percevant leur unicité, les adolescents peuvent commencer à se distinguer du lot. En particulier, ils doivent trouver ce que Po Bronson appelle dans son livre *Que faire de ma vie ?* leur « place au soleil ». La découverte d'une inclination cachée favorise souvent la satisfaction à long terme sur le plan professionnel. Comme Bronson l'affirme : « Éduquer les gens est une chose importante mais non suffisante — beaucoup trop d'individus parmi les plus instruits sont loin de fonctionner à plein régime ; ils sont incertains de leur place dans le monde, contribuent trop peu à l'appareil productif de notre civilisation, se sentent toujours en position d'observateurs, comme s'ils n'exploitaient pas pleinement leur potentiel. Nous devons mieux conseiller ces gens, les encourager à trouver leur véritable place dans la société. La productivité au travail augmente énormément lorsque les gens aiment ce qu'ils font. » Les adultes vont probablement aimer davantage ce qu'ils font s'ils découvrent les activités qui les passionnaient durant leur enfance.

Avoir des valeurs et défendre des causes
La conscience de ce qui importe vraiment aux yeux d'un individu est étroitement liée à la découverte de soi. Les

adolescents doivent défendre ardemment leurs croyances, sentir intensément ce qui importe pour eux. Ce ne sont pas tous les adolescents qui défendent des causes ou des points de vue qui les enflamment au plus profond de leur être. Cependant, ceux qui le font devraient lier leurs valeurs et leurs croyances à leur choix de carrière. Une étudiante peut devenir vétérinaire ou responsable d'un parc national parce qu'elle défend farouchement la faune et la flore. Un autre individu peut choisir le droit ou la politique en raison de fortes convictions qui l'amènent à vouloir défendre les droits des minorités. Un autre encore peut devenir policier parce que les voleurs et les meurtriers suscitent chez lui un sentiment d'indignation. Le désir de soulager le fardeau des gens ou une croyance religieuse peuvent modifier la façon dont un individu envisage sa vie professionnelle. Lorsque les adolescents découvrent en quoi ils croient, ils sont en mesure de déterminer comment leurs valeurs peuvent influencer leur choix de carrière.

MAÎTRISE

Le chapitre sur l'instrumentation a décrit les compétences qui permettent à un individu de mieux démarrer dans la vie. Les adolescents devraient être conscients des capacités qui leur font défaut et décider s'ils doivent travailler sur leurs lacunes ou commencer à réfléchir à des voies de contournement. Tout aussi important, les jeunes doivent connaître les domaines où ils excellent et apprendre à utiliser leurs atouts.

Je crois fermement que le succès est semblable aux vitamines ; personne ne peut bien grandir sans lui. Chaque adolescent doit découvrir le domaine dans lequel il excelle, le domaine qui lui permet d'éprouver de la satisfaction et de jouir de la reconnaissance qui en découle.

Les athlètes et les artistes ont la maîtrise de l'ensemble de leurs habiletés motrices. Certains jeunes maîtrisent une ou plusieurs matières scolaires qu'ils aiment vraiment (par opposition à ceux qui ne cherchent qu'à obtenir de bonnes notes pour être admis à l'université). Certains étudiants très populaires développent de grandes habiletés sociales, bien que la popularité seule ait tendance à décliner lorsque les amis se dispersent et suivent leur propre voie dans la vie. Le fait de ne maîtriser aucun domaine particulier peut représenter une terrible lacune au cours des premières années de la vie active.

Il existe différents domaines de création où l'on peut exercer une maîtrise : par exemple la couture, la céramique ou la composition de chansons. On peut aussi s'intéresser à la maîtrise d'un sujet ou d'une matière. Par exemple, un jeune peut en savoir beaucoup sur les camions, les ordinateurs, l'équipement audiovisuel ou l'archéologie. L'expertise dans un domaine ressemble à un supplément diététique ; elle aide l'esprit à grandir et à se développer. Une personne se sent confiante et importante lorsqu'elle en sait davantage sur un sujet que n'importe qui d'autre dans son entourage.

Chaque jeune devrait s'appliquer à maîtriser un domaine où il peut s'accomplir, où il se sent bien et qui lui convient. Et il vaut mieux en maîtriser plus d'un, mais pas trop à la fois pour éviter qu'aucun d'entre eux ne soit pleinement développé. Somme toute, un individu pourra se pencher sur les domaines qu'il maîtrise pour s'orienter vers une activité professionnelle qui correspondra à ses compétences.

Un jeune et ses parents doivent se rendre compte que personne n'a à maîtriser tous les domaines. On s'attend parfois à ce qu'un adolescent soit parfaitement équilibré et qu'il impressionne tout le monde dans tout ce qu'il entreprend. Être sans faille ou ne pas avoir de défauts pourrait même être fatal ; si vous excellez en tout, comment découvrirez-vous l'activité où vous pouvez vraiment vous accomplir dans la vie ? Voilà pourquoi certains jeunes qui excellent en tout durant leur adolescence s'effondrent au cours des premières années de vie active ; c'est comme s'ils ne parvenaient pas à découvrir ce qu'ils font le mieux.

Le fait d'être incapable de maîtriser certains domaines permet à un individu d'apprendre à faire face à l'échec et au sentiment d'inadaptation. Cette expérience doit être faite tôt ou tard — et il vaut mieux tôt que tard. Apprendre de ses faiblesses peut rendre un individu plus fort et plus résistant. Voilà peut-être la raison qui explique que tant de personnes qui ont eu de la misère à s'en sortir à l'école s'épanouissent et deviennent des adultes particulièrement habiles et puissants.

COMPARTIMENTATION DES JOURNÉES

Même si le sorbet aux framboises et la sauce marinara sont de délicieux produits, ce ne serait pas une bonne idée de les mélanger. Compartimenter sa vie signifie bien en séparer les différentes parties afin d'éviter que ces dernières n'entrent en compétition ou n'interfèrent les unes avec les autres. Cependant, découvrir comment compartimenter sa vie est une tâche difficile. Beaucoup d'adolescents et d'adultes n'ont jamais réussi à relever ce défi.

D'abord, l'adolescent doit se demander ceci : « Que dois-je mettre dans mes compartiments ? » La réponse est : les différentes activités ou parties de son existence qui ont une importance à ses yeux. Le diagramme ci-après décrit les compartiments dans la vie d'un adolescent.

COMPARTIMENTS DE BEN

vie de famille	vie sociale	travail en classe
mon chien	religion	jeux électroniques et télé
football	choses qui me tracassent	travail à l'animalerie

En utilisant ce diagramme, Ben sera porté à réfléchir à la manière dont il se consacrera à chacun de ces compartiments de sa vie, au moment où il le fera et, plus important, à la façon dont il pourra s'attarder à un compartiment à la fois bien qu'il puisse être conscient que certaines activités sont étroitement liées.

Certains étudiants ont de la difficulté à mettre le nez dans leurs livres parce que leur compartiment social prend sans cesse le dessus. Un étudiant plus âgé du secondaire admettait ceci : « En plein travail, je commence à penser aux filles, et alors tout est fichu. » Malheureusement, trop de jeunes voient leur vie de famille et leur travail scolaire se détériorer parce qu'il y a trop de choses excitantes dans leur vie ; les notes baissent, les disputes avec les parents se multiplient, le chien n'est pas nourri et l'adolescent, absorbé par sa vie sociale, quitte son travail à l'animalerie.

Il y a un vieux dicton qui dit que chacun doit « travailler dur et s'amuser ferme ». La vérité, c'est qu'il y a suffisamment de temps pour faire ces deux activités si on ne permet pas que l'une d'elles interfère avec l'autre. Voilà pourquoi les adolescents doivent s'efforcer de bien compartimenter leurs intérêts et leurs responsabilités.

PLANIFICATION PROVISOIRE

Je ne sais plus combien de fois j'ai demandé à un adolescent ce qu'il voulait faire plus tard pour me faire répondre : « Je n'en ai aucune idée » ou « Je n'y pense jamais. » Cette réponse est habituellement suivie d'un commentaire qui n'est pas du tout rassurant : « Et aucun de mes amis ne le sait non plus. » Une telle chose est inacceptable. Un jeune se doit d'avoir une *certaine* idée de ce qu'il va faire, sinon l'avenir n'est qu'un épais brouillard.

Autrefois, il n'était pas rare que les jeunes fassent le même travail que l'un de leurs parents ; en observant le comportement de leurs parents, les adolescents avaient un avant-goût de ce qui les attendait à l'âge adulte. Dans plusieurs parties du monde, la plupart des étudiants fréquentent des écoles secondaires professionnelles et, à l'âge de seize ans, ils ont une idée précise de la manière dont ils devront un jour gagner leur vie. Cette conviction est basée sur l'hypothèse peu solide qu'à l'âge de quatorze ou quinze ans un jeune sait ce qu'il veut faire dans la vie, ce qui est faux. Néanmoins, cette croyance aide vraiment un jeune à réfléchir à son avenir, et il est probable qu'à l'âge de vingt-deux ans la vie lui réservera moins de mauvaises surprises.

Je dis aux enfants qu'ils doivent avoir une idée de ce qu'ils feront probablement lorsqu'ils seront grands, mais qu'ils peuvent changer d'avis des centaines de fois entre-temps. Beaucoup d'individus le font. Cependant, le fait ne pas du tout savoir ce que vous réserve l'avenir peut provoquer de l'inquiétude et amener des moments difficiles au début de la vingtaine. Chaque fois qu'un adolescent a une nouvelle idée de ce qu'il veut faire dans la vie, il prend la mesure de son ambition. Il vit avec cette possibilité pendant un certain temps, puis l'analyse et la modifie quelque peu ou la supprime pour en envisager une autre.

Les adolescents, y compris les étudiants à l'université, devraient s'initier aux réalités du monde du travail. Ces dernières années, les possibilités de stages ou d'apprentissages sont de plus en plus nombreuses. Ces expériences permettent à un étudiant de tâter le terrain, de consacrer du temps à aider (et à observer attentivement) les gens dans leur milieu de travail quotidien. Les stages d'été peuvent donner aux étudiants un avant-goût de ce qui les attend dans leur vie professionnelle. J'ai connu des adolescents ingénieux qui ont conçu leurs propres stages. Ils ont proposé leurs services au journal local, se sont engagés dans une campagne électorale, ont donné un coup de main dans un atelier de soudage, ou ont fait un travail administratif pour le compte d'une entreprise sur Internet. Pendant qu'il est au travail, l'adolescent doit ouvrir les yeux, observer avec beaucoup d'attention les employés permanents, et penser à ce que pourrait ressembler sa vie s'il pratiquait de telles activités à l'âge adulte. Il peut aussi déterminer si les tâches journalières pourraient l'intéresser sur une base à long terme.

Si les jeunes doivent s'amuser pendant leurs vacances, au moins une partie de leur été devrait se dérouler dans le milieu de travail d'adultes. De telles expériences non seulement permettent de recueillir des lettres de recommandation afin d'être admis dans une université prestigieuse, mais aussi constituent des moyens de façonner la pensée à propos du travail. Elles peuvent aider les jeunes à devenir de bons interprètes quant aux réalités du monde qui les attend (chapitre 8).

Pendant plusieurs années, j'ai siégé au comité de sélection de la fondation Rhodes. Nous choisissions les jeunes hommes et femmes qui allaient fréquenter l'université d'Oxford pendant deux ou trois ans. Nous avons alors interviewé certains des plus extraordinaires étudiants universitaires des États-Unis. Plusieurs d'entre eux étaient destinés à devenir des chefs de file dans leur domaine. Or, presque tous ces étudiants pratiquaient pendant l'été des activités souvent fascinantes, originales et désintéressées. Les mois d'été ressemblent à une toile vierge, et je pense que les jeunes qui passent ces semaines à ne pratiquer que le tennis, l'équitation, la natation et d'autres activités récréatives ne se rendent pas justice. Tout adolescent devrait consacrer une bonne partie des mois de juillet et d'août à la poursuite d'objectifs concernant son avenir.

À l'aide d'une bonne planification, les jeunes peuvent réfléchir aux nombreux rôles qui se présenteront à la suite du choix d'une carrière. Une personne qui étudie en administration des affaires peut finir par vendre des maisons, diriger un restaurant, gérer un lave-auto, ou devenir le patron d'une grande entreprise. Un individu intéressé par la religion peut devenir prêtre, enseigner la religion, écrire sur le sujet, ou devenir missionnaire en Tanzanie. La bonne nouvelle finalement, c'est qu'un adolescent n'a pas à choisir un travail précis, mais plutôt à opter pour les domaines qui offrent les meilleures possibilités. La plupart des étudiants admis en médecine ignorent quelle spécialité ils choisiront ;

cependant, ils sont enthousiastes à l'idée de devenir médecins.

Comment les adolescents doivent-ils réfléchir à ce qu'ils veulent faire de leur vie ? Ils ont besoin d'adopter plusieurs approches simultanément. D'abord, ils devraient suivre leurs instincts et obéir à leurs passions. Deuxièmement, ils devraient faire un retour sur les expériences qui les ont le plus intéressés. Troisièmement, ils devraient considérer les adultes qu'ils ont rencontrés ou de qui ils ont appris et se demander s'ils aimeraient ressembler à l'un d'entre eux. Finalement, ils devraient tenter de découvrir autant de choses que possible sur le travail qui les attire. Un individu qui s'intéresse aux soins de santé devrait visiter un hôpital dans sa localité ou y faire du bénévolat. Une personne qui veut œuvrer dans le domaine de l'aviation devrait parler à des pilotes et visiter une installation où on assure l'entretien des avions.

Certains jeunes deviennent négatifs trop tôt dans leur vie. Un étudiant peut ainsi déclarer : « J'aimerais vraiment devenir médecin, mais je ne pense pas être admis en médecine » ou « Je donnerais n'importe quoi pour devenir policier, mais je ne pourrai jamais réussir l'examen d'admission », ou encore « Je veux étudier en vue de devenir conservateur dans un zoo, mais décrocher un tel emploi est trop difficile. » Ces déclarations ont pour résultat de fermer des portes qui autrement resteraient ouvertes si ces individus prometteurs avaient le courage de réaliser leurs rêves. Les adolescents devraient se concentrer sur ce qu'ils veulent plutôt que sur ce qu'ils croient pouvoir récolter. Ils auraient ainsi de meilleures chances d'obtenir beaucoup plus que ce qu'ils croyaient pouvoir obtenir au départ — et d'en éprouver du plaisir.

14

JEUNES ADULTES
Préparer l'avenir

Je voulais travailler dans un environnement où les gens étaient vraiment passionnés par ce qu'ils faisaient. Ils ne travaillaient pas uniquement pour l'argent ; ils avaient une mission, une cause en laquelle je pouvais croire. Je me suis dit que j'étais encore jeune et que je pouvais me permettre de prendre le risque de travailler durant un certain temps avec quelques-unes de ces personnes. Si les choses n'avaient pas fonctionné, j'aurais pu repartir à zéro, ce que je n'aurais peut-être pas pu faire deux ou trois ans plus tard.

C.T., 24 ans

L es premières années de la vie active peuvent être une période troublante et ambivalente qui nous oblige à faire le point : « Où suis-je ? » « Est-ce que j'aime ce que je fais ? » « Est-ce que ce travail me mène quelque part ? » « Qui suis-je, et qu'est-ce qui a vraiment de l'importance pour moi ? » « Est-ce bien l'endroit où je dois me trouver maintenant ? » « Est-ce que mon plan de carrière est toujours clair ? » « Suis-je heureux ? » De telles questions peuvent créer de l'inconfort, et parfois de l'angoisse.

Une stabilité relative au cours des premières années de vie active dépend du maintien des équilibres délicats et précaires décrits au diagramme ci-après. Ce chapitre explore ces équilibres.

VISIONS À COURT TERME ET PERSPECTIVES À LONG TERME

L'équilibre fragile, entre d'une part les bénéfices et les objectifs à court terme et, d'autre part, les perspectives et les ambitions à long terme, peut contrecarrer les desseins de plusieurs jeunes adultes. Peut-on être ambitieux et animé du désir d'atteindre les hautes sphères de son domaine d'activité ou de son entreprise tout en faisant face aux nombreuses tâches quotidiennes ? D'heure en heure, en arrive-t-on à ressentir les exigences du travail comme un engrenage hors de contrôle ? Comment pouvez-vous voir grand en ne faisant que de petites choses ? La réponse est que vous devez voir grand. Un jeune adulte peut être contraint de remplir des tâches subalternes mais il ne peut se permettre de ressentir la situation trop fortement, ce qui l'amènerait à effectuer son travail d'une manière insatisfaisante.

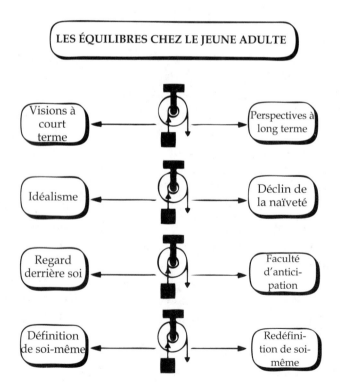

Blessures et guérison

Dans leur livre *Quarterlife Crises*, Alexandra Robbins et Abby Wilner lancent cet avertissement : « Les jeunes adultes et les nouveaux diplômés apprennent maintenant que la vingtaine n'est pas un période de tout repos, qu'elle est plutôt un chemin où succès et revers se succèdent. » De plus, un jeune adulte peut se sentir exploité, sous-payé et très peu apprécié par la direction. Il peut être incapable de se tourner vers ses parents pour recueillir les éloges qu'il ne reçoit pas au travail. Or, il est improbable que son père lui dise quelque chose comme ceci : « Gloria, tu as fait un beau travail en préparant ces tableaux pour l'affaire Collins. » Et si Gloria était habituée aux marques d'appréciation enthousiastes de ses professeurs, des membres de sa famille et du ministre du culte à l'église, elle ressent sans doute maintenant la douleur d'être une idole déchue. Comment vit-elle cette déception ? Tout le monde l'enviait lorsqu'elle a décroché cet emploi. Maintenant que ce dernier a perdu de son lustre, Gloria commence à se rendre compte qu'elle pourrait ne jamais devenir un cadre supérieur dans l'organisation. Or, il existe d'autres entreprises de haute technologie — et beaucoup de possibilités d'avancement dans cette industrie. Gloria ne devrait jamais sous-estimer cette perspective. Elle doit faire face à de nombreuses obligations mondaines tout en gardant un œil sur ses objectifs à long terme. Elle ne doit pas être sa pire ennemie ; elle doit penser à son travail actuel comme faisant partie d'un cycle de vie.

Voici quelques blessures typiques en début de vie active :

- Scott, qui travaillait dans l'entreprise depuis huit mois, a perdu son bureau spacieux au profit d'un nouvel aide administratif, et a été relogé dans un minuscule bureau sans fenêtres. Il est arrivé au travail un lundi matin pour constater que l'ameublement et l'équipement de son bureau avaient été déménagés. On ne lui a jamais fait part de cette décision ; on ne lui a pas demandé non plus son avis. Scott n'arrivait pas à comprendre pourquoi c'était lui qui avait dû être relogé dans un plus petit espace. L'expérience était humiliante.

- Mary Beth n'arrive pas à comprendre pourquoi Millie, sa gestionnaire de projet, ne l'a jamais invitée à déjeuner. La plupart des autres employés au bureau semblent déjeuner avec Millie sur une base régulière. Mary Beth se sent profondément blessée par la situation. Dans cette organisation, la personne avec qui vous déjeunez est une personne importante.

- Raj, un ingénieur en informatique, s'ennuie dans son travail. Il a postulé pour diriger le département de technologie de l'information d'une jeune entreprise. Il savait qu'il était éminemment qualifié pour ce poste, mais il s'est fait doubler par une personne moins expérimentée et moins qualifiée. Raj était convaincu que sa formation et son accent (il était né et avait été éduqué en Inde) expliquaient pourquoi on lui avait préféré un autre candidat. C'était la troisième fois qu'il vivait une telle déception.

- À une réunion de l'ensemble du personnel (plus de 150 employés), on vante le nouveau logiciel que Wayne a installé et appris aux employés à utiliser. Cependant, on ne mentionne aucunement le nom de Wayne. Ce dernier ne reçoit pas le mérite qui lui revient pour ce travail, bien qu'il soit resté plusieurs fois après minuit au bureau pour installer le programme et déboguer les ordinateurs des employés.

- Rita, enceinte pour une seconde fois, a déjà un enfant de onze mois qui souffre de fréquentes infections aux oreilles et de fortes fièvres. Puisqu'elle n'aime pas abandonner son bébé lorsqu'il est malade, elle a raté beaucoup de journées de travail au cours des six derniers mois. Depuis quatre ans, Rita travaille derrière le comptoir d'un restaurant d'une chaîne de restauration rapide.

Récemment, le gérant a été congédié. Rita, qui avait reçu une formation en gestion, a cru qu'elle était sur les rangs pour ce poste bien rémunéré. Cependant, la chaîne a engagé quelqu'un de l'extérieur, une femme plus âgée qui a des enfants d'âge adulte. Rita est en colère ; elle se sent impuissante et estime être victime de discrimination à cette étape de sa vie.

Il y a toujours une lumière au bout du tunnel. Malheureusement, certains jeunes adultes se découragent et peuvent compromettre leurs plans de carrière à long terme parce qu'ils ont des difficultés à guérir les inévitables blessures infligées à leur ego durant le parcours. Ces blessures retardent provisoirement la progression d'un individu, sans plus ; elles ne doivent pas freiner les jeunes dans leur ambition.

Grimper à son rythme
Saisir le bon moment est essentiel et, pour y arriver, il faut une bonne planification. La plupart des efforts que déploient les jeunes en vue de devenir riches, puissants ou célèbres au cours des premières années de vie active se traduisent par des échecs cuisants ; bien sûr, nous entendons surtout parler du très petit nombre d'individus qui ont défié les lois de la gravité et qui se sont prudemment faufilés au sommet. Pour chaque exemple de ce type, on retrouve un grand nombre de jeunes adultes qui ont essayé de bouger trop vite et qui en ont payé le prix.

Les jeunes adultes qui s'engagent dans la vie active feraient bien de viser d'abord les petites victoires, d'aligner une série de résultats modestes. Cette approche exige parfois une réduction radicale des attentes à court terme : « Est-ce que je devais faire des études en génie pour accomplir des tâches comme celles-là ? » Réduire ses attentes doit être fait avec habileté. Notre centre en Caroline du Nord doit de temps à autre embaucher des secrétaires sur une base temporaire. J'ai toujours été étonné par les profondes différences qui existent dans la manière de travailler de ces employées. Certaines de ces femmes font des heures supplémentaires sans même demander à être payées ; elles sont capables d'initiatives, font un travail impeccable et leur enthousiasme est contagieux. D'autres arrivent à se débrouiller ; d'autres encore doivent être remplacées. Je crois en l'excellence dans toutes les sphères d'activité − peu importe le travail que vous avez à faire et ce que vous ressentez à son égard. L'excellence donne un fort élan à une carrière et va nécessairement entraîner une personne vers des niveaux élevés de satisfaction et de maîtrise au travail.

En même temps qu'un individu répond aux exigences et, de préférence, dépasse les attentes courantes, il devrait regarder vers l'avenir, étudier les comportements et les attitudes des personnes qui sont au-dessus de lui dans l'ordre hiérarchique et viser à jouer un rôle important (page 144). Viendra un moment dans sa vie où il tiendra la vedette, où il aura la chance de jouer le rôle de leader, de gagner beaucoup d'argent, d'être crédible, de bien faire et de se réaliser. On ne devrait jamais permettre à la routine et aux problèmes quotidiens d'assombrir cette vision. Des augmentations de salaire modestes et un début de reconnaissance doivent être recherchés et appréciés au cours de la progression.

Une partie du rythme de progression sur le plan professionnel est déterminée par la stabilité atteinte dans la vie. Le mariage et la naissance d'un enfant peuvent servir de point d'ancrage à un jeune adulte qui a eu un parcours tortueux. Dans d'autres cas, des événements de ce genre peuvent arriver sur le tard ou ne pas se produire du tout pendant les premières années. Pour la rédaction de son livre *Emerging Adulthood*, Jeffrey Jensen Arnett a étudié plusieurs individus dans la vingtaine et il a découvert que l'instabilité est très présente à cet âge. La plupart de ces individus changent fréquemment de domicile et il n'est pas inhabituel qu'ils en fassent autant avec leur emploi. Quelques-uns sont indécis au sujet de leur futur travail, mais peuvent ne pas en être troublés. Comme Arnett le souligne : « Bien qu'ils puissent ne pas avoir trouvé ce qu'ils veulent, peu de portes leur semblent fermées à tout jamais. Même à la fin de la vingtaine, ces individus cherchent encore et espèrent trouver un travail qui correspondra mieux à leurs goûts que celui qu'ils ont maintenant. Or, les options commencent souvent à se réduire à la fin de la vingtaine, soit au moment où les jeunes entrent résolument dans le monde des adultes. » Ainsi, à la fin de leur troisième décade, ces adultes peuvent se mettre de la pression pour accélérer le rythme qui leur permettra d'atteindre une certaine stabilité sur le plan professionnel.

L'IDÉALISME ET LE DÉCLIN DE LA NAÏVETÉ

Beaucoup de gens font preuve d'une grande naïveté au sujet des réalités impitoyables de la vie au travail. Contre toute attente, ces personnes ont connu des revers apparemment catastrophiques qui ont des impacts différents par rapport aux blessures douloureuses décrites précédemment. Voici plusieurs exemples de blessures douloureuses touchant l'ego, des blessures qui résultent de la naïveté des jeunes adultes en question.

Attentes naïves

*   Janine adore son travail dans un laboratoire de biochimie. Elle détient un doctorat et est impliquée dans des recherches prometteuses et importantes. Elle croit que son patron est « imbu de lui-même ». Il est brillant et très respecté dans son domaine ; il publie de nombreux articles scientifiques et reçoit de généreuses subventions du National Institutes of Health (NIH). Cependant, il traite Janine comme si elle était sa servante ; il ne dit que rarement des choses positives sur le compte de la jeune femme. Il agit comme le dernier des chauvins et continue à s'attribuer le mérite pour le travail que Janine effectue. La pauvre est terrifiée par son patron, car celui-ci pourrait favoriser ou ruiner la carrière qui s'est ouverte à elle dans le

domaine de la biochimie des enzymes. Elle croyait que son patron, quel qu'il soit, lui servirait de mentor bienveillant. Quelque part au cours de son parcours, Janine aurait dû être avertie qu'une désillusion profonde vis-à-vis d'un patron ou d'un superviseur est un scénario « trop fréquent » durant les premières années de la vie active. Et certains patrons se sentent si peu sûrs d'eux qu'ils ne peuvent protéger personne qui relève de leur autorité. Janine n'a jamais soupçonné qu'une chose pareille puisse se produire et elle se sent maintenant prise en otage.

• Bob est anéanti. À la raffinerie de pétrole où il travaille, un autre employé a obtenu la promotion à laquelle il s'attendait. Il pensait qu'il faisait tout correctement au travail et savait qu'il était très bien noté par ses employeurs. Il était affable et aidait les autres chaque fois qu'il le pouvait — c'était le joueur d'équipe par excellence. Bob arrivait souvent tôt au travail pour n'en repartir que très tard. Il s'habillait bien, parlait bien et, selon ses dires, agissait bien. Et pourtant, un de ses collègues du nom de Rodney avait été promu à sa place ; le type en question était plus jeune et moins expérimenté que lui : il n'avait jamais travaillé aussi fort que Bob, et était nettement moins compétent que lui. Cependant, Rodney s'était frayé un chemin vers les cadres supérieurs ; il faut dire qu'il était diplômé de la même université que le directeur général. À la suite de cette promotion, Bob se sentait comme s'il avait marché sur une mine terrestre ; sa fierté en avait pris un coup. Le jour après l'annonce de la nomination, Bob ignorait comment il pourrait faire de nouveau face à ses collègues de travail. Au fond de l'estomac, il éprouvait un curieux mélange de colère et d'humiliation. Bob s'était naïvement accroché à la croyance que ce sont toujours les plus rapides qui remportent la palme.

- Curt avait reçu un tas de compliments durant ses quatre premières années de service pour le compte d'un concessionnaire de camions Dodge. Il avait remporté le titre de vendeur du mois à plusieurs reprises et avait développé des relations agréables avec de gros clients. Il aimait vraiment travailler pour cette entreprise. Le propriétaire était content du rendement de Curt et l'encourageait régulièrement. Curt rêvait de devenir un jour le directeur commercial de l'entreprise. Or, durant une période où les ventes avaient quelque peu diminué, il fut licencié avec un préavis de deux semaines et un mois d'indemnité de départ. Il était ahuri. « Comment les patrons ont-ils pu me faire une chose pareille ? » Ils le pouvaient et ils l'ont fait. Curt avait fait une erreur naïve en croyant que la loyauté institutionnelle était une chose réelle. Il continuait à penser : « J'ai toujours donné le meilleur de moi-même. » Or, dans le monde réel, les propriétaires d'entreprise ne pensent qu'à leurs propres intérêts ; ils ont un sentiment de gratitude limité à l'égard de leurs employés. Curt ne savait pas comment réagir car il n'avait jamais pensé à une telle éventualité. Il n'était pas dans son habitude de poser les questions pertinentes qui commençaient par « et si » : « Et si je suis congédié un jour, que se passera-t-il ? » S'il l'avait fait, il aurait pu s'éviter cette mauvaise surprise.

Erreurs dues à la naïveté

Melinda a quitté son travail parce qu'elle le trouvait « totalement ennuyeux, rasoir » et qu'elle n'aimait pas trop son patron. De plus, elle a trouvé un boulot beaucoup mieux rémunéré. Avant de quitter son emploi, elle avait dit du mal de son patron à tous ceux qui voulaient l'entendre ; elle s'était aussi adressée à lui sur un ton grossier et arrogant. Cet exercice avait eu sur elle un effet cathartique. Maintenant qu'elle ne travaillait plus sous les ordres de cet homme, croyait-elle, ce dernier ne pourrait plus s'en prendre à elle.

Elle se trompait ! Deux ans plus tard, elle a postulé un emploi dans une autre entreprise. Ce travail semblait lui convenir parfaitement. Bien qu'elle n'ait pas inscrit son premier patron comme référence, le PDG de l'entreprise a téléphoné à ce dernier. Son ancien patron a eu beaucoup de mal à dire quelque chose de positif sur elle. Quand elle a appris qu'elle n'était pas embauchée, Melinda a été anéantie ; elle aurait dû savoir qu'il ne faut jamais se fermer les portes. En fait, la manière dont vous quittez un travail est encore plus importante que la manière dont vous y entrez.

J'ai eu des employés qui ont quitté mon bureau en donnant un très court préavis. Je me rappelle d'un individu de vingt-sept ans qui nous a dit un jeudi qu'il partait le lundi suivant. Il n'a jamais demandé à qui que ce soit dans l'entreprise si cela posait un problème, et ne semblait pas non plus concerné par la manière dont nous le remplacerions. Il a prétendu que nous lui devions quelques congés de maladie. Quelques années plus tard, un employeur a appelé pour obtenir des informations à son sujet et l'un de nos administrateurs lui a objectivement décrit les circonstances du départ de cet homme. La demande d'emploi de cet ancien employé a été rejetée. J'ai eu des stagiaires qui, après deux ans au sein de l'entreprise, ne sont jamais venus me dire au revoir ou merci avant de quitter, moi leur patron. Ce n'est pas qu'ils étaient mesquins ou en colère ; ils étaient simplement naïfs. Les jeunes adultes qui continuent à brûler les ponts derrière eux s'attirent la rancune de leurs anciens collègues de travail et traînent avec eux une mauvaise réputation.

Un jeune adulte peut commettre l'erreur fatale d'essayer de se faire bien voir du patron en toute circonstance, en oubliant de cultiver de bonnes relations avec les collègues qui se trouvent à son niveau hiérarchique et à des niveaux inférieurs. En voulant obtenir les faveurs du patron par la flatterie, il se met à dos ses collègues qui, finalement, chercheront à l'atteindre, peut-être en disant du mal de lui au patron. Se concentrer uniquement à impressionner un supérieur est une autre erreur due à la naïveté.

Pas de surprises

Durant les premières années de leur vie active, les individus devraient prévoir les dangers que nous venons de décrire, même si ces derniers ne sont pas toujours apparents. Pour faire face à de tels dangers, les jeunes ont besoin de plans d'urgence. Ils ne peuvent refaire surface chaque fois qu'ils coulent. Un jeune adulte doit continuer à viser haut, même lorsqu'il se sent diminué. Même s'il réussit à survivre aux conséquences de sa naïveté, il peut présenter une combinaison morbide de pessimisme et de fatalisme et devenir très conservateur en ne prenant aucun risque et en abandonnant toute ambition — ne rien risquer et ne rien gagner. En agissant ainsi, il renoncerait à ses rêves. Il devrait lutter activement contre ces sentiments négatifs et se convaincre qu'il peut perdre quelques matchs mais néanmoins gagner la Série mondiale, ce qui est souvent le cas.

REGARDER DERRIÈRE SOI POUR TRACER SA VOIE

Sortir victorieux des premières années de sa vie active dépend en partie, pour utiliser une analogie, d'un pare-brise propre et d'un miroir arrière bien ajusté. Les jeunes adultes devraient regarder vers l'avenir et décider quelle direction prendre, ce qu'ils veulent faire de leur vie ; cependant, ils devraient auparavant regarder derrière eux, car ce qu'ils ont réussi dans le passé n'est pas sans liens avec les objectifs qu'ils souhaitent atteindre dans l'avenir.

Processus du diagnostic

Lorsque les jeunes adultes perdent leurs repères, vers qui doivent-ils se tourner pour s'orienter ? Plusieurs conseillers en orientation professionnelle leur suggéreraient vivement de découvrir leurs passions et d'y obéir. Dans le livre *Que faire de ma vie ?* Po Bronson affirme ceci : « Nous avons tous des passions ; il nous suffit de bien vouloir les voir. Or, nous devons regarder davantage derrière nous que devant afin de nous débarrasser de nos opinions préconçues à l'égard de ce que sont nos passions ou de ce qu'elles sont censées être. » Un jeune adulte qui a perdu ses repères doit prendre une pause et regarder derrière lui pour faire le point. Trop de gens se projettent aveuglément dans l'avenir sans tenir compte de certaines indications utiles enfouies dans le passé ; ils devraient découvrir les passions qui sont enterrées au fond d'eux-mêmes. Il s'agit là de trésors qui peuvent encourager leurs futures orientations.

Prêt, pas prêt, la vie est là recommande un processus diagnostique pour tout jeune adulte qui essaie de progresser sur le plan professionnel. Tout d'abord, le jeune adulte doit déterminer par quelles descriptions apparaissant aux chapitres 2 à 5 il est concerné. Par exemple, souffre-t-il d'un déficit psychologique ? Il pourrait encore avoir des difficultés en lecture ou en maths. Un trouble neurodéveloppemental qui s'aggrave, par exemple un problème chronique de communication verbale, de mémoire ou d'attention, pourrait saboter les aspects-clés d'un travail. Les problèmes interpersonnels sont une source fréquente de déficit psychologique. Comme je l'ai fait remarquer précédemment dans ce livre, les difficultés relationnelles, des dysfonctionnements relevant de la cognition sociale (chapitre 10), sont des déficits psychologiques qui provoquent fréquemment l'implosion de jeunes carrières. Ce problème qu'ont ces gens à interagir de façon optimale avec les collègues de travail explique pourquoi ils ont de grandes difficultés à comprendre qui ils sont et à s'accepter (et à accepter les autres). Ils nient souvent leurs problèmes, ce qui fausse les données. Au chapitre 5, j'ai illustré comment des forces sous-exploitées évoluent pour devenir des déficits psychologiques. Un jeune adulte désillusionné devrait identifier les forces et les intérêts qu'il n'a pas récemment exploités.

Certains jeunes non préparés à la vie active peuvent avoir des difficultés à faire le deuil de leur adolescence. Ils éprouvent la déception des idoles déchues, et/ou ont pris une ou plusieurs fausses routes. Découvrir un tel modèle destructeur peut être d'un grand secours pour en combattre les effets néfastes.

Lorsque des obstacles importants surgissent au travail, les jeunes adultes devraient considérer les processus de croissance (chapitres 7 à 10). Ont-ils des lacunes significatives relativement à certains d'entre eux ? Les ont-ils bien intégrés ? Ont-ils eu de constantes difficultés à comprendre certains concepts-clés qui sont liés au monde du travail et à ses procédures ? Manquent-ils de certaines ressources intellectuelles essentielles à la maîtrise de la carrière qu'ils désirent embrasser ? Ont-ils des problèmes de communication au travail ? Sont-ils suffisamment conscients des règles du jeu sur les lieux de travail ?

Bâtir en s'appuyant sur le passé
Chaque fois qu'un jeune adulte ressent le besoin de prendre une nouvelle orientation, il devrait d'abord faire un retour sur son passé et identifier ses modèles autobiographiques, par exemple les passions qui l'animent et qui réapparaissent au fil du temps : « Wow, vous savez quoi, depuis que je suis petit, je suis toujours plus heureux quand je m'occupe des animaux, que j'aide les gens ou que je fais des activités au grand air. » Il pourrait conclure ainsi : « Je travaille mieux tard le soir et quand j'écoute de la musique. » Chercher un travail qui s'appuie sur des thèmes récurrents est souvent la façon la plus prometteuse d'envisager l'avenir. Cette démarche peut aider un individu à retrouver la bonne route après s'être momentanément égaré.

Les thèmes récurrents cachent souvent des traits dominants qui surgissent dans divers contextes : « Je pense que j'ai toujours réagi de manière excessive », ou « J'ai de meilleures relations avec les gens avec qui je plaisante et que je taquine », ou encore « Je n'aime pas parler beaucoup. » Ces indications doivent être prises au sérieux, particulièrement pour l'encadrement des valeurs au travail (page 137).

Lorsqu'on examine les thèmes et les traits dominants du passé, il est important de les mettre autant que possible par écrit. Trop d'informations sont à retenir. En prenant des notes sur les circonstances, les processus de croissance et les thèmes récurrents, on peut réexaminer, mettre à jour et enrichir ses propres analyses.

Une fois qu'une image de soi commence à se définir clairement, préparer l'avenir demeure une question d'équilibre entre une planification stratégique prudente et un certain opportunisme réaliste. Le plan devrait contenir un éventail d'options souhaitables, avec quelques solutions de rechange au cas où le premier choix ne serait pas le bon. Alors, il est temps de regarder autour de soi et de saisir les occasions. Quels sont les choix disponibles ? Souvent, c'est le moment où la patience, la volonté de compromis et la prise de risques entrent en jeu. Par exemple, un jeune adulte peut devoir accepter un travail à un salaire inférieur ou un poste moins prestigieux que celui qu'il escomptait afin d'atteindre dans dix ans les objectifs désirés. Ou encore il peut devoir décrocher un travail à court terme qui serait une excellente formation ou une source d'expériences utiles, même s'il ne compte pas conserver ce travail pendant longtemps. Un jeune adulte ne peut pas avoir tout ce qu'il veut ; il ne peut non plus avoir ce qu'il veut chaque fois qu'il le veut. Cette leçon peut être difficile à avaler pour un jeune habitué à vivre dans un monde ludique fait de satisfactions immédiates.

Deux autres ingrédients facilitent l'avancement sur le plan professionnel — la chance et l'occasion. Ils sont plus difficiles à planifier mais, si un jeune adulte compétent a un coup de veine, il saura comment et quand se montrer opportuniste.

SE DÉFINIR ET SE REDÉFINIR

Tout le monde est un acteur au travail. La manière dont une personne y joue son rôle l'aide à se définir. Cette définition n'est pas complète car les gens se définissent aussi par ce qu'ils sont au sein de leur famille, dans leur communauté et dans leurs pensées intimes. Cette section se concentre sur la vie au travail qui donne une importante partie des éléments permettant de se définir soi-même.

Qui croyez-vous être ?

« Je suis celui vers qui les gens se tournent quand ils ont un problème. »

« Je suis celui qui s'occupe de tous les petits détails. »

« Chaque matin, je suis celui qui se présente le premier au travail. »

« Je suis celui qui travaille le plus fort ici. »

« Je crois que je suis celui qui amène les idées nouvelles au travail. »

Il est normal de changer plusieurs fois d'emploi au cours d'une vie, que ces changements soient volontaires ou non. Dans les deux cas, le processus qui vise à décider ce qu'on fera par la suite dépend, du moins en partie, de ce qu'on pense de soi-même à ce moment-là. Quand tout va sur des roulettes et que quelqu'un se connaît bien, les changements de travail s'insèrent dans une fascinante continuité. Prenons l'exemple de Mark Grayson, le PDG de All Kinds of Minds, notre institut sans but lucratif. Mark a fait un brillant travail pour que notre activité soit reconnue à l'échelle nationale et internationale. Il nous a permis d'améliorer nos programmes et de les mettre en marché d'une manière efficace. Il a aussi fait un travail magnifique pour trouver de l'argent et boucler le budget de l'institut au cours des dix premières années d'existence de celui-ci. Mark a débuté comme agent à Hollywood et a été ensuite cadre dans une entreprise réalisant des programmes télévisés pour enfants. Ce parcours qualifie-t-il un individu comme lui pour devenir le PDG d'un important institut à but non lucratif ? Mark était un homme brillant qui savait travailler en réseau, ce qui est essentiel lorsqu'un programme comme le nôtre doit devenir national. Il comprenait la production. Ses années à Hollywood lui ont appris comment traiter les *prima donna* (comme le docteur Mel Levine) et vendre de bonnes idées. Son expérience à la télévision lui a permis de saisir tout le potentiel de la technologie et de cerner les besoins des enfants. Aussi, Mark n'a jamais eu à rejeter ou à nier son passé pour se tourner vers l'avenir. Il a utilisé ce qui le définissait au moment où il se redéfinissait. Chaque chapitre de sa vie a contribué significativement au chapitre suivant. C'est certainement la façon de procéder.

Les carrières sont plus susceptibles de se développer et de progresser lorsqu'il y a une certaine stabilité dans la définition qu'une personne a d'elle-même, non une stagnation totale. Certains jeunes adultes changent leur image presque aussi souvent qu'ils changent de chaussettes. Voici l'exemple de Simon, un jeune homme que j'ai rencontré alors qu'il était à l'université. Simon m'a d'abord dit ceci : « Je suis un type qui aime travailler avec les gens. Je veux aider les autres, coopérer avec eux, parvenir à bien connaître ceux avec qui je travaille. Je crois que je suis ce genre d'individu et que je le serai toujours. » Quand je l'ai rencontré quelques mois plus tard, il m'a fait remarquer ce qui suit : « Je me fous de ce que je fais et de savoir avec qui je le fais ; tout ce qui compte pour moi, c'est de pouvoir être créatif, de faire mes propres choses, tout seul. » Même si la deuxième analyse de Simon ne contredit pas nécessairement la première, l'accent s'est beaucoup déplacé. À l'instar de Simon, beaucoup d'adultes qui ne sont pas préparés à la vie active, semblent adopter toutes sortes d'identités alors qu'ils avancent dans la vingtaine. Ils continuent à changer d'emploi en fonction de leur dernière version d'eux-mêmes parce qu'ils ne peuvent trouver une identité stable. Un certain degré d'exploration et d'expérimentation propre à l'adolescence est en réalité désirable au cours des premières années de vie active, mais pas au point où une personne devient incapable de s'identifier à une image d'elle-même ou de s'engager dans un travail pendant une période de temps déterminée.

L'élan donné à une carrière peut être brisé de manière spectaculaire quand un jeune adulte souffre d'ambivalence. Plusieurs jeunes adultes sont infectés par ce virus et éprouvent des sentiments mitigés à propos de tout ce qu'ils font. Dans une certaine mesure, l'ambivalence est un état d'âme naturel, et elle peut réapparaître périodiquement durant une carrière. Être quelque peu sceptique par rapport à son travail est une chose saine. Or, ce scepticisme peut causer la paralysie lorsqu'il érode l'engagement nécessaire pour performer à un niveau élevé. Au XVIIe siècle, le philosophe français Blaise Pascal a conseillé à ses lecteurs de parier sur l'existence de Dieu, même s'ils ne croyaient pas en une déité. Il soutenait que c'était un pari sain puisque ses lecteurs n'avaient rien à perdre et tout à gagner. Le même raisonnement s'applique au début d'un nouvel emploi ; un jeune adulte devrait parier sur ce travail, se convaincre, au moins pour l'instant, que c'est certainement ce qu'il doit faire. Certains individus sont incapables d'appliquer quelque forme que ce soit du pari de Pascal à leur propre situation. Ils ne sont pas conscients que l'ambivalence peut devenir une habitude très difficile à vaincre. Or, leur manque d'engagement fervent deviendra probablement évident, tant pour leurs collègues ou que pour leurs patrons. Il en résultera peut-être un mécontentement professionnel chronique, un rendement médiocre et un manque d'accomplissement évident au travail.

La médicalisation et la redéfinition de soi
De plus en plus, les adultes qui souffrent de ne pas être suffisamment préparés à la vie active découvrent ou décident qu'ils souffrent d'une maladie quelconque. Le fait d'être affublés d'un diagnostic leur donne l'impression de s'être rachetés. Voici quelques exemples :

- À l'âge adulte, Andrew découvre qu'il « souffre d'un trouble déficitaire de l'attention ». Il aurait souhaité s'en rendre compte plus tôt. Ce diagnostic explique tout, entre autres la raison pour laquelle il n'a jamais pu s'établir, les moments difficiles qu'il a vécus à l'école et peut-être aussi son problème d'alcool. La médication qu'il prend fait une énorme différence.

- Depuis qu'elle a vu une publicité révélatrice dans un magazine, Jan dit à tout le monde qu'elle souffre d'un déséquilibre chimique et que c'est la raison pour laquelle elle a de la difficulté à terminer ses tâches au travail. Elle croit que sa nouvelle dose quotidienne de « métaux lourds » l'aide beaucoup. Elle fait prendre maintenant à ses enfants les mêmes minéraux.

- Hank a été informé par son psychologue qu'il souffre de déprime chronique. En fait, il le savait déjà, mais il ne croyait pas qu'il s'agissait d'une maladie mentale. Aussi, il n'était pas conscient que sa profonde tristesse au travail découlait de sa dépression, et ce, jusqu'au moment où le thérapeute lui a ouvert les yeux. Le psychologue n'a pas réussi à lui faire admettre la possibilité que sa dépression provenait de sa tristesse au travail. Hank a donc été adressé à un médecin, qui lui prescrira une « médication appropriée ».

- Toute sa vie, Vera a eu un rendement inégal au travail. Certains jours, elle est d'attaque et, d'autres jours, elle sent beaucoup de fatigue et manque d'ambition. Il y a plusieurs mois, son gynécologue lui a dit qu'elle semblait souffrir de troubles bipolaires. Elle a été enchantée qu'on puisse enfin lui expliquer sa performance irrégulière au travail. Vera s'est sentie mieux en prenant une médication, mais sa performance au travail semble toujours aussi inégale.

Beaucoup de jeunes adultes se sentent sincèrement soulagés de recevoir un diagnostic, mais déterminer si ce dernier est précis peut être frustrant et difficile. Dans certains cas, les diagnostics fournissent une explication commode et simple à certaines expériences de vie complexes et chaotiques. De plus, ils permettent à de jeunes adultes de se croire tirer d'affaire : vous ne devez pas assumer la responsabilité de vos carences ou de vos échecs si votre TDA est la cause de tous vos malheurs. Les cliniciens peuvent tout simplement être trop enclins à étiqueter un patient. Après tout, il est beaucoup moins compliqué de rédiger une ordonnance que de démêler une carrière embrouillée !

Les troubles de l'attention (sans l'étiquette TDA), les troubles bipolaires et la dépression existent vraiment et méritent que les experts médicaux y accordent toute leur attention. (Je n'en suis pas aussi convaincu pour les « déséquilibres chimiques ».) Toutefois, trop de diagnostics sont établis sans que soient examinées de près les circonstances de vie d'une personne. Les problèmes de l'attention ou de l'humeur peuvent indubitablement être le résultat d'expériences douloureuses.

Lorsque de jeunes adultes reçoivent une médication (et c'est le cas pour plusieurs), les effets de cette dernière peuvent ajouter de la confusion à leur existence déjà déroutante. Habituellement, le médicament amène une certaine amélioration, mais il n'est presque jamais à lui seul la réponse au problème. La médication est un peu comme un bandage qu'on applique à une blessure infectée. Les choses ont une meilleure *apparence,* mais l'état sous-jacent du patient, un état associé au manque de préparation à la vie active, n'est pas du tout réglé. Chez un jeune adulte, un médicament fait souvent un effet pendant un certain temps puis finit par perdre son efficacité, ce qui peut inciter un clinicien à augmenter la dose ou à essayer de nouveaux médicaments. Chaque changement de médicament conduit à une certaine amélioration — pour peu de temps, à moins qu'il n'amène le patient à donner un nouveau sens à sa vie professionnelle.

Indéniablement, certains adultes qui stagnent bénéficient des effets engendrés par les antidépresseurs, les régulateurs de l'humeur et les stimulants, mais ces traitements ne sont qu'une partie de la solution. On ne devrait jamais voir les médicaments comme des pilules miracles ou des panacées. Avec ou sans médication, une personne va probablement avoir besoin d'aide pour se définir et ensuite se redéfinir. Les meilleurs cliniciens utilisent une approche à multiples facettes pour réorienter la vie d'un patient quand celle-ci ne semble aller nulle part.

À la rescousse

Je reçois fréquemment des appels ou du courrier électronique de parents désespérés me demandant de voir leur fils ou leur fille qui semble avoir certains problèmes d'apprentissage et d'adaptation. Le « jeune » s'avère être en fait un adulte âgé de vingt-huit ans. Il est au chômage, abuse parfois de la drogue et en vend à l'occasion, et il est très déprimé. J'aimerais que ce genre d'histoire soit inhabituel, mais il est hélas trop répandu. J'explique au parent que je suis pédiatre et que je ne m'occupe pas de patients qui ont plus de dix-sept ans. Vient ensuite la question déchirante et inévitable : « Eh alors, qui mon enfant peut-il voir ? » Je peux recommander un examen neuropsychologique pour identifier les forces et les faiblesses du jeune mais, même si cet examen peut être extrêmement révélateur, les découvertes peuvent ne pas se traduire en un plan d'action. Il y a des psychologues et des conseillers en orientation qui peuvent administrer des tests d'orientation professionnelle pouvant révéler certains modèles utiles, mais très souvent un jeune adulte a des problèmes à se soumettre aux résultats. Je pourrais essayer de trouver un psychiatre pour adulte ou un psychologue clinique, mais que se passera-t-il si celui-ci se penche sur son *Manuel de diagnostics et de statistiques* uniquement pour coller une étiquette à ce patient ? La réponse indiquée tourne souvent autour d'une médication qui, comme nous l'avons vu, n'est au mieux qu'une partie de la solution au problème.

Une approche multidisciplinaire fonctionne mieux. Un jeune adulte qui tourne en rond a besoin de conseils en orientation professionnelle qui soient basés sur une évaluation précise de son profil neurodéveloppemental, et ce, afin de découvrir tout déficit psychologique persistant, et d'une évaluation de ses traumatismes émotionnels et de ses besoins thérapeutiques. Les conseils en orientation professionnelle vont probablement échouer s'ils ne sont pas basés sur une très bonne connaissance de la personne qui les reçoit.

Après une évaluation prudente, les jeunes adultes qui ne sont pas préparés à s'engager dans la vie active devraient consulter un bon conseiller en orientation professionnelle. Parfois, les jeunes adultes qui essaient de s'en sortir ont des difficultés à appliquer les conseils reçus. Ils doivent donc être chaperonnés au cours des deux premières étapes de leur carrière (page 139) et ont besoin d'un suivi régulier pour s'orienter à long terme. Des conseillers particulièrement bien formés, probablement des psychologues ou des assistants sociaux, peuvent faire ce travail, mais ils peuvent être difficiles à trouver. Certains collèges et universités offrent de bons services en orientation professionnelle et placement, mais ils n'assurent généralement pas le suivi et le contrôle permanent dont ont besoin beaucoup de jeunes adultes qui ne sont pas préparés à la vie active. Dans leur livre *Quarter-life Crises*, Robbins et Wilner sont très sceptiques sur l'efficacité des bureaux d'orientation professionnelle des universités. Ils font remarquer ceci : « Essentiellement, les centres d'orientation professionnelle aident les étudiants à préparer leurs curriculum vitae mais ils ne leur disent pas quoi en faire. [...] Si ces centres disaient les choses comme elles sont — que les jeunes diplômés doivent être prêts à "mettre du temps" pour faire le travail clérical, qu'ils pourront éprouver un sentiment de désarroi lorsqu'ils auront à revoir leurs exigences à la baisse ou que l'emploi idéal pour eux pourra n'avoir aucun rapport avec leur diplôme —, les jeunes dans la vingtaine pourraient être mieux préparés. »

Des services utiles sont disponibles, mais ils sont rares. Nous n'avons pas encore de système pouvant fournir les diagnostics dont nous avons tant besoin et de services d'orientation professionnelle à une grande échelle. De plus, nous ignorons comment financer de tels services. À long terme, un investissement public dans des programmes d'insertion professionnelle utiles permettrait d'économiser de l'argent qui devrait être autrement investi dans le système judiciaire, les programmes de désintoxication et les allocations de chômage. De jeunes adultes non préparés à la vie active seront entièrement récupérables si nous arrivons à les aider à se redéfinir et à utiliser la compréhension qu'ils ont d'eux-mêmes pour trouver leurs propres niches.

Les autres facettes de la vie

Pour prévenir les réactions indignées et les accusations de certains lecteurs, l'auteur s'empresse de souligner à nouveau que l'identité d'un individu et la satisfaction personnelle ne sont pas exclusivement déterminées par le travail et la carrière. Chaque individu doit décider quelle part de satisfaction et de plaisir il souhaite tirer de son travail. Cette décision est très personnelle. La plupart des gens ne prennent jamais cette décision ouvertement, mais ils font ce choix chaque jour. Il y a de nombreuses sources de satisfaction qui ne sont pas liées au travail, comme la famille, la spiritualité, les loisirs, le sexe et toutes sortes de divertissements amusants et légers. Certaines personnes soutiennent que ce qui compte dans la vie, ce n'est pas ce que vous faites mais ce que vous êtes. Je pense que ces deux choses sont très étroitement liées.

Pendant que j'écrivais ce livre, j'ai eu une conversation avec un important directeur d'une banque d'investissement new-yorkaise. Je lui ai demandé quel conseil il donnait à ses jeunes employés dans la vingtaine. Il m'a répondu : « Je leur dis que leur travail ne sera pas très amusant à cette étape de leur carrière. Ils doivent donc s'assurer qu'ils ont des intérêts et des activités très agréables à l'extérieur du travail. » Les activités extérieures protègent de plusieurs façons les individus contre les nombreuses vexations qu'ils éprouvent au travail au cours des premières années de leur vie active. Paradoxalement, il s'avère que les activités ludiques qui impliquent un effort sont les plus formatrices. Les loisirs qui exigent un certain effort ont une valeur immense, par opposition aux passe-temps passifs où il n'y aucun engagement de l'individu. Jouer de la flûte, sarcler une roseraie, prendre des leçons de golf, obéir aux ordres apparemment sadiques d'un entraîneur personnel et enlever la vieille peinture sur un bahut de chêne antique sont des exemples de travaux qui ne sont pas liés au travail et qui exigent un effort. Les longues heures que je passe à effectuer de durs travaux sur ma ferme ont sur moi un effet thérapeutique et réduisent mon niveau de stress, bien que ces tâches ressemblent souvent à des travaux forcés. Les individus dont la vie à l'extérieur de l'école signifie à peine plus que regarder la télé, aller au cinéma, faire des achats et s'adonner à d'autres formes de loisirs qui ne nécessitent aucun effort ont moins de facilité à s'évader des exigences et peut-être de la monotonie de leur travail.

Chacun d'entre nous décide du temps qu'il entend consacrer à des activités qui ne sont pas liées à un travail, et quelle satisfaction il entend en tirer. La décision est souvent prise par défaut. À plusieurs reprises, j'ai discuté avec mes propres stagiaires et employés de la curieuse équation qui détermine la part de satisfaction qu'ils escomptent tirer de leur travail et celle qui ne sera pas liée à ce dernier. La grille ci-après montre la composition d'une journée typique d'un jeune adulte.

Cette grille fait la distinction entre les objectifs poursuivis au travail et ceux qui le sont dans des activités autres. Une personne doit déterminer la proportion de temps et de satisfaction qu'elle entend tirer de chacune de ces activités. D'une personne à l'autre, la grille différera par la taille relative des diverses cases.

TRAVAIL AU TRAVAIL	
travail amusant	activités libres
amis et vie sociale	vie spirituelle, culturelle et altruiste
éducation des enfants	autonomie et temps passé seul

QUELQUES AUTRES SUJETS AUXQUELS LES JEUNES ADULTES DOIVENT RÉFLÉCHIR

- Peu importe le travail qu'ils font, les jeunes accumulent des expériences. En d'autres termes, il vaut mieux travailler qu'être au chômage et d'avoir à vivre avec la douloureuse étiquette « inexpérimenté », une raison souvent invoquée pour se voir refuser un bon travail. Je me rappelle une jeune femme qui me disait vouloir travailler dans une galerie d'art, mais toutes les galeries où elle avait postulé un emploi avaient rejeté sa demande parce qu'elle n'avait pas d'expérience. Elle s'est alors demandé comment elle pourrait acquérir de l'expérience si personne ne l'embauchait. Eh bien, elle pouvait acquérir cette expérience (dans le service à la clientèle et les affaires en général) en travaillant dans le département de maquillage d'un grand magasin ou dans un commerce qui vend de la vaisselle. Beaucoup de compétences qu'on y acquiert sont transférables.

- Les parents seront souvent de bonnes caisses de réso- nance, s'ils ne font pas de sermons ou ne donnent pas à la légère des conseils simplistes à leurs enfants (chapitre 11).

- Les jeunes adultes doivent éviter d'être animés unique- ment par le besoin de gagner de l'argent (si possible) ou de tremper dans des combines dans le but de s'enrichir rapidement, ce qui à long terme tend à ne pas fonctionner et à faire des perdants. La récompense financière suit plus naturellement lorsqu'on recherche un travail qui correspond à ses intérêts véritables.

- Les gens ne devraient jamais estimer qu'ils ne peuvent pas faire marche arrière. Il est toujours possible de revenir sur une mauvaise décision. La vie est remplie d'expériences positives et négatives ; personne ne devrait ralentir sa progression à cause d'une erreur. Un jeune adulte peut apprendre en faisant fausse route... et il peut toujours faire demi-tour.

- L'intensité d'une carrière peut varier au cours des années. Par exemple, une femme qui veut consacrer beaucoup de temps à élever son enfant devrait trouver un moyen de travailler à partir de la maison ou une autre façon de poursuivre sa carrière, et comprendre qu'elle pourra réviser sa position à une période ultérieure de sa vie. Il n'est pas recommandé de se fermer toutes les portes, car il pourrait être difficile de renouer avec la carrière qu'on exerçait auparavant.

- Les jeunes adultes ne devraient jamais renoncer à leurs passions. Ils devraient toujours s'efforcer d'atteindre leurs objectifs professionnels, et d'être payés pour faire ce qu'ils aiment.

- Les jeunes adultes doivent se rendre compte qu'ils ne jouissent d'aucun traitement de faveur au travail. Leur patron ne leur doit rien, et il ne perd pas le sommeil à se demander s'ils sont blessés dans leur amour-propre. Les jeunes sont néanmoins observés, et ils doivent bien faire leur travail, comme s'ils étaient notés sur leur performance. En imposer aux autres peut en fait devenir très amusant.

- Tôt dans une carrière, c'est une bonne idée d'explorer divers rôles dans un domaine d'activité. Par exemple, une personne qui veut devenir scénariste et qui a de la difficulté à vendre ses textes devrait considérer un travail comme directeur associé ou assistant-régisseur de distribution — un travail qui pourrait éventuellement la ramener à l'écriture de scénarios ou à une autre activité intéressante dans le monde du cinéma. Insister très tôt sur un rôle particulier peut être contre-productif.

• Il est important pour les jeunes adultes de continuer à découvrir les liens qui existent entre le travail qu'ils font et celui qu'ils espèrent faire un jour. Un individu pourrait se dire : « Un jour, j'aimerais diriger un restaurant ; travailler dans ce café m'en apprend beaucoup sur le service à la clientèle, et j'observe attentivement comment travaille ma superviseure, une femme extraordinaire. » En passant, de tels liens peuvent être très efficaces lorsqu'ils sont faits durant un entretien d'embauche.

• Chacun devrait avoir des plans de rechange bien élaborés et être prêt à changer de voie lorsqu'une excellente occasion se présente et que cette dernière correspond à ses aspirations globales sur le plan professionnel. Il est dangereux d'attendre que de telles occasions en or se représentent et imprudent de s'en tenir à un plan actuel qui ne mène nulle part.

À la recherche du moi authentique

Le philosophe français Jean-Paul Sartre a un jour écrit ceci : « Il faut choisir entre vivre et raconter. » Cette phrase pose un défi formidable que doivent relever les jeunes adultes — et les individus en général. Les gens doivent avoir une vie qui leur convient, non une existence qui *semble* leur convenir. Le monde est rempli de gens de tous âges qui se racontent des histoires plutôt que de vivre leur propre vie... Bien sûr, il peut être tentant de passer pour un personnage flamboyant et d'embellir sa propre biographie, mais une vie pleinement vécue a davantage à apporter. Les plus grandes réussites appartiennent aux gens qui ont su demeurer eux-mêmes.

ÉPILOGUE

Le soliloque de Carol Carter

*C*e fut un véritable enfer, mais je crois que j'ai enfin remis ma vie sur la bonne voie. J'ai l'impression que j'ai tout fait au cours des dix dernières années — servir aux tables, faire la sauce pour les linguinis aux épinards, vendre de la lingerie, faire de la vente par téléphone, remettre en état des ordinateurs. Après être retournée vivre chez mes parents, j'ai poursuivi mes études ; ensuite, j'ai quitté le toit familial une seconde fois, sombré dans la déprime, pris des médicaments pour me traiter, vécu un tas d'aventures senti-mentales malsaines, beaucoup bu et fumé, et finalement je me suis mariée et j'ai donné naissance à un garçon. Et vous savez quoi ? J'ai traversé des moments très pénibles, mais j'ai beaucoup appris sur la vie et sur moi-même.

Je travaille maintenant dans une agence de publicité et ce boulot me convient parfaitement. Vous voyez, je me suis toujours intéressée à l'art, aux images (incluant les miennes). Lorsque j'étais petite fille, j'aimais dessiner et faire de la poésie. J'aimais aussi convaincre mes amis et mes sœurs de certaines choses ; par exemple, j'adorais leur faire partager mes passions ou mes croyances. Alors, voilà ; je suis faite pour travailler dans le milieu artistique et pour vendre des choses. Je gère quelques comptes agréables à Image Star, Inc., et je commence à recruter de nouveaux clients. C'est un défi fantastique et, par-dessus tout, je sens que je réussis, ce qui fait de moi une meilleure personne, une meilleure mère et *une meilleure femme. Il est certain que j'aurais aimé connaître une telle vie lorsque j'étais plus jeune, mais je me dis parfois que toutes les épreuves que j'ai traversées ont sûrement contribué à me rendre plus forte. En regardant derrière moi et en mesurant le chemin que j'ai parcouru au cours des dix dernières années, je peux dire que c'était un satané voyage, mais, comme je m'en suis bien sortie, je ne peux pas me plaindre.*

Je connais des tas de gens qui n'ont pas eu la même chance que moi. Ils ont mon âge, et certains ne font que régresser ; leur vie va de désastre en désastre. Plusieurs de mes amis ont des vies difficiles et, même en faisant des efforts, ils n'arrivent jamais à rien. Ils peuvent être très malheureux et désespérés, pris au piège à cause de ce qu'ils font ou ne font pas, tout en ne comprenant pas à quel point ils sont atterrés. J'aimerais aider ces gens, et je souhaiterais que chacun de nous soit mieux préparé à faire face à la vie de jeune adulte.

RÉFÉRENCES ET LECTURES SUGGÉRÉES

APTER, T. *The Myth of Maturity: What Teenagers Need from Parents to Become Adults*, New York, W.W. Norton, 2001.

ARNETT, J.J. *Emerging Adulthood: The Winding Road from the Late Teens Through the Twenties*, New York, Oxford University Press, 2004.

BECKMAN, M. « Crime, culpability and the adolescent brain », *Science* n° 305, 2004, p. 596-599.

BREGMAN, G., et KILLEN, M. « Adolescents' and young adults' reasoning about career choice and the role of parental influence », *Journal of Research on Adolescence*, n° 9, 1999, p. 253-275.

BRONSON, P., *Que faire de ma vie ? Récits véridiques de plusieurs personnes qui ont su répondre à cette question fondamentale*, Varennes, Éditions AdA Inc., 2004.

BROOKS, R., et GOLDSTEIN, S. *Le pouvoir de la résilience*, Montréal, Éditions de l'homme, 2006

BROWN, M.T., WHITE, M.J. et GERSTEIN, L.H. « Self-monitoring and Holland Vocational Preferences among college students », *Journal of Counseling Psychology*, n° 36, 1989, p. 183-188.

CLIFFORD, P.I., KATSAVDAKIS, K.A., LYLE, J.L., FULTZ, J., ALLEN, J.G. et GRAHAM, P. « How are you? Further development of a generic quality of life outcome measure », *Journal of Mental Health*, n° 11, 2002, p. 389-404.

COHEN, C.R., CHARTRAND, J.M. et JOWDY, D.P. « Relationships between career indecision subtypes and ego identity development », *Journal of Counseling Psychology*, n° 42, 1995, p. 440-447.

CSIKSZENTMIHALYI, M., et SCHNEIDER, B. *Becoming Adult : How Teenagers Prepare for the World of Work*, New York, Basic Books, 2001.

DARDEN, C.A. et GINTER, E.J. Life-skills development scale – adolescent form: The theoretical and therapeutic relevance of life-skills, *Journal of Mental Health Counseling*, n° 18, 1996, p. 142-164.

DE BOTTON, *Du statut social*, Paris, Mercure de France, 2005

DE BOTTON, A. « Workers of the world, relax », Essai publié dans *International Herald Tribune*, n° 7, sept. 2004, 2004b.

ERIKSON, E.H. « Eight stages of man », *International Journal of Psychiatry*, n° 2 , 1966, p. 281-300.

ERIKSON, E.H. *The Life Cycle Completed: A Review*, New York, W.W. Norton, 1997.

GARDNER, H. *Leading Minds: An Anatomy of Leadership*, New York, Basic Books, 1995.

HALLOWELL, E. M. *The Childhood Roots of Adult Happiness*, New York, Ballantine Books, 2002.

JOHNSON, M.K. « Change in job values during the transition to adulthood », *Work and Occupations*, n° 28, 2001a, p. 315-345.

JOHNSON, M.K. « Job values in young adult transition: Change and stability with age », *Social Psychology Quarterly*, n° 64, 2001b, p. 297-317.

LEUNG, J.J., WRIGHT, B.W. et FOSTER, S.E., « Perceived parental influence and adolescent post-secondary career plans », *High School Journal*, avril/mai, 1987, p. 73-179.

LEVINE, M., M. D. *À chacun sa façon d'apprendre*, Varennes, Éditions ADA Inc., 2003

LEVINE, M., M. D. *Le mythe de la paresse*, Varennes, Éditions AdA Inc., 2004.

LEVINE, M., M. D. *Jarvis Clutch – Social Spy*, Cambridge, Mass., Educators Publishing Company, 2000.

LEVY, F, et Murnane R.J., Education and the Changing Job Market, *Educational Leadership*, n° 62 (2), 2004, p. 80-83.

MAU, W.C., HITCHCOCK, R. et CALVERT, C. High school students' career plans: The influence of others' expectations, *Professional School Counseling*, n° 2, 1998, p. 161-167.

OTTO, L.B. Youth perspective on parental career influence, *Journal of Career Development*, n° 27, 2000, p. 111-118.

PHILLIPS, S.D., BLUSTEIN, D.L., JOBIN-DAVIS, K. et WHITE, S.E. Preparation for the school-to-work transition: The views of high school students, *Journal of Vocational Behavior*, n° 61, 2001, p. 202-216.

ROBBINS, A. et WILNER, A. *Quarterlife Crisis: The Unique Challenges of Life in Your Twenties*, New York, Tarcher/Putnam, 2001.

SCHMITT-RODERMUND, E. et VONDRACEK, E.W. Breadth of interests, exploration, and identity development in adolescence, *Journal of Vocational Behavior*, n° 55, 1999, p. 298-317.

SEIBERT, S.E., et KRAIMER, M.L, The five-factor model of personality and career success, *Journal of Vocational Behavior*, n° 58, 2001, p. 1-21.

SELIGMAN, L. et WEINSTOCK, L. The career development of 10-year-olds, *Elementary School Guidance and Counseling*, n° 25, 1991, p. 172-182.

WATTERS, E. *Urban Tribes: A Generation Redefines Friendship, Family, and Commitment*, New York, Bloomsbury, 2003.

INDEX

Du même auteur

CD

Livres

www.AdA-inc.com
info@AdA-inc.com